NEW THE TEPS

독해

더 뉴텝스
실전연습 **300**

동영상 강좌 소개

뉴텝스 300 뛰어넘기 – 독해
www.darakwon.co.kr/lectures

뉴텝스 독해 파트별 출제 포인트를 요목조목 파헤쳐서
뉴텝스 300점을 뛰어넘을 수 있도록 이끌어주는 강좌다.
영역별 포인트와 유형별 문제풀이 전략을 알려주어,
정확하고 빠르게 문제를 푸는 안목을 키워준다.

강좌 구성: 20강
학습 기간: 2개월
가격: 70,000원

강사	황수정

이화여자대학교 행정학
고려대학교 교육대학원 영어교육학
前 서울대학교 텝스 강의
前 해커스 어학원 텝스 강의
前 이익훈 어학원 텝스 강의
前 파고다 어학원 텝스 강의
前 민병철 어학원 TOEIC, TOEFL 강사

더 뉴텝스 실전연습 300 독해

지은이 NEW TEPS Research Team
펴낸이 정규도
펴낸곳 (주)다락원

초판 1쇄 발행 2018년 9월 7일
초판 4쇄 발행 2024년 7월 23일

편집 강화진, 유아름, 이동호
디자인 김나경, 조화연, 토비트
영문 감수 Michael A. Putlack

다락원 경기도 파주시 문발로 211
내용문의 (02)736–2031 내선 532
구입문의 (02)736–2031 내선 250~252
Fax (02)732–2037
출판등록 1977년 9월 16일 제 406-2008-000007호

Copyright © 2018, 다락원

ISBN 978-89-277-4126-8 14740
     978-89-277-4123-7 14740(set)

http://www.darakwon.co.kr
다락원 홈페이지를 방문하시면 상세한 출판정보와 함께
동영상강좌, MP3자료 등 다양한 어학 정보를 얻으실 수 있습니다.

신유형 분석 반영!

뉴텝스 최강 실전대비서!

NEW THE TEPS

NEW TEPS Research Team

독해

더 뉴텝스 **실전연습**

300

다락원

📖 Contents

Q. NEW TEPS란 무엇인가요?

A. 최근의 영어사용 환경 변화와 영어교육 및 평가의 새로운 추세를 반영하고자 기존 TEPS 시험을 새롭게 개편한 영어 인증시험입니다.

Q. 그렇다면 어떻게 바뀌었으며, 가장 큰 변화는 뭔가요?

A. 각 영역의 문항 수(총 200 → 135문항)와 시험시간(약 140 → 105분)이 축소되었습니다. 또한 청해와 독해 부분에 새로운 유형이 도입되었고 문법과 어휘 시험이 통합되었습니다.

구분	문제유형	문항수	제한 시간	점수 범위
청해 Listening Comprehension	**Part I** 한 문장을 듣고 이어질 대화로 가장 적절한 답 고르기 (문장 1회 청취 후 선택지 1회 청취)	10	40분	0 ~ 240점
	Part II 짧은 대화를 듣고 이어질 대화로 가장 적절한 답 고르기 (대화 1회 청취 후 선택지 1회 청취)	10		
	Part III 긴 대화를 듣고 질문에 가장 적절한 답 고르기 (대화 및 질문 1회 청취 후 선택지 1회 청취)	10		
	Part IV 담화를 듣고 질문에 가장 적절한 답 고르기 (1지문 1문항) (담화 및 질문 2회 청취 후 선택지 1회 청취)	6		
	신유형 **Part V** 담화를 듣고 질문에 가장 적절한 답 고르기 (1지문 2문항) (담화 및 질문 2회 청취 후 선택지 1회 청취)	4		
어휘 Vocabulary	**Part I** 대화문의 빈칸에 가장 적절한 어휘 고르기	10	통합 25분	0 ~ 60점
	Part II 단문의 빈칸에 가장 적절한 어휘 고르기	20		
문법 Grammar	**Part I** 대화문의 빈칸에 가장 적절한 답 고르기	10		0 ~ 60점
	Part II 단문의 빈칸에 가장 적절한 답 고르기	15		
	Part III 대화 및 문단에서 문법상 틀리거나 어색한 부분 고르기	5		
독해 Reading Comprehension	**Part I** 지문을 읽고 빈칸에 가장 적절한 답 고르기	10	40분	0 ~ 240점
	Part II 지문을 읽고 문맥상 어색한 내용 고르기	2		
	Part III 지문을 읽고 질문에 가장 적절한 답 고르기 (1지문 1문항)	13		
	신유형 **Part IV** 지문을 읽고 질문에 가장 적절한 답 고르기 (1지문 2문항)	10		
합계 14개 유형		135 문항	105분	0~600점

Q. 점수 체계에 변화가 있나요?

A. 기존의 200문항에서 135문항으로 문항수를 줄여 점수 체계를 변경하였습니다. 각 영역별 최고점수는 청해와 독해 각 240점이며, 어휘와 문법은 각 60점으로 총점 600점입니다.

Q. 기존 TEPS 점수와 NEW TEPS 점수의 환산은 가능한가요?

A. 기존 TEPS의 총점 990점과 NEW TEPS의 600점은 최고점수에 해당하며 동일한 능력으로 간주됩니다. 개정 전 후 TEPS 점수 체계를 비교하는 환산표는 아래와 같습니다.

기존 TEPS	NEW TEPS
990~937	600~551
936~870	550~501
867~799	500~451
799~724	450~401
723~643	400~351
641~557	350~301
555~469	300~251
467~381	250~201
379~282	200~151
280~178	150~101

NEW TEPS 등급 구성표

등급	점수	능력 검정 기준(Description)
1+급 (Level 1+)	526~600	**Native Level of English Proficiency** 외국인으로서 최상급 수준의 의사소통 능력. 교양 있는 원어민에 버금가는 정도로 의사소통이 가능하고 전문 분야 업무에 대처할 수 있음.
1급 (Level 1)	453~525	**Near-Native Level of Communicative Competence** 외국인으로서 최상급 수준에 근접한 의사소통 능력. 단기간 집중 교육을 받으면 대부분의 의사소통이 가능하고 전문 분야 업무에 별 무리 없이 대처할 수 있음.
2+급 (Level 2+)	387~452	**Advanced Level of Communicative Competence** 외국인으로서 상급 수준의 의사소통 능력. 단기간 집중 교육을 받으면 일반 분야 업무를 큰 어려움 없이 수행할 수 있음.
2급 (Level 2)	327~386	**High Intermediate Level of Communicative Competence** 외국인으로서 중상급 수준의 의사소통 능력. 중장기간 집중 교육을 받으면 일반 분야 업무를 큰 어려움 없이 수행할 수 있음.

등급	점수	능력 검정 기준(Description)
3+급 (Level 3+)	268~326	**Mid Intermediate Level of Communicative Competence** 외국인으로서 중급 수준의 의사소통 능력. 중장기간 집중 교육을 받으면 한정된 분야의 업무를 큰 어려움 없이 수행할 수 있음.
3급 (Level 3)	212~267	**Low Intermediate Level of Communicative Competence** 외국인으로서 중하급 수준의 의사소통 능력. 중장기간 집중 교육을 받으면 한정된 분야의 업무를 다소 미흡하지만 큰 지장 없이 수행할 수 있음.
4+급 (Level 4+)	163~211	**Novice Level of Communicative Competence** 외국인으로서 하급 수준의 의사소통 능력. 장기간의 집중 교육을 받으면 한정된 분야의 업무를 대체로 어렵게 수행할 수 있음.
4급 (Level 4)	111~162	
5+급 (Level 5+)	55~110	**Near-Zero Level of Communicative Competence** 외국인으로서 최하급 수준의 의사소통 능력. 단편적인 지식만을 갖추고 있어 의사소통이 거의 불가능함.
5급 (Level 5)	0~54	

파트별 출제유형

NEW TEPS 독해는 4개의 파트로 나뉘며 총 35문항으로 이루어져 있다. Part Ⅰ은 빈칸에 가장 적절한 답을 고르는 문제로 10문항이 출제되고, 이후 문맥상 어색한 내용을 고르는 Part Ⅱ가 2문항 출제된다. 가장 많은 비중을 차지하는 Part Ⅲ는 총 13문항으로 대의 파악, 세부 내용 파악, 추론 유형 중 한 가지에 해당하는 1문항이 지문과 함께 제시되며, Part Ⅳ는 Part Ⅲ와 동일한 형태지만 지문이 더 길고, 각 지문당 2문항이 주어져 총 10문항이 제시된다.

PART Ⅰ 지문을 읽고 빈칸에 가장 적절한 답 고르기

Part Ⅰ은 총 10문항으로, 글의 처음이나 중간, 혹은 마지막에 있는 빈칸에 들어갈 말을 고르는 문제로 구성된다.

Dear Mr. Jenkins,

After much consideration, we at DLT, Inc. would like to offer you a position at our company. We interviewed a number of applicants, but you were by far the most impressive and most qualified of all of them. You will be hired as an assistant manager in the Sales Department. Your salary and benefits will be identical to those which we discussed at your second interview. We hope that you will accept _____ and that you will let us know about your decision as soon as possible.

Sincerely,

Peter Smith

DLT, Inc.

(a) this request for more information
(b) the chance to work as an intern
(c) our offer of employment
(d) our sincere apology

Jenkins 씨께,

많은 숙고 후 우리 DLT 주식회사는 귀하에게 일자리를 제공하고자 합니다. 우리는 수많은 입사지원자들을 인터뷰했지만 모든 지원자들 중에서 귀하가 단연 가장 인상적이고 가장 자격을 갖추고 있었습니다. 귀하는 영업부 대리로 고용될 것입니다. 월급과 수당은 두 번째 인터뷰에서 논의했던 것과 동일합니다. 우리는 귀하가 _____을 받아들여 가능한 한 빨리 결정 여부를 알려주시기를 기대합니다.

DLT 주식회사 Peter Smith 드림

(a) 추가 정보에 대한 해당 요청
(b) 인턴으로 일할 기회
(c) **채용 제안**
(d) 진심 어린 사과

Part II는 2문항으로, 글의 흐름상 어색한 문장을 찾는 문제로 구성된다.

Louis Vuitton, an international French fashion house, meticulously cultivates a celebrity following and has used renowned models and actors in its marketing campaigns. (a) Models and actresses who have participated in the Louis Vuitton marketing campaigns include Kate Moss, Scarlett Johansson and Naomi Campbell. (b) The famous actor Brad Pitt has also appeared as a model for the company's luxurious lines. (c) By means of this celebrity marketing approach, the company has become a brand of choice. (d) Young people are eager to copy everything celebrities do.

국제적인 프랑스 패션회사인 루이비통은 유명인을 따르는 팬들을 세심하게 관리하고 있고, 유명 모델과 배우를 마케팅에 활용해 왔다. (a) 루이비통 마케팅에 참여한 모델과 여배우들로는 Kate Moss, Scarlett Johansson, Naomi Campbell이 있다. (b) 유명 배우 Brad Pitt 또한 회사의 명품 모델로 등장했다. (c) 이런 유명인사 마케팅을 통해 회사는 유명 브랜드가 되었다. (d) 젊은 층은 유명인이 하는 모든 것을 따라하려는 성향을 보인다.

Part Ⅲ는 13문항으로 대의 파악, 세부 내용 파악, 추론 유형 중 한 가지에 해당하는 1문항이 지문과 함께 제시된다.

It is never pleasant to start losing your hearing. After all, who wants to lose one of the most valuable of all the senses? If your hearing is getting weaker, then talk to your family doctor about getting a hearing aid from the Acme Corporation. We have a large number of different models, so you'll have no problem finding the right hearing aid for you. Our hearing aids are also priced lower than the competitions' and we guarantee them for the entire life of the product. You can find out more about our products by logging in to our website or by sending off for a free brochure.

Q: Which of the following is correct about the Acme Corporation according to the advertisement?

(a) It sells several kinds of hearing aids.
(b) It conducts research on the human body.
(c) It provides prompt service on defective equipment.
(d) It sells its products over the Internet.

청력을 잃기 시작하는 것은 절대 즐거운 일이 아닙니다. 어쨌든, 모든 감각 중에서 가장 중요한 것 중 하나를 잃고 싶어 하는 사람이 누가 있을까요? 만약 청력이 점차 약해진다면, 여러분의 가정의에게 애크미 코퍼레이션이 만든 보청기를 구입하는 것에 관해 문의하세요. 저희는 많은 수의 다양한 모델을 가지고 있어, 여러분 자신에게 알맞은 보청기를 찾는 데 아무 문제가 없습니다. 저희 회사의 보청기는 가격 또한 경쟁사 것보다 낮으며, 저희는 제품을 평생 보증해 드립니다. 여러분께서는 저희 회사 홈페이지에 로그인하시거나 무료 소책자를 보내 달라고 하셔서 저희 제품에 관해 더 많은 것을 아실 수 있습니다.

Q: 광고에 따르면 애크미 코퍼레이션에 대해 다음 중 옳은 것은 무엇인가?

(a) **다양한 종류의 보청기를 판매한다.**
(b) 인체에 관한 연구를 수행한다.
(c) 결함 있는 제품에 대해 즉각적인 서비스를 제공한다.
(d) 제품을 인터넷으로 판매한다.

Part IV는 Part III와 동일한 형태지만 지문이 더 길고, 각 지문당 2문항이 주어져 총 10문항이 제시된다.

The History of Ventriloquism

Ventriloquism is the stagecraft in which performers manipulate their voices so that they appear to be coming from another source, usually a handheld puppet. Dating back to ancient Greece, ventriloquism was originally a religious practice. During the Middle Ages, ventriloquism became associated with witchcraft, but by the 19th century, it shed its mystical trappings to become a performance art. At the turn of the 20th century during the vaudeville era, the comedic style of ventriloquism was developed. At the onset of the digital age, interest in ventriloquism waned.

In recent years, though, people have started turning once again to live shows for entertainment, and new ventriloquists have emerged to captivate contemporary audiences with their craft. Perhaps the most famous of them is the comedian Jeffrey Dunham and his unique characters.

1 Q: What is the writer's main point?

(a) Ventriloquism is associated with religion.
(b) The purpose of ventriloquism has changed over time.
(c) Contemporary ventriloquists participate in religious ceremonies.
(d) The digital age has led to new forms of entertainment.

2 Q: Which of the following is correct about ventriloquism according to the passage?

(a) It has regained popularity after falling out of favor.
(b) It was related to witchcraft in the 19th century.
(c) It was originally done as a form of comedy.
(d) It was associated with the supernatural in the 20th century.

복화술의 역사

복화술은 주로 손에 들고 연기하는 인형과 같이 다른 곳에서 목소리가 나오는 것처럼 보이기 위해 연기자가 이를 조작하는 연출 기법이다. 고대 그리스로 거슬러 가면, 복화술은 본래 종교적인 관행이었다. 중세 시대에, 복화술은 마법과 연관되었지만, 19세기에 이는 그것의 신비로움의 개입을 버리고 공연 예술이 되었다. 20세기에 들어서면서 무언극 시대가 되자, 희극 형태의 복화술이 개발되었다. 디지털 시대가 시작되면서, 복화술에 대한 관심은 시들어갔다.

그럼에도 최근 몇 년 간, 사람들은 다시금 재미를 위해 라이브 쇼로 돌아가기 시작했고, 새로운 복화술이 현대 관객을 사로잡기 위해 기술을 가지고 나타났다. 아마 이들 중 가장 유명한 사람은 코미디언 Jeffrey Dunham과 그의 독특한 캐릭터일 것이다.

1 Q: 필자의 요지는 무엇인가?

(a) 복화술은 종교와 연관이 되어 있다.
(b) 복화술의 목적은 시간이 지나며 바뀌었다.
(c) 현대 복화술사는 종교 행사에 참여한다.
(d) 디지털 시대는 새로운 형태의 오락으로 이어졌다.

2 Q: 지문에 따르면 복화술에 대해 다음 중 옳은 것은 무엇인가?

(a) 인기가 시들어진 후 다시 인기를 얻어 왔다.
(b) 19세기에 마법과 연관되었다.
(c) 본래 희극의 한 형태로 시행되었다.
(d) 20세기에 초자연적인 현상과 연관되었다.

Features & Structure

파트별 Reading Point

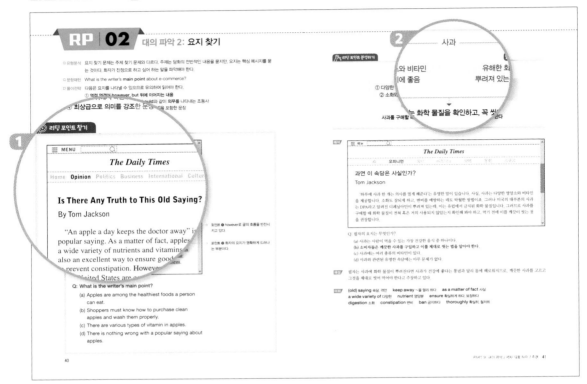

❶ 리딩 포인트 찾기

각 유형별로 제시되는 예제를 자세히 살펴볼 수 있다. 각 RP의 풀이전략을 반영한 포인트가 제시된다.

❷ 리딩 포인트 분석하기

예제를 도식화하여 나타내 글의 흐름에 대한 이해를 도와준다. 해석과 해설, 어휘도 함께 살펴볼 수 있다.

토픽 ----------- 문제 흐름 ----------- 유형

의학, 과학, 사회학,
정치, 역사, 문화,
인문학, 심리학 등의
다양한 지문

4~5문장의 지문
(70~80 단어)

- 빈칸이 첫 문장에 있는 경우
- 빈칸이 단락 가운데 있는 경우
- 빈칸이 마지막 문장에 있는 경우
- 연결어

안내, 보고서,
이메일 등의
간단한 실용문

**빈칸에
알맞은 말을 넣어
문장 완성하기**

1 1~10번, 총 10문항

2 빈칸이 마지막 문장에 있는 경우가 약 4~6문항으로 가장 많이 출제되며, 단락 가운데 있는 경우는
1~2문항 정도로 적게 출제된다. 연결어는 9~10번에 해당한다.

3 단순한 줄글 형태 이외에 이메일이나 보고서와 같은 실용문 또한 약 2문항 정도 등장한다.

4 However, But, In contrast와 같은 역접 연결어에 유의해야 한다.

→ 글의 흐름이 반전되므로 빈칸 내용에 직접적인 영향을 줄 수 있다.

빈칸이 첫 문장에 있는 경우

□ 유형분석   빈칸이 첫 문장에서 등장하는 유형으로 약 2~3문항 출제된다.

□ 풀이전략   1 **첫 문장은 주제 문장**일 가능성이 높다. 이후 등장하는 부연 설명이나 예시로 빈칸의 내용을 유추해야 한다.

            2 첫 문장에서 주제가 등장하고, **마지막 문장에서 이를 다시 요약**하는 경우가 많다. 따라서 시간이 부족할 때는 마지막 문장만 읽고 비슷한 내용의 선택지를 찾는 것도 하나의 방법이다.

◎ 리딩 포인트 찾기

These days, parents thinking about buying their sons and daughters smart phones should take a close look at _____. While having a smart phone with various applications is an excellent way for teens to get more information by their own and to keep in touch with their friends and family members, it can also become a distraction in the classroom or on the road. Moreover, some teens are addicted to their smart phones, which make them constantly check their phones.

포인트 ❶ 역접 연결어 while을 사용하여 스마트폰의 장점과 단점을 동시에 설명하고 있다.

포인트 ❷ 스마트폰 중독이라는 단점을 덧붙이고 있다.

(a) how smart phones work
(b) the benefits that follow
(c) which functions they have
(d) both the pros and cons

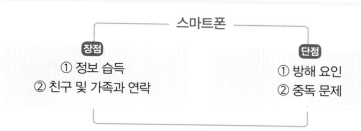

해석 오늘날, 자녀들에게 스마트폰을 사주는 것에 대해 생각 중인 부모들은 반드시 _____을 자세히 살펴봐야 한다. 다양한 앱을 지닌 스마트폰을 가지는 것은 십대들로 하여금 더 많은 정보를 스스로 얻게 하고, 친구 및 가족과 연락하게 하는 훌륭한 방법인 반면, 수업 시간이나 길거리에서 방해가 될 수도 있다. 더군다나, 몇몇 십대들은 스마트폰에 중독되어 있어서, 이는 그들로 하여금 계속 핸드폰을 확인하게 만든다.

(a) 스마트폰이 어떻게 작동하는지
(b) 뒤따르는 혜택
(c) 어떤 기능을 가지고 있는지
(d) 장단점

해설 주제 문장인 첫 문장 이후로 부연 설명이 이어지는 구조이다. 스마트폰의 장점과 단점을 두 가지씩 설명하고 있으므로 이를 자세히 살펴봐야 한다는 (d)가 가장 적절하다.

어휘 **take a close look at** ~에 대해 자세히 살펴보다　**application** (스마트폰) 앱, 응용 프로그램
keep in touch with ~와 연락하다　**distraction** (집중을) 방해하는 것
be addicted to ~에 중독되다　**constantly** 끊임없이　**benefit** 이익, 혜택
function 기능　**pros and cons** 찬반양론; 장단점

□ 유형분석   빈칸이 단락 가운데에서 등장하는 유형으로 약 1~2문항 출제된다.

□ 풀이전략   1 주로 첫 문장이 주제 문장이 되므로 단락 가운데의 문장은 **주제 문장을 부연하거나 이에 대한 예시를 제시**
한다.

2 **빈칸 앞뒤 문장**에 유의해서 읽어야 하며, 빈칸이 However, But, In contrast와 같은 **역접 연결어**로 시작되
는 문장에 있다면 **주제 문장과는 상반되는 내용**이 이어져야 한다.

◎ 리딩 포인트 찾기

Dear Janice,

I hope that you had a wonderful holiday. My
family and I went to the beach for the entire
week, and the weather was fantastic there.
The only problem was that my son Billy got a
little tummy ache on the second day. I think it
_____ which made him
sick because the weather was hot enough to
make the food go bad. Fortunately, Billy got over
his problems, and I'll be back at work on Monday.
I guess I will see you there. Bye.

Wendy

> 포인트 ❶ 휴가에 관한 이메일임을 알 수
> 있다.

> 포인트 ❷ 빈칸 뒤 문장으로 빈칸의 내용을
> 유추할 수 있다. 음식이 상할 만큼 날씨가
> 더웠다고 했으므로 음식에 문제가 있었을
> 것이다.

(a) was something that we ate
(b) could have been the sunshine
(c) might have been the swimming pool water
(d) was the high mountain air

휴가에 관한 이메일

좋은 날씨에 해변에서 휴가를 보냄

↓

아들 Billy의 복통

↓

음식이 상할 만큼 날씨가 더웠기 때문

↓

Billy가 잘 회복하여 정상적으로 출근 가능함

해석

> Janice에게,
>
> 즐거운 휴가 보내셨기를 바랍니다. 저희 가족과 저는 일주일 내내 해변에 다녀왔어요. 날씨는 환상적이었고요. 유일한 문제는 제 아들 Billy가 두 번째 날 약간 복통을 앓았다는 거예요. 제 생각에는 _____ 그 애를 아프게 한 것 같은데, 날씨가 음식을 상하게 할 만큼 더웠거든요. 다행히, Billy가 나아서 저는 월요일에 출근할 수 있을 거예요. 그럼 거기서 뵙도록 해요. 이만.
>
> Wendy가

(a) 우리가 먹은 것이
(b) 아마 햇빛이
(c) 아마 수영장 물이
(d) 고산지대의 공기가

해설 휴가에 관한 이메일이며, 빈칸에는 아들이 아픈 이유가 들어가야 한다. 아들 Billy는 복통을 앓았고, 음식이 상할 정도로 날씨가 더웠으므로 먹은 것에 문제가 있었던 것 같다는 (a)가 정답이다. (b) 햇빛이나 (c) 수영장에 관한 언급은 없었고, (d) 휴가는 해변으로 다녀왔다.

어휘 **entire** 전체의 **tummy** 배 **ache** 아픔, 통증 **fortunately** 다행히도
get over 극복하다 **guess** 추측하다 **sunshine** 햇빛

□ 유형분석　빈칸이 마지막 문장에서 등장하는 유형으로 약 4~6문항 출제되어 가장 큰 비중을 차지한다.

□ 풀이전략　**1** 첫 문장에 주제 문장이 나왔다면 **마지막 문장에서 주제를 다시 언급**할 가능성이 높으므로, 주제 문장과 내용이 비슷한 선택지를 살펴보는 것이 좋다.

　　　　　　2 주제를 중심으로 전개되는 글이 아닌 경우, **글의 흐름**을 파악하는 것이 관건이다.

　　　　　　3 빈칸이 있는 문장이나 그 앞 문장에서 However, But, In contrast와 같은 **역접 연결어**가 나온다면 **글의 중심 내용과 반대되는 선택지**를 골라야 한다.

◎ 리딩 포인트 찾기

A new business was launched and one of the owner's old friends wanted to send flowers to congratulate on the occasion. The flowers arrived at the new business site and the owner carefully read the card that said "Rest in Peace." The owner called the florist to complain. However, the florist said. "Look, I'm really sorry for the stupid mistake, but rather than getting angry you should think about this. Somewhere today there is a funeral taking place, and they have flowers with a message that reads, '＿＿＿＿＿＿＿.'"

(a) That's okay
(b) Mind your own business
(c) Congratulations on your new business
(d) Rest in Peace

> 포인트 ❶ 이야기가 소개되고 있으므로 글의 흐름을 파악해야 풀 수 있는 문제임을 알 수 있다.

> 포인트 ❷ 새로 사업을 시작한 사장이 '근조'라고 적혀 있는 화환을 받았으므로, 장례식장에서는 새 사업을 축하하는 화환을 받았을 것이다.

개업 축하 화환에 관한 이야기

새로 개업한 사장에게 친구가 축하 화환을 보냄

↓

장례식장으로 가야 할 화환이 잘못 옴

↓

꽃집에 항의

↓

장례식장 사람들의 입장을 생각해 보라며 이해를 구함

해석 한 사업이 새로 시작되었고, 사장의 오랜 친구 중 한 명은 이를 축하하려 화환을 보내고 싶어 했다. 화환이 새 사업장에 도착했고, 사장은 '근조(謹弔)'라고 적힌 카드를 세심하게 읽어나갔다. 사장은 꽃집 주인에게 항의하러 전화를 걸었다. 그러나 꽃집 주인은 "어처구니없는 실수에 대해서는 정말 사과드립니다. 그런데 화내지 마시고 이렇게 생각해 보시기 바랍니다. 오늘 어딘가에서 장례식이 있을 것이고, 그 분들은 '_____'라고 적힌 카드가 있는 화환을 받았을 것입니다."라고 답했다.

(a) 괜찮아
(b) 네 일에나 신경 써
(c) 새로운 사업을 축하드립니다
(d) 고이 잠드소서

해설 새 사업장에 보내지는 화환과 장례식장에 보내질 화환이 서로 뒤바뀌어 새 사업장에 '근조'라는 화환이 도착했으므로 장례식장에는 새로운 사업을 축하하는 화환이 보내졌을 것이다.

어휘 **launch** 시작하다; 발사하다　**occasion** 일, 사건; 중요한 행사　**business site** 사업장
Rest in Peace 근조(謹弔), 삼가 고인의 명복을 빕니다, 고이 잠드소서
complain 불평하다, 항의하다　**funeral** 장례식　**take place** 일어나다, 발생하다

□ **유형분석** 빈칸에 연결어가 등장하는 유형으로 Part I의 마지막 문제인 9, 10번에서 출제된다.

□ **풀이전략** **빈칸 앞뒤 문장**을 특히 잘 읽고 두 문장의 **관계를 파악**해야 한다.

◎ 리딩 포인트 찾기

Now, South Korea is a crucial automotive market on the global stage, with annual sales of over 1.5 million vehicles, ranking it 9th in overall size behind, among others, India, China, and Canada. That's why the Ford Motor Company has dedicated sizable resources over the past two decades to try to expand its presence in this market. _____, today, after 20 years of continuous effort and investment, Ford Motor Company sells less than 1,700 vehicles a year in South Korea.

(a) Most importantly
(b) Furthermore
(c) Then
(d) Unfortunately

포인트 ❶ 첫 문장에서 지문의 주제인 한국의 자동차 시장에 대해 설명하고 있다.

포인트 ❷ 포드 자동차가 많은 자원을 투입했다는 내용이 나온다.

포인트 ❸ 빈칸 이후에 20년간 노력했지만 포드 자동차의 한국 내 판매는 부진했다는 내용이 나오므로 빈칸 앞뒤 문장이 서로 반대되는 내용을 가지고 있음을 알 수 있다. unfortunately 외에도 however, nevertheless, although 등의 역접 연결어가 올 수 있다.

한국의 자동차 시장

한국 자동차 시장이 중요한 위치에 오르게 됨

↓

포드 자동차의 투자

↓

포드 자동차의 노력과 투자에도 부진한 판매

해석 이제, 한국은 세계무대에서 매우 중요한 자동차 시장이며, 연간 판매량 150만 대 이상으로 다른 인도, 중국, 캐나다와 같은 국가들 사이에서 전체 규모 9위를 기록하고 있다. 그렇기에 포드 자동차가 지난 20년간 막대한 자원을 투입하여 해당 시장에서의 존재감을 확대시키려 했던 것이다. _____ 오늘날, 20년간의 지속적인 노력과 투자에도 포드 자동차는 한국에서 연간 1,700대도 판매하지 못하고 있다.

(a) 가장 중요한 것은
(b) 게다가
(c) 그러고 나서
(d) 유감스럽게도

해설 포드 자동차가 20년간 막대한 자원을 투입하였지만, 연간 판매량 150만 대 중 1,700대도 차지하지 못한다는 내용이 나온다. 따라서 '유감스럽게도'라는 (d)가 가장 자연스럽다.

어휘 **crucial** 결정적인, 중대한　**automotive market** 자동차 시장
annual sales 연간 판매, 연간 매출　**rank** (순위를) 차지하다
dedicate 헌신하다, 바치다　**sizable** 상당한, 막대한　**resource** 자원, 재원
decade 10년　**presence** 존재　**investment** 투자

1~4 빈칸에 알맞은 말을 넣어 문장을 완성하시오.

1   Something people often find _____ is telling the difference between a
    city and a town. In the United States, a city is a self-governing area which has elected
    representatives. Towns, on the other hand, are often administered by the government of
    the county they are located in. Thus, cities have a greater amount of political power than
    do towns.

    (a) powerful   (b) confusing   (c) plain   (d) transparent

2
    Hey, David,

    I just wanted to ask if you could email me the assignment from last week's
    chemistry class. I was going to go to it, _____.
    That class is held way too early in the morning for me.

    Peter

    (a) and I arrived just on time   (b) so I got there near the end
    (c) yet I had to eat breakfast first   (d) but I slept in really late

3   We are a medium-sized company specializing in consulting services. At present,
    we only have offices inside the country; however, we are currently looking to
    _____ in order to increase the number of clients we have. We
    will be opening offices in Hong Kong, Singapore, and Tokyo within the next six months.

    (a) expand internationally
    (b) offer a large salary and compensation package
    (c) improve our client services
    (d) work in our country's capital

4   Visit Florida for your vacation. Florida promises vacationers lots of fun in the sun.
    You can relax on the beach, swim in the ocean, go fishing, or just work on your
    suntan. So make your reservations immediately and head down to Florida for

    _____.

    (a) a great new opportunity   (b) some fun in the sun
    (c) a chance to meet some tourists   (d) a trip to an exotic land

5~7 빈칸에 들어갈 말로 자연스러운지 그렇지 않은지 V 표시하시오.

5   Sunlight causes a change in the skin cells that produce vitamin D, which is necessary
    for proper bone growth and strength. Without enough vitamin D, the bones can become
    misshapen and brittle. Doctors first noticed the problem in the nineteenth century among
    inner city children who worked in factories and therefore _____.

	natural	unnatural
(a) were rarely exposed to sunlight	☐	☐
(b) made small amounts of money	☐	☐
(c) spent little time outdoors	☐	☐
(d) could not purchase vitamin supplements	☐	☐

6   The origin of American Indians is _____ these days. Most
    experts agree that they came from northern Siberia and crossed the Bering Strait into
    what is now modern-day Alaska during a period of lower sea levels when a land bridge
    was available around 11,000 B.C.

	natural	unnatural
(a) a bone of contention	☐	☐
(b) unquestionable	☐	☐
(c) not in much dispute	☐	☐
(d) beyond doubt	☐	☐

7   Are you interested in a semester or a year abroad? Students can study in countries in
    Europe, Asia, and North and South America. It doesn't matter if your English skills are not
    up to speed. Most of the universities make their professors _____,
    so you won't feel out of place at all.

	natural	unnatural
(a) conduct classes in English	☐	☐
(b) teach advanced language courses	☐	☐
(c) speak slowly	☐	☐
(d) use more visual materials	☐	☐

PART Ⅱ

흐름상 어색한 문장 찾기

토픽

문제 흐름

유형

의학, 과학, 사회학,
정치, 역사, 문화,
인문학, 심리학 등의
다양한 지문

5문장의 지문
(70~100 단어)

• 흐름상 어색한 문장 찾기

흐름상
어색한 문장 찾기

1 11~12번, 총 2문항

2 11번에는 Part Ⅰ과 비슷한 70~80단어의 지문이, 12번에는 그보다 더 긴 100단어 정도의 지문이
출제된다.

3 첫 문장에는 주로 주제 문장이나 배경에 관한 내용이 나오고, 이후 주제 문장을 뒷받침하는 예시,
부연, 상술 등으로 이루어진 4개의 선택지 문장이 등장한다.

4 글의 논리적 흐름과 역접 연결어에 유의하며 읽어야 한다.

□ **유형분석** 글의 흐름상 어색한 문장을 찾는 유형이다.

□ **풀이전략** 1 **첫 문장에는 주로 주제 문장이나 배경**에 관한 내용이 나오고, 이후 이를 뒷받침하는 **예시, 부연, 상술** 등으로 이루어진 선택지 (a)~(d)가 이어진다.

2 글의 흐름을 약간씩 비틀어 함정을 놓기 쉬운 유형으로, 답인 듯한 선택지를 찾아도 **무조건 (d)까지 읽어야 한다.**

◎ 리딩 포인트 찾기

James Whistler, a famous American painter, produced one of his best-known works, Whistler's Mother, which still moves the world. (a) The work shows his unique painting skills and reveals his European influences.
(b) Indeed, he spent most of his life in European countries, where he learned innovative painting techniques.
(c) If you take a close look at most of his works, you will see that he incorporated European styles in them. (d) Though his works have been widely recognized, he did not make much money.

> **포인트 ❶** 첫 문장을 통해 미국의 화가 James Whistler에 관한 내용임을 알 수 있다.

> **포인트 ❷** James Whistler의 화법에 유럽의 영향이 드러난다는 것과 그 이유에 관한 설명이다.

> **포인트 ❸** 유럽 스타일을 다른 대부분의 작품에서도 볼 수 있다는 설명이다.

> **포인트 ❹** James Whistler의 수입에 관한 내용으로 글의 흐름상 어색하다.

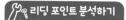

화가 James Whistler

(a) 유럽의 영향으로 인한 독특한 화법

(b) 생애 대부분을 유럽에서 보냈기 때문

(c) 작품 대부분에서 유럽 스타일이 결합된 것을 볼 수 있음

(d) 작품은 널리 알려졌지만 돈은 많이 벌지 못함

해석 유명한 미국 화가인 James Whistler는 그의 잘 알려진 작품 중 하나인 '어머니의 상(像)'을 그려 여전히 전 세계에 감동을 준다. (a) 이 작품은 그의 독특한 화법과 그가 유럽의 영향을 받았음을 보여준다. (b) 실제로 그는 생애 대부분을 유럽에서 보냈고, 그곳에서 혁신적인 화법을 익혔다. (c) 만일 당신이 그의 작품 대부분을 자세히 살펴본다면, 그가 유럽 스타일을 결합시켰음을 알 수 있을 것이다. (d) 비록 그의 작품은 널리 알려졌지만, 그가 돈을 많이 벌지는 못했다.

해설 James Whistler의 독특한 화법과 그 이유에 대해 설명하고 있는 나머지 문장과 달리 (d)는 그의 수입에 대해 이야기하고 있으므로 흐름상 어색하다.

어휘 **produce** 생산하다, 만들어내다, 제작하다　**best-known** 가장 잘 알려진　**move** 감동시키다
reveal 나타내다, 드러내다　**innovative** 혁신적인　**take a close look at** ~을 자세히 살펴보다
incorporate 포함시키다, 통합시키다　**recognize** 알아보다; 인정하다

1~3 주제 문장을 읽고 이와 관련 없는 문장을 고르시오.

1 **How people watch movies has changed drastically.**

    (a) In the beginning, movies were shown in black and white and had no sound.

    (b) The 1950s began the era of televised movies, so people could stay home and enjoy movies.

    (c) The advent of VCRs in the 1970s made movie watching more flexible.

    (d) Presently, downloaded movies constitute a large segment of movie watching.

2 **Students who read outside of school perform better than those who do not.**

    (a) Teachers need to instill within their students a love of reading.

    (b) One way is to use reading as a form of punishment for students.

    (c) Visiting museums, festivals, and events is also good as extensions of reading.

    (d) In addition, teachers can use gifts of books as treats and rewards for their students.

3 **When American astronauts made the first spacewalks, they experienced many problems.**

    (a) Their helmet faceplates fogged up, and they had trouble holding tools and maneuvering.

    (b) Astronaut Buzz Aldrin worked hard to solve these problems by training in an underwater environment for many months.

    (c) All the other astronauts complained about the difficulties in spacewalks.

    (d) In this way, the conditions in space could be replicated on the Earth.

4~6 다음 문장을 읽고 나머지와 어울리지 않는 문장을 고르시오.

4   (a) The Greeks from ancient times were best known for their distinct use of columns.
   (b) There were three main types of Greek columns, differing in shape, width, and design.
   (c) Architects call these three columns Doric, Ionic, and Corinthian.
   (d) Quite a lot of Greek architecture was destroyed or has been damaged since ancient times.

5   (a) A nation's leader has one important role: to protect the country.
   (b) Presidents and prime ministers must protect their country from harm.
   (c) The military protects the country from outside hostile forces.
   (d) It is incumbent upon a leader to keep a country's military and court system strong.

6   (a) In the early years of personal computers, people stored information on devices called floppy disks.
   (b) One disk could only hold a small amount of information—as little as 80 kilobytes.
   (c) Later, they shrank and had more storage space, but today, USB flash drives have largely replaced them.
   (d) Therefore, most computers come with a floppy disk drive as a standard part.

PART Ⅲ

- 대의 파악
- 세부 내용 파악
- 추론

Reading Pattern

토픽 ········· **문제 흐름** ·········→ **유형**

토픽
- 의학, 과학, 사회학, 정치, 역사, 문화, 인문학, 심리학 등의 다양한 지문
- 뉴스, (구인)광고, 이벤트 홍보, 안내, 메시지 대화, 보고서, 일기, 이메일 등의 다양한 실용문

문제 흐름
4~6문장의 지문
(70~100 단어)

질문과 적절한 대답

유형
- **대의 파악**
  - 주제 찾기
  - 요지 찾기
- **세부 내용 파악**
  - 목적 찾기
  - 옳은 사실 찾기
  - 특정 정보 찾기
- **추론**
  - 추론하기
  - 필자가 가장 동의할 것 같은 문장 찾기

Reading Point

1 13~25번, 총 13문항

2 대의 파악, 세부 내용 파악, 추론의 출제 비율은 4:6:3 정도이다.

3 대의 파악 유형

→ 정답을 찾는 데 중요하지 않은 문장들이 나오기 때문에 시간이 없는 경우에는 글 첫 부분과 마지막 부분에 유의하여 빠르게 훑어 읽는다.

4 세부 내용 파악

→ 질문과 선택지의 키워드를 정확히 파악하여 이를 지문과 꼼꼼히 비교, 대조해야 한다.

5 추론

→ 논리력이 관건이다. 지문의 특정 부분뿐만 아니라 전체를 조망해 가며 풀어야 한다.

6 지문에서 설명된 내용을 동일한 의미의 다른 단어나 어구로 표현한 패러프레이징 (paraphrasing) 선택지가 주로 답이 된다.

□ 유형분석　지문이 전반적으로 무엇에 관한 내용인지 물어보는 유형이다.

□ 문항패턴　What is the **main topic** of the passage?
　　　　　　What is the passage **mainly about**?
　　　　　　What is **mainly being reported** about Plan A?
　　　　　　What is the writer **mainly writing about** in the passage?

□ 풀이전략　주로 **첫 문장이나 마지막 문장에 주제**가 나오므로 이에 유의하며 읽어야 한다.

리딩 포인트 찾기

Books have been around for thousands of years. The importance of reading books is greater than ever. So it is no wonder that hundreds of thousands of books are published around the world every year. The majority of the books gain instant attention and then soon disappear. They no longer stay on the shelves in bookstores as they fall into oblivion. Only a few books continue to be widely read.

> 포인트 ❶ 첫 문장을 통해 책에 관한 내용임을 알 수 있다.

> 포인트 ❷ 대다수의 책이 어떻게 되는지 설명하고 있다.

> 포인트 ❸ 극소수의 책만 계속해서 읽힌다는 것을 설명하고 있다.

Q: **What is the main topic of the passage?**

　(a) How to read books in a fast-paced world

　(b) Why people love to read books in modern society

　(c) What happens to thousands of books on the shelves

　(d) Tips on choosing a good book

리딩 포인트 분석하기

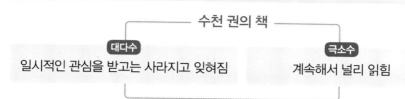

수천 권의 책

대다수
일시적인 관심을 받고는 사라지고 잊혀짐

극소수
계속해서 널리 읽힘

해석 책은 수천 년간 인류와 함께 해왔다. 책 읽기의 중요성은 그 어느 때보다 더 크다. 따라서 매년 전 세계적으로 수십만 권의 책이 발행되는 것은 놀라운 일이 아니다. 대다수의 책이 일시적인 관심을 받다가 곧 사라진다. 이 책들은 더 이상 서점 책꽂이에 놓이지 못하고는 잊혀진다. 오로지 극소수의 책만이 계속해서 널리 읽힌다.

Q: 지문의 주제는 무엇인가?

(a) 빨리 변하는 세상에서 책을 읽는 법
(b) 현대 사회 사람들이 책 읽기를 좋아하는 이유
(c) 책꽂이 위의 수천 권의 책은 어떻게 되는가
(d) 좋은 책을 고르는 것에 대한 조언

해설 매년 전 세계적으로 발행되는 수많은 책들이 어떻게 되는지 설명하는 글이다.

어휘 **it is no wonder that** ~은 조금도 놀랍지 않다 **hundreds of thousands of** 수십만의, 수많은
publish (책을) 발행하다, 출판하다 **majority** 대다수 **gain attention** 주의를 끌다
instant 즉각적인 **shelf** 선반; 책꽂이 **fall into oblivion** (세상에서) 잊혀지다
fast-paced 빠르게 진행되는

□ **유형분석** 요지 찾기 문제는 주제 찾기 문제와 다르다. 주제는 담화의 전반적인 내용을 묻지만, 요지는 핵심 메시지를 묻는 것이다. 화자가 진정으로 하고 싶어 하는 말을 파악해야 한다.

□ **문항패턴** What is the writer's **main point** about e-commerce?

□ **풀이전략** 다음은 요지를 나타낼 수 있으므로 유의하여 읽어야 한다.
① **역접 연결어 however, but 뒤에 이어지는 내용**
② **must, have to, need to, should**와 같이 **의무를 나타내는 조동사**
③ '**~하기 위해서**'라는 뜻의 '**to+동사원형**'을 포함한 문장
④ **최상급으로 의미를 강조**한 문장

🔍 리딩 포인트 찾기

≡ MENU   🔍

The Daily Times

Home **Opinion** Politics Business International Culture Sports

Is There Any Truth to This Old Saying?

By Tom Jackson

"An apple a day keeps the doctor away" is a popular saying. As a matter of fact, apples provide a wide variety of nutrients and vitamins. They are also an excellent way to ensure good digestion and to prevent constipation. However, most of the apples in the United States are coated with diphenylamine, known as DPA, a chemical that is banned in Europe. When you purchase some apples, therefore, it is preferable to check that they have been grown with no or few chemicals, and it is recommended that you wash them thoroughly before you eat them.

▷ **포인트 ❶** however로 글의 흐름을 반전시키고 있다.

▷ **포인트 ❷** 화자의 요지가 명확하게 드러나는 부분이다.

Q: What is the writer's main point?

(a) Apples are among the healthiest foods a person can eat.

(b) Shoppers must know how to purchase clean apples and wash them properly.

(c) There are various types of vitamin in apples.

(d) There is nothing wrong with a popular saying about apples.

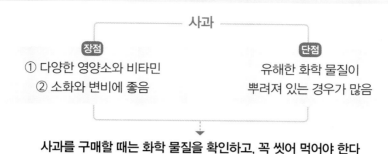

사과

장점
① 다양한 영양소와 비타민
② 소화와 변비에 좋음

단점
유해한 화학 물질이
뿌려져 있는 경우가 많음

사과를 구매할 때는 화학 물질을 확인하고, 꼭 씻어 먹어야 한다

해석

The Daily Times

홈 　오피니언　 정치　 비즈니스　 국제　 문화　 스포츠

과연 이 속담은 사실인가?

Tom Jackson

'하루에 사과 한 개는 의사를 멀게 해준다'는 유명한 말이 있습니다. 사실, 사과는 다양한 영양소와 비타민을 제공합니다. 소화도 잘되게 하고, 변비를 예방하는 데도 탁월한 방법이죠. 그러나 미국의 대부분의 사과는 DPA라고 알려진 디페닐아민이 뿌려져 있는데, 이는 유럽에서 금지된 화학 물질입니다. 그러므로 사과를 구매할 때 화학 물질이 전혀 혹은 거의 사용되지 않았는지 확인해 봐야 하고, 먹기 전에 이를 깨끗이 씻는 것을 권장합니다.

Q: 필자의 요지는 무엇인가?

(a) 사과는 사람이 먹을 수 있는 가장 건강한 음식 중 하나이다.
(b) 소비자들은 깨끗한 사과를 구입하고 이를 제대로 씻는 법을 알아야 한다.
(c) 사과에는 여러 종류의 비타민이 있다.
(d) 사과와 관련된 유명한 속담에는 아무 문제가 없다.

해설 　필자는 사과에 화학 물질이 뿌려진다면 사과가 건강에 좋다는 통념과 달리 몸에 해로워지므로, 깨끗한 사과를 고르고 그것을 제대로 씻어 먹어야 한다고 주장하고 있다.

어휘 　**(old) saying** 속담, 격언　 **keep away** ~을 멀리 하다　 **as a matter of fact** 사실
a wide variety of 다양한　 **nutrient** 영양분　 **ensure** 확실하게 하다, 보장하다
digestion 소화　 **constipation** 변비　 **ban** 금지하다　 **thoroughly** 확실히, 철저히

□ 유형분석　주로 편지, 이메일이나 안내문, 공지사항에 등장하는 비교적 쉬운 유형이다.

□ 문항패턴　What is the **main purpose** of the announcement?
　　　　　　What is the **main purpose** of the email to Ms. White?

□ 풀이전략　1 요지 찾기 문제와 같이 'in order to+동사원형'이나 'to+동사원형'이 나오면 눈여겨봐야 한다.

　　　　　　2 **선택지**가 to inform ~, to invite ~, to reserve ~, to announce ~와 같은 형태로 나오기 때문에 이를 **미리 보면 도움이 될 수 있다.**

　　　　　　3 지문의 내용을 다르게 표현한 **패러프레이징(paraphrasing)** 선택지가 주로 답이 된다.

🔍 리딩 포인트 찾기

Dear Sir,

Recently, I have been given a new opportunity from Daeduck Electronics, and I think I cannot refuse. I'd like to extend my gratitude to you for the professional and personal development that you have provided me over the past decade. Although I am going to leave, I will miss working for the company. If I can be of any assistance during this transition, please let me know. Thanks again.

Sincerely,
Dave Kim

> **포인트 ❶** 새로운 회사로부터 이직 제의를 받았고, 거절할 수 없음을 직접적으로 드러내고 있다.

> **포인트 ❷** 퇴사 전까지 필요한 일을 돕겠다는 의사를 추가적으로 전달하는 문장으로, 이를 알리기 위해 이메일을 쓴 것은 아니다.

Q: What is the main purpose of the email?

　(a) To give thanks for the opportunities that the company has given

　(b) To notify someone that he will leave the company

　(c) To mention a new company he is going to work for

　(d) To show that he is ready to help the company

퇴사를 알리기 위한 이메일

대덕 전자로부터 일자리 제의를 받았음을 밝힘
↓
그동안의 일에 대한 감사 인사
↓
퇴사 전까지 필요한 일을 돕겠다는 의사 전달

해석

> 부장님께,
>
> 최근 저는 대덕 전자로부터 새로운 기회를 얻게 되었고, 거절할 수 없을 것 같습니다. 지난 10년간 업무상으로나 개인적으로나 발전할 수 있도록 회사에서 지원해 준 데 대해 감사의 말씀을 드리고 싶습니다. 비록 저는 떠날 것이지만, 이 회사에서 일했던 때가 그리울 것입니다. 인수인계 기간 동안 제가 도움이 될 수 있다면 알려주십시오. 감사합니다.
>
> Dave Kim 드림

Q: 이메일의 목적은 무엇인가?

(a) 회사가 제공한 기회에 감사하기 위해
(b) 누군가에게 회사를 떠난다는 것을 알리기 위해
(c) 일하게 될 새로운 회사를 언급하기 위해
(d) 회사에 도움을 줄 준비가 되어 있음을 보여주기 위해

해설 새로운 회사로부터 이직 제의를 받아 현재 회사를 퇴사하겠다는 것을 밝히기 위해 쓴 이메일이다. (a) 회사에 감사하였고, (c) 일하게 될 새로운 회사를 언급하였으며, (d) 회사에 도움을 주겠다는 의사 또한 밝혔지만, 모두 이메일을 쓴 주된 목적이 되지는 않는다.

어휘 **electronics** 전자공학; 전자기술 **refuse** 거절하다
extend one's gratitude 감사의 마음을 전하다, 표현하다 **professional** 직업의
development 발전; 계발 **decade** 10년 **be of assistance** 도움이 되다
transition 과도기; 변화 **notify** 알리다, 통지하다 **mention** 언급하다

□ 유형분석   옳은 사실 찾기 문제는 글 전반에 대해, 혹은 특정 인물이나 사물에 대해 질문하므로 전반적인 내용은 물론 구체적인 정보까지 파악해야 하는 고난도 유형이며, TEPS 독해에서 가장 큰 비중을 차지한다.

□ 문항패턴   **Which of the following is correct according to** the passage?
Which of the following is correct about the summer event?

□ 풀이전략   1   **질문과 선택지**를 훑어봄으로 옳은 사실 여부를 판단해야 할 **키워드**가 어떤 것인지 파악한 뒤 이를 지문과 **비교, 대조**하며 읽어 나가야 한다.
2   지문의 내용을 다르게 표현한 **패러프레이징(paraphrasing)** 선택지가 주로 답이 된다.

◎ 리딩 포인트 찾기

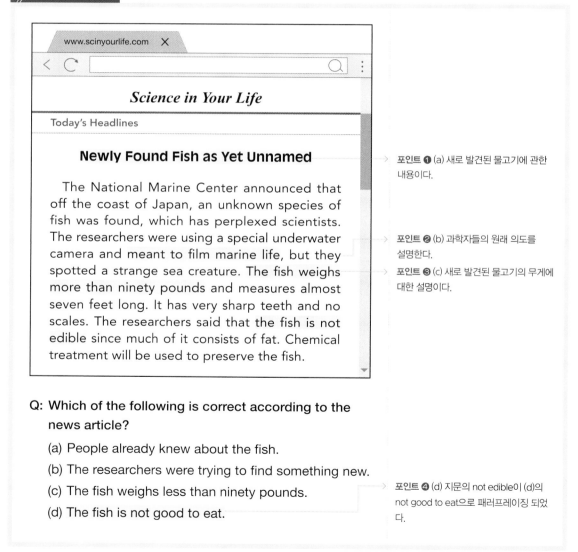

www.scinyourlife.com   ✕

Science in Your Life

Today's Headlines

Newly Found Fish as Yet Unnamed

> 포인트 ❶ (a) 새로 발견된 물고기에 관한 내용이다.

The National Marine Center announced that off the coast of Japan, an unknown species of fish was found, which has perplexed scientists. The researchers were using a special underwater camera and meant to film marine life, but they spotted a strange sea creature. The fish weighs more than ninety pounds and measures almost seven feet long. It has very sharp teeth and no scales. The researchers said that the fish is not edible since much of it consists of fat. Chemical treatment will be used to preserve the fish.

> 포인트 ❷ (b) 과학자들의 원래 의도를 설명한다.
> 포인트 ❸ (c) 새로 발견된 물고기의 무게에 대한 설명이다.

Q: Which of the following is correct according to the news article?

(a) People already knew about the fish.
(b) The researchers were trying to find something new.
(c) The fish weighs less than ninety pounds.
(d) The fish is not good to eat.

> 포인트 ❹ (d) 지문의 not edible이 (d)의 not good to eat으로 패러프레이징 되었다.

새로운 어종 발견

물고기를 발견하게 된 경위

물고기의 특징
① 무게 90파운드, 길이 7피트
② 날카로운 이빨과 비늘
③ 대부분 지방으로 이루어져 식용으로는 적합하지 않음

향후 처리 방향

해석

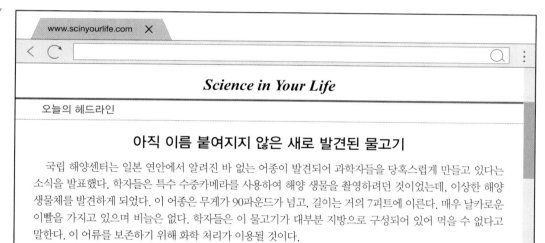

www.scinyourlife.com ✕

Science in Your Life

오늘의 헤드라인

아직 이름 붙여지지 않은 새로 발견된 물고기

국립 해양센터는 일본 연안에서 알려진 바 없는 어종이 발견되어 과학자들을 당혹스럽게 만들고 있다는 소식을 발표했다. 학자들은 특수 수중카메라를 사용하여 해양 생물을 촬영하려던 것이었는데, 이상한 해양 생물체를 발견하게 되었다. 이 어종은 무게가 90파운드가 넘고, 길이는 거의 7피트에 이른다. 매우 날카로운 이빨을 가지고 있으며 비늘은 없다. 학자들은 이 물고기가 대부분 지방으로 구성되어 있어 먹을 수 없다고 말한다. 이 어류를 보존하기 위해 화학 처리가 이용될 것이다.

Q: 뉴스 기사에 따르면 다음 중 옳은 것은 무엇인가?

(a) 사람들은 이 물고기에 대해 이미 알고 있었다.
(b) 과학자들은 새로운 것을 찾으려고 했었다.
(c) 이 물고기는 무게가 90파운드 미만이다.
(d) 이 물고기는 식용으로 부적절하다.

해설 지문 마지막 부분에 새로 발견된 물고기가 대부분 지방으로 이루어져 있어 식용으로는 부적절하다는 내용이 나온다. 따라서 (d)가 정답이다. (a) 이미 알고 있는 물고기가 아니라, 새로 발견된 물고기에 관한 뉴스 기사이다. (b) 과학자들의 원래 의도는 해양 생물 촬영이었고, (c) 무게는 90파운드 이상이다.

어휘 **off the coast of** ~의 연안에서　**species** (동·식물의) 종　**perplex** 당혹스럽게 하다
mean to do ~할 의도이다　**spot** 발견하다　**weigh** 무게가 ~이다　**measure** 길이(넓이, 높이)가 ~이다
scale 비늘　**consist of** ~로 구성되다　**chemical treatment** 화학 처리　**preserve** 보존하다

□ 유형분석   의문사가 있는 구체적인 질문으로 지문의 특정 정보를 묻는 유형이다.

□ 문항패턴   **What** is the most important aspect of winning a world championship?

Why does the writer keep a clean kitchen?

According to the announcement, **who** is Henry Cotton?

□ 풀이전략   1 **질문에서 묻는 부분**을 찾아 정확히 독해하는 것이 관건이다.

2 시간이 없을 경우, **질문에 나와 있는 명사나 숫자**만 보고 지문에서 관련되는 부분을 읽어 답을 찾을 수도 있다.

3 지문의 내용을 다르게 표현한 **패러프레이징(paraphrasing)** 선택지가 주로 답이 된다.

◎ 리딩 포인트 찾기

When it comes to crime, Korea has long been considered fairly safe when compared to most countries other than Japan. However, with close to one million foreigners in Korea, crimes committed by them have risen to alarming levels. It is true that the large number of foreigners residing in Korea has helped facilitate material and cultural exchanges, but its downside—the influx of illegal immigrants and foreign criminals into the country—is now posing a serious threat to public safety.

Q: **What makes public safety so vulnerable according to the passage?**

(a) The lack of surveillance cameras on the streets

(b) Poor law enforcement

(c) Material and cultural exchanges by foreigners living in Korea

(d) The growing number of foreigners committing crimes in Korea

포인트 ❶ 시간이 없는 경우에는 public safety와 관련된 내용을 중점적으로 읽어 본다.

포인트 ❷ 지문에서 언급된 내용이지만 국내에 거주하는 외국인이 증가한 데 대한 긍정적인 영향이므로 답이 될 수 없다.

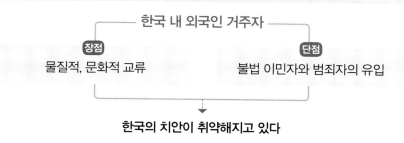

한국 내 외국인 거주자

장점
물질적, 문화적 교류

단점
불법 이민자와 범죄자의 유입

한국의 치안이 취약해지고 있다

해석 범죄에 관해서는 한국이 일본을 제외한 대부분의 국가와 비교해 보았을 때 꽤 안전한 것으로 여겨져 왔다. 그러나 백만 명에 가까운 외국인들이 한국에 거주하면서, 그들이 저지르는 범죄는 놀라운 수준으로 증가해 왔다. 한국에 거주하는 다수의 외국인들이 물질적, 문화적 교류를 용이하게 하는 데 도움을 준 것은 사실이지만, 그의 단점인 국내로의 불법 이 민자와 외국인 범죄자의 유입이 현재 치안에 심각한 위협을 가하고 있는 것이다.

Q: 지문에 따르면 치안을 취약하게 만드는 것은 무엇인가?

(a) 거리에 있는 감시 카메라의 부족
(b) 허술한 법 집행
(c) 한국에 사는 외국인들에 의한 물질적, 문화적 교류
(d) 한국에서 범죄를 저지르는 외국인들의 증가

해설 한국 내 외국인 거주자가 많아지면서 불법 이민자와 외국인 범죄자 또한 유입되어 한국의 치안이 취약해졌음을 알 수 있다.

어휘 **when it comes to** ~에 관한 한   **other than** ~외에   **commit a crime** 범죄를 저지르다
facilitate 가능하게 하다, 용이하게 하다   **influx** 유입   **illegal immigrant** 불법 이민자, 불법 체류자
pose a threat 위협을 가하다   **public safety** 치안   **vulnerable** 취약한, 연약한
surveillance 감시; 감독   **law enforcement** 법 집행

□ 유형분석   추론 문제는 논리적이고 객관적인 시각을 가지고 풀어야 한다. 글 전반의 흐름은 물론, 특정 인물이나 사물에 대한 구체적인 정보까지 파악해야 하는 고난도 유형이다.

□ 문항패턴   **What can be inferred** from the passage?
What can be inferred about Helen Keller (from the passage)?

□ 풀이전략   1 **질문과 선택지**를 훑어봄으로 **키워드**를 파악한 뒤 이를 지문과 **비교, 대조**하며 읽어 나가야 한다.
2 세부 내용 파악 문제와 달리 **전체를 조망**해야 판단할 수 있는 선택지도 있으므로 끝까지 읽는 것이 좋다.
3 지문의 내용을 다르게 표현한 **패러프레이징(paraphrasing)** 선택지가 주로 답이 된다.

🔍 리딩 포인트 찾기

Lottery for Parking Spaces Established

The following new parking rules are now in effect.

- All employees will receive a parking spot with a corresponding parking number.

- All employees' names will be entered into a lottery. Each name will be drawn, and a corresponding parking space number will then be drawn. (There is an exception of senior staff and the handicapped.)

- The numbers will be drawn at noon on Friday.

Woodsman Corporation

Q: What can be inferred from the announcement?

(a) Many of the employees drive their personal vehicles to work.

(b) Handicapped employees are allowed to take part in the lottery.

(c) Some employees have complained about their assigned parking spots.

(d) The parking spots have already been assigned to the employees.

포인트 ❶ 안내문의 특정 부분이 아닌 전체를 조망해야 판단할 수 있는 선택지가 답이 되어 어려울 수 있는 문제이다.

포인트 ❷ 장애인 직원에 대한 언급이 나오는 부분에 유의해야 한다.

새로운 주차 규정

주차 번호에 해당하는 주차 공간 배정

제비 뽑기로 주차 번호 할당
(고위급 직원 및 장애인 배제)

금요일 정오에 추첨

해석

주차 공간 확립을 위한 제비뽑기

다음과 같은 새로운 주차 규정이 이제부터 시행됩니다.

- 모든 직원들은 주차 번호에 해당하는 주차 공간을 받게 될 것입니다.
- 모든 직원들의 이름이 제비뽑기에 넣어질 것입니다. 각각의 이름이 먼저 뽑히고, 그 다음 해당 주차 공간의 번호가 뽑힐 것입니다. (고위급 직원과 장애인 직원은 예외입니다.)
- 번호는 금요일 정오에 추첨될 것입니다.

Woodsman 사

Q: 안내문으로부터 추론할 수 있는 것은 무엇인가?

(a) 많은 직원들이 자차로 출근한다.
(b) 장애가 있는 직원들은 제비뽑기 참여가 허용된다.
(c) 몇몇 직원들은 할당된 주차 공간에 대해 불평해 왔다.
(d) 주차 공간은 이미 직원들에게 할당되었다.

해설 모든 직원들에게 주차 번호를 배정하여 주차 공간을 할당하는 것으로 보아 많은 직원들이 자신의 차로 출퇴근함을 추론할 수 있다. (b) 두 번째 항목 괄호에 의하면 장애인 직원은 제비뽑기에서 제외되고, (c) 새 주차 규정 시행이 직원의 불평으로 인한 것인지는 알 수 없다. (d) 제비뽑기는 아직 진행되지 않았다.

어휘 **lottery** 복권, 제비뽑기 **establish** 설립하다; (제도를) 확립하다
in effect (법률, 제도 등이) 유효한, 시행 중인 **corresponding** 일치하는, 해당하는
draw 끌어당기다; (제비를) 뽑다 **exception** 예외 **handicapped** 장애가 있는
vehicle 탈것, 차량

□ **유형분석** 필자가 가장 동의할 것 같은 문장을 추론하는 문제는 결국 필자의 요지를 묻는 유형과 동일하다. 필자가 진정으로 하고 싶어 하는 말을 파악하는 것이 관건이다.

□ **문항패턴** **Which statement** would the writer **most likely agree with?**
Which statement about commodities would the writer **most likely agree with?**

□ **풀이전략** 1 **역접 연결어 뒤에 이어지는 내용**이나, **의무**를 나타내는 조동사, **의무 / 필수 / 핵심**의 의미를 가진 형용사 등을 통해 필자의 핵심 주장을 파악해야 한다.
2 지문의 내용을 다르게 표현한 **패러프레이징(paraphrasing)** 선택지가 주로 답이 된다.

◎ 리딩 포인트 찾기

Whenever I think about the climate crisis today, I can imagine a time in the foreseeable future when our children and grandchildren ask us one of the following two questions. Either they will ask, "What were you thinking? Didn't you care about our future?" or they will ask, "How did you find the moral courage to cross party lines and address this crisis?" We must hear their questions now. We must answer them with our actions, not merely with our promises.

> **포인트 ❶** 의무를 나타내는 조동사 중에서도 must가 나왔다. 필자의 요지가 강하게 드러나는 대목이다.

Q: **Which statement would the speaker most likely agree with?**

(a) Climate change will occur in a matter of time.
(b) Political parties are not interested in addressing climate change.
(c) Action is more relevant to climate change than political pledges.
(d) The nation is divided over solving the issue of climate change.

> **포인트 ❷** 글의 promises가 (c)의 political pledges로 패러프레이징 되었다.

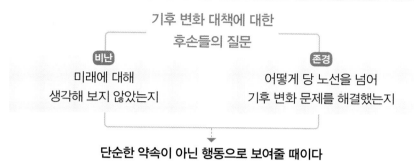

기후 변화 대책에 대한
후손들의 질문

비난
미래에 대해
생각해 보지 않았는지

존경
어떻게 당 노선을 넘어
기후 변화 문제를 해결했는지

단순한 약속이 아닌 행동으로 보여줄 때이다

해석 오늘날 기후 위기에 관해서 생각할 때마다, 나는 가까운 미래에 우리의 후손들이 우리에게 다음 두 가지 질문 중 하나를 물어볼 날을 상상한다. 그들은 "도대체 무슨 생각을 하셨던 거예요? 우리의 미래는 안중에도 없었나요?"라고 묻거나, "어떻게 정당의 노선을 뛰어넘어 이 위기를 해결할 도덕적 용기를 발휘하신 건가요?"라고 물을 것이다. 이제 우리는 그들의 질문에 귀를 기울여야 한다. 우리는 단순한 약속이 아니라 행동으로 그들에게 답해야 한다.

Q: 필자가 가장 동의할 것 같은 문장은 무엇인가?

　(a) 기후 변화가 일어나는 것은 시간 문제다.
　(b) 정당은 기후 변화를 해결하는 데 관심이 없다.
　(c) 행동이 정치 공약보다 기후 변화에 더욱 관련이 있다.
　(d) 국가는 기후 변화 문제를 해결하는 데 있어 양분되어 있다.

해설 마지막 문장에서 필자는 단순한 약속이 아니라 행동으로 후손들에게 대답해야 한다고 주장하고 있으므로 행동이 기후 변화에 더욱 관련이 있을 것이라는 (c)에 가장 동의할 것이다.

어휘 crisis 위기　in the foreseeable future 가까운 미래에　moral 도덕적인, 도덕상의
party line 정당 노선, 정치 노선　address (문제를) 다루다, 해결하다　merely 단순히
a matter of time 시간 문제　relevant to ~에 관련된　pledge 약속, 맹세

1~4 다음 글을 읽고 빈칸에 알맞은 말을 넣어 문장을 완성하시오.

1

The Happy Travelers Travel Agency is happy to offer tours to over sixty destinations worldwide. This month, we have some specials to Europe. Check out our five-day, four-night stay in London for two people. It costs less than $1,500 and includes airfare, hotel, and all meals. Make a reservation with us!

➡ The advertisement is about _____.

(a) a special package tour   (b) a travel agency
(c) a hotel in London   (d) travel expenses

2

To Whom It May Concern:

As you requested in your letter, we have included several brochures that explain what exactly our organization does and what we stand for. Thank you very much for your interest in our program.

Sincerely,
John Carter
President, The Save the Trees Foundation

➡ The main purpose of the letter to let someone know that _____.

(a) he needs to send a fax   (b) his suggestion has been accepted
(c) he should call the organization   (d) his premise is wrong

3 Elvis Presley was known as "The King of Rock'n Roll" for good reason. In a career that lasted slightly longer than two decades, Elvis recorded a large number of number-one hit songs, starred in thirty-one movies, and won the hearts of millions of people all over the globe. When Elvis died in 1977, fans all over the world mourned his untimely passing.

➡ Elvis Presley _____.

(a) purchased his own records   (b) lost interest in music
(c) was honored annually   (d) died at an early age

4   The Bowman Corporation announced it plans to construct two thirty-story apartment
    buildings in the empty lot located at the intersection of Oak Street and Tenth Avenue
    yesterday. Each building will be able to support up to 1,000 residents, which should
    tremendously ease the city's acute housing shortage.

➡ It can be inferred that the apartment buildings _____.

(a) will both have swimming pools   (b) are under construction
(c) will be a bit crowded   (d) are going to be sold to the government

5~6   질문에 대한 답으로 가능한지 그렇지 않은지 V 표시하시오.

5   The Murch Company regrets to announce the retirement of Bill Bailey, senior vice
    president of marketing. Bill has been with the company for over thirty-five years. His
    co-workers have been inspired by Bill's success. When asked what his plans were now,
    he said he would like to find a quiet place and do some fishing. Bill Bailey will surely be
    missed by everyone at the Murch Company.

Q: Which of the following is correct about Bill Bailey?

	possible	impossible
(a) He is retiring as the president of the Murch Company.	☐	☐
(b) He worked at the Murch Company for more than three decades.	☐	☐
(c) He was an inspirational person to his co-workers.	☐	☐
(d) He is going to attend business school after his retirement.	☐	☐

6

> Murray's Driving School is now offering special driver's education classes
> during the summer vacation months. This is the perfect opportunity to enroll
> your teenage son or daughter. Your children will improve their driving skills
> with our in-class and on-the-road lessons. As an added bonus, once they
> complete the class, your car insurance rates should decrease considerably.

Q: What can be inferred from the advertisement?

	possible	impossible
(a) Summer is the best time for adults to get their driver's license.	☐	☐
(b) Murray's Driving School usually targets young students.	☐	☐
(c) It takes more time to finish in-class than on-the-road lessons.	☐	☐
(d) Students can expect additional benefits from the summer program.	☐	☐

PART Ⅳ

· 대의 파악

· 세부 내용 파악

· 추론

토픽　　　　 문제 흐름　　　　 유형

의학, 과학, 사회학,
정치, 역사, 문화, 인문학,
심리학 등의 다양한 지문

뉴스, (구인)광고,
이벤트 홍보, 안내,
메시지 대화, 보고서, 일기,
이메일 등의 다양한 실용문

8~12문장의 지문
(150~180 단어)

질문과 적절한 대답

- **대의 파악**
  – 주제 찾기
  – 요지 찾기

- **세부 내용 파악**
  – 목적 찾기
  – 옳은 사실 찾기
  – 특정 정보 찾기

- **추론**
  – 추론하기
  – 필자가 가장 동의할 것
    같은 문장 찾기

Reading Point

1 26~35번, 총 5지문, 10문항

2 대의 파악, 세부 내용 파악, 추론의 출제 비율은 2:5:3 정도이다.

3 대의 파악

→ 함께 출제된 다른 유형을 풀다 보면 쉽게 파악할 수 있다. 문제 정도만 체크해 두면 된다.

4 세부 내용 파악

→ 질문과 선택지의 키워드를 정확히 파악하여 이를 지문과 꼼꼼히 비교, 대조해야 한다.

5 추론

→ 지문의 특정 부분뿐만 아니라 전체를 조망해 가며 풀어야 한다.

6 지문에서 설명된 내용을 동일한 의미의 다른 단어나 어구로 표현한 패러프레이징

(paraphrasing) 선택지가 주로 답이 된다.

RP | 01 대의 파악 & 세부 내용 파악

□ 유형분석 담화의 전반적인 내용과 세부 내용을 동시에 물어보는 유형이다.

□ 문항패턴

main topic / mainly about / mainly being said / mainly writing about ~?
main point ~?

+

Which of the following is correct ~? /
의문사 의문문

□ 풀이전략
1 대의 파악 유형은 함께 출제된 다른 유형의 문제를 풀다 보면 쉽게 파악할 수 있으므로 **세부 내용 파악 문제를 중심으로** 푸는 것이 좋다.

2 **질문과 선택지를** 훑어봄으로 **키워드를** 파악한 뒤 이를 지문과 **비교, 대조**하며 읽어 나가야 한다.

3 지문의 내용을 다르게 표현한 **패러프레이징(paraphrasing)** 선택지가 주로 답이 된다.

🔍 리딩 포인트 찾기

👤 Jack
Mar 10

Hi, Bridget.
I want to ask you for your opinion. I have a meeting with an important business client this Wednesday.
I want to take him to lunch. Do you have any suggestions for a restaurant I can take him to?
I really want to eat somewhere with a private dining area since I want to discuss some important business matters with him. Any ideas you have would be most appreciated!

> 포인트 ❶ 메시지의 주제가 드러나는 문장이다.

Hi, Jack.
I'd recommend going to the Full Moon Bistro. I always have my conference lunches there. It has private rooms, so you can talk without being bothered by noise. The food is also quite good. I recommend getting the baked salmon with mushrooms and asparagus. But if you want a separate room, you should book in advance as soon as possible. If you go to the website, you should be able to contact someone there.

> 포인트 ❷ 2번 (a) 식당 메뉴에 관한 내용이다.

Send

56

1 Q: **What is the main topic of the chat messages?**

(a) The best ways to impress a business client

(b) An appropriate place to meet an associate

(c) The most delicious foods to get at a restaurant

(d) Ways to make a reservation online

포인트 ❸ 지문의 business client가 (b)의 associate로 패러프레이징 되었다.

2 Q: **Which of the following is correct about the restaurant?**

(a) It has an excellent selection of seafood.

(b) It offers special discounts to business customers.

(c) It has rooms with extra privacy.

(d) It is located near Jack's house.

포인트 ❹ 질문에서 세부 내용 파악의 주요 키워드가 레스토랑임을 알 수 있다.

포인트 ❺ 선택지의 키워드인 식당 메뉴, 할인 여부, 개인 공간, 위치를 염두에 두며 지문을 읽어야 한다.

사업상 고객과의 점심 식사 장소: 풀문 비스트로

소음에 방해 받지 않는 개인 룸

맛있는 음식

홈페이지의 연락처로 예약

해석

Jack

3월 10일

안녕, Bridget.
너의 의견을 물어보고 싶어. 이번 주 수요일에 중요한 고객과 약속이 있어서 그에게 점심을 대접하려고 하는데, 혹시 내가 그를 데려갈 만한 식당으로 추천할 만한 곳이 있니? 그와 중요한 사업 문제에 대해 이야기해야 해서 개인 공간이 있는 곳으로 식사하러 가고 싶은데. 어떤 의견이든지 정말 고맙게 받을게!

안녕, Jack.
나라면 풀문 비스트로를 추천할거야. 난 항상 그곳에서 점심 회의를 가져. 거기에는 개인 룸이 있어서, 소음에 방해 받지 않고 이야기 할 수 있어. 음식도 상당히 좋아. 버섯과 아스파라거스를 곁들인 훈제 연어를 먹는 걸 추천해. 하지만 분리된 룸을 원한다면, 미리 가능한 한 빨리 예약해야 해. 홈페이지로 가면 관계자와 연락할 수 있을 거야.

1 Q: 메시지의 주제는 무엇인가?

(a) 사업상의 고객을 감동시키는 최고의 방법
(b) 동료를 만나기에 적절한 장소
(c) 식당에서 먹을 수 있는 가장 맛있는 음식
(d) 온라인으로 예약하는 방법들

2 Q: 식당에 대해 다음 중 옳은 것은 무엇인가?
   (a) 훌륭한 해산물 모둠이 있다.
   (b) 사업상 고객들에게 특별 할인 혜택을 제공한다.
   (c) 개인 공간이 보장되는 룸을 갖추고 있다.
   (d) Jack의 집 가까이에 위치하고 있다.

해설
1 Jack이 Bridget에게 사업상의 고객을 접대할 만한 개인 공간이 있는 식당을 물어보고 있으므로 동료를 만나기에 적절한 장소에 대한 메시지임을 알 수 있다.

2 식당에는 예약으로 이용 가능한 개인 룸이 있다. (a) Bridget이 훈제 연어를 추천했을 뿐, 해산물 모둠이 있는지는 알 수 없고, (b) 할인 혜택이나 (d) 위치에 관한 내용은 언급되지 않았다.

어휘
client 의뢰인, 고객   **take ~ to lunch** ~에게 점심 식사를 대접하다   **conference** 회의; 학회
bother 신경 쓰다   **separate** 분리된   **contact** 연락하다   **impress** 깊은 인상을 주다, 감동을 주다
appropriate 적절한   **associate** (사업 상의) 동료   **make a reservation** 예약하다
selection 선발, 선정   **extra** 추가적인

□ **유형분석** 담화의 전반적인 내용 파악과 추론을 동시에 요구하는 유형이다.

□ **문항패턴** main topic / mainly about / mainly being said / mainly writing about ~? main point ~?   +   What can be inferred ~? ~ most likely agree with?

□ **풀이전략** 1 대의 파악 유형은 함께 출제된 다른 유형의 문제를 풀다 보면 쉽게 파악할 수 있으므로 **추론 문제를 중심으로** 푸는 것이 좋다.

2 **키워드를 중심으로 지문과 선택지를 비교, 대조**하며 읽어 나가야 함은 물론 **전체를 조망해야** 판단할 수 있는 선택지도 있으므로 끝까지 읽는 것이 좋다.

3 지문의 내용을 다르게 표현한 **패러프레이징(paraphrasing)** 선택지가 주로 답이 된다.

🔍 리딩 포인트 찾기

The United States Bill of Rights

The United States Bill of Rights is the term used to describe the first ten amendments to the United States Constitution. They were ratified in 1791 after three-fourths of the states agreed to them. The amendments cover some basic rights which still exist in the United States today. These include the right to free speech and religion, the right to bear arms, and the right to a speedy and public trial if one is accused of a crime. It also provides rules to ensure that trials are conducted fairly.

The Bill of Rights came about because some people feared that the new American government might abuse its powers. The ten amendments sought to limit these powers and to provide safeguards against the abuses that had caused the revolution against the British that gave the United States its independence in the first place.

> **포인트 ❶** 글의 제목으로 제시되었던 권리 장전의 정의이다.

> **포인트 ❷** 2번 (b) 공정한 재판에 관한 내용이다.

> **포인트 ❸** 2번 (a) 권력 남용에 대한 설명이다.

1 Q: **What is the passage mainly about?**

(a) The form of government in the United States

(b) The importance of the First Amendment of the United States Constitution

(c) The basic rights guaranteed by the United States Constitution

(d) Who wrote the Bill of Rights

2 Q: **What can be inferred from the passage?**

(a) The men who wrote the Bill of Rights were worried about an abusive government.

(b) The men who wrote the Bill of Rights did not think fair trials were important.

(c) The Bill of Rights was controversial in 1791.

(d) Free speech helped end the revolution against the British.

포인트 ❹ 선택지의 키워드인 정부의 권력 남용, 공정한 재판, 1791년, 언론의 자유를 염두에 두며 지문을 읽어야 한다

미국의 권리장전

미국 헌법의 최초 10개 수정조항

① 언론과 종교의 자유
② 총기 소지의 권리
③ 신속하고 공정한 재판에 대한 권리

미국 정부의 권력 남용에 대한 우려로 제정

해석

미국의 권리장전

미국의 권리장전은 미국 헌법의 최초 10개 수정조항을 묘사하는 데 쓰이는 용어이다. 이것들은 1791년 미국 주의 3/4이 동의하여 승인되었다. 수정조항은 오늘날 미국에 여전히 존재하는 몇 가지 기본권을 다루고 있다. 이는 언론과 종교의 자유, 총기 소지의 권리, 그리고 누군가가 범죄행위로 기소될 때 신속하고 공정한 재판을 받을 권리를 포함한다. 이는 재판이 공정하게 시행됨을 보장하는 규정 또한 제공한다.

권리장전은 몇몇 사람들이 새로 수립된 미국 정부가 권력을 남용하지 않을까 우려해 생기게 되었다. 10개 수정조항은 이러한 권력을 제한하는 것과 영국에 대항해 혁명을 일으켜 처음으로 미국에 독립을 가져다 주었던 권력의 남용에 대한 보호조치를 제공하는 것을 추구했다.

1 Q: 지문은 주로 무엇에 관한 것인가?

(a) 미국의 정부 형태
(b) 미국 헌법 최초 수정조항의 중요성
(c) 미국 헌법에 의해 보장되는 기본권
(d) 권리장전을 작성한 사람은 누구인가

2 Q: 지문으로부터 추론할 수 있는 것은 무엇인가?

(a) 권리장전을 썼던 사람들은 권력을 남용하는 정부를 우려했다.
(b) 권리장전을 썼던 사람들은 공정한 재판이 중요하다고 생각하지 않았다.
(c) 권리장전은 1791년에 논란이 많았다.
(d) 언론의 자유는 영국에 대항한 혁명을 끝내는 데 도움이 되었다.

1 미국 헌법의 최초 10개 수정조항을 묘사하는 권리장전은 미국 헌법에 의해 보장되는 기본권을 다루고 있다.

2 글 마지막 부분에 보면 새로 수립된 미국 정부가 권력을 남용하지 않을까 우려하여 권리장전이 만들어지게 되었다는 내용이 나온다. (b) 권리장전에 공정한 재판에 대한 보장이 있는 것으로 보아 권리장전을 썼던 사람들은 이를 중요시 여겼을 것이다. (c) 권리장전은 1791년에 승인되었고, (d) 언론의 자유를 보장하는 권리장전은 영국에 대항한 혁명이 끝난 뒤 새로 수립된 정부의 권력을 제한하기 위해 비준되었다.

Bill of Rights 권리장전　　**term** 용어　　**amendment** 〈미〉 헌법 수정조항
Constitution 헌법　　**ratify** 비준하다, 승인하다　　**bear** 소지하다　　**arms** 무기
public trial 공판 (공개 재판)　　**be accused of** ~로 비난을 받다; ~로 기소되다
conduct (특정한 활동을) 수행하다　　**come about** 일어나다, 생기다　　**abuse** 남용하다
revolution 혁명　　**independence** 독립

□ **유형분석** 담화의 세부적인 내용 파악과 추론을 동시에 요구하는 유형이다. 전체 내용은 물론 세세한 내용까지 꼼꼼하게 파악해야 풀 수 있는 어려운 유형에 속한다.

□ **문항패턴**

Which of the following is correct ~? /
의문사 의문문

+

What can be inferred ~?
~ most likely agree with?

□ **풀이전략** 1 **질문과 선택지**를 훑어봄으로 **키워드**를 파악한 뒤 이를 지문과 **비교, 대조**하며 읽어 나가야 한다.

2 추론 유형이 함께 있어 **전체를 조망해야** 판단할 수 있는 선택지도 있으므로 끝까지 읽는 것이 좋다.

3 지문의 내용을 다르게 표현한 **패러프레이징(paraphrasing)** 선택지가 주로 답이 된다.

리딩 포인트 찾기

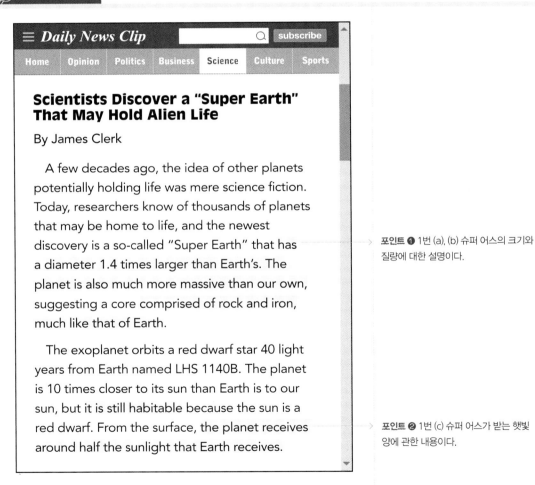

≡ *Daily News Clip*

Home | Opinion | Politics | Business | Science | Culture | Sports

Scientists Discover a "Super Earth" That May Hold Alien Life

By James Clerk

A few decades ago, the idea of other planets potentially holding life was mere science fiction. Today, researchers know of thousands of planets that may be home to life, and the newest discovery is a so-called "Super Earth" that has a diameter 1.4 times larger than Earth's. The planet is also much more massive than our own, suggesting a core comprised of rock and iron, much like that of Earth.

The exoplanet orbits a red dwarf star 40 light years from Earth named LHS 1140B. The planet is 10 times closer to its sun than Earth is to our sun, but it is still habitable because the sun is a red dwarf. From the surface, the planet receives around half the sunlight that Earth receives.

> **포인트 ❶** 1번 (a), (b) 슈퍼 어스의 크기와 질량에 대한 설명이다.

> **포인트 ❷** 1번 (c) 슈퍼 어스가 받는 햇빛 양에 관한 내용이다.

1 Q: Which of the following is correct about the newly discovered planet?

   (a) It is a gaseous planet with little mass.

   (b) It is 1.4 times smaller than Earth.

   (c) It gets double the amount of sunlight that Earth gets.

   (d) Its core is made of the same materials as Earth's.

2 Q: What can be inferred about the "Super Earth"?

   (a) Scientists discovered it decades ago.

   (b) The temperatures on the planet can support life.

   (c) Scientists learned about it by using satellites.

   (d) It is moving farther from its sun.

포인트 ❸ 두 문제의 키워드 모두 새로 발견된 행성인 슈퍼 어스에 관한 것이므로 결국 지문 전반을 꼼꼼히 읽는 것이 관건이다.

포인트 ❹ 지문의 comprised of rock and iron, much like that of Earth가 (d)의 is made of the same materials as the Earth's로 패러프레이징 되었다.

포인트 ❺ 지문의 it is still habitable이 (b)의 can support life로 패러프레이징 되었다.

새로 발견된 행성 '슈퍼 어스'

지구보다 지름이 1.4배 크고 무거움

지구와 같이 중심부가 암석과 철로 되어 있음

적색왜성인 LHS 1140B를 돌고 있음
→ 가까이에서 돌지만 빛의 양은 절반 정도

해석

≡ *Daily News Clip*   [subscribe]

| 홈 | 오피니언 | 정치 | 비즈니스 | **과학** | 문화 | 스포츠 |

외계 생명체를 지니고 있을지도 모르는 '슈퍼 어스'를 발견한 과학자들

James Clerk

   몇 십 년 전, 다른 행성도 생명체를 지니고 있을 수 있다는 생각은 그저 공상 과학 소설에 불과했다. 오늘날, 연구원들은 생명체의 고향이 될 수많은 행성에 대해 알고 있고, 가장 최근의 발견으로는 지구보다 지름이 1.4배 큰 소위 '슈퍼 어스'가 있다. 이 행성은 또한 지구보다 훨씬 더 무거워서, 중심부가 지구의 것과 같은 암석과 철로 이루어져 있음을 시사한다.

   이 태양계외 행성은 지구로부터 40광년 떨어진 LHS 1140B라는 적색왜성을 돈다. 이 행성은 자신의 태양에 지구가 태양에 가까운 것보다 10배 더 가깝지만, 그럼에도 그 태양이 적색왜성이기에 생명체가 살 만하다. 표면에서, 그 행성은 지구가 받는 태양빛의 절반 정도를 받는다.

1 Q: 새로 발견된 행성에 대해 다음 중 옳은 것은 무엇인가?

   (a) 질량이 거의 되지 않는 가스 행성이다.
   (b) 지구보다 1.4배 더 작다.
   (c) 지구가 받는 햇빛 양의 두 배를 받는다.
   (d) 중심부는 지구와 같은 성분으로 이루어져 있다.

2 Q: '슈퍼 어스'에 대해 추론할 수 있는 것은 무엇인가?

   (a) 과학자들은 이를 수십 년 전에 발견했다.
   (b) 그 행성의 온도는 생명체를 유지시킬 수 있다
   (c) 과학자들은 인공위성을 사용함으로써 슈퍼 어스에 대해 알아냈다.
   (d) 슈퍼 어스는 태양으로부터 더 멀리 이동하고 있다.

해설 1 글의 중간 부분에 슈퍼 어스의 중심부가 지구와 동일하게 암석과 철로 이루어져 있다는 내용이 나온다. (b) 새로 발견된 슈퍼 어스는 지구보다 1.4배 더 크고, (a) 훨씬 더 무겁다. (c) 슈퍼 어스는 지구가 받는 햇빛 양의 절반 정도만 받는다.

2 글의 마지막 부분에 슈퍼 어스가 받는 태양빛은 지구의 절반 정도이며, 생명체가 살 만한 수준이라는 내용이 나온다. (a) 슈퍼 어스는 최근에 발견되었고, (c) 인공위성이나, (d) 슈퍼 어스의 이동경로는 언급되지 않았다.

어휘 **discover** 발견하다　　**alien life** 외계 생명체　　**potentially** 잠재적으로, 어쩌면
so-called 소위, 이른바　　**diameter** 지름　　**massive** 크고 무거운　　**be comprised of** ~로 구성되다
orbit (궤도를) 돌다　　**red dwarf star** (천문) 적색왜성　　**light year** 광년
habitable 거주할 수 있는　　**gaseous** 기체의, 가스의　　**mass** 덩어리; 질량　　**satellite** 인공위성

1~2 다음 글을 읽고 빈칸에 알맞은 말을 넣어 문장을 완성하시오.

≡ MENU   ◰   ▲

Weekly Press

Home   Opinion   Politics   Business   International   Culture   **Education**

What Did You Choose as Your Educational Methods

By Benjamin Bratt

    Rote learning is a teaching method that has long been favored by educators. In this method, the teacher presents the students with various bits of information. The students are then expected to memorize those facts and to be able to repeat them to the teacher upon request. Although this method is useful for getting students to remember their lessons, it has been criticized by some people. These individuals claim that rote learning fails to teach students critical thinking skills. Instead, students merely learn to get good grades without ever bothering to take the opportunity to figure out what they mean.

1   The news article is about _____.

(a) the typical method of rote learning   (b) how to memorize information

(c) why rote learning is favored by educators   (d) the limitations of rote learning

2   With rote learning, students cannot _____.

(a) get good grades

(b) develop logical reasoning skills

(c) remember what they learned from their lessons

(d) have the opportunity to be the top students in their classes

3~4 다음 글을 읽고 빈칸에 알맞은 말을 넣어 문장을 완성하시오.

    The Handy Dandy Vacuum Cleaner is so small that it can fit in your cabin, in your trailer, or even in your car, and it is ready in a jiffy to clean up any and all messes. This carry-anywhere vacuum can last for up to three hours without recharging and has a two-liter capacity collection bag. It comes in three basic colors: black, white, and beige. Order today, and we will give you a 10% discount on the vacuum cleaner. Please allow up to two weeks for delivery. So why wait? Call now, and soon the Handy Dandy Vacuum will be yours!

3 A person who wants to get a discount on this vacuum cleaner should order it
_____.

(a) online
(c) with more dust bags

(b) presently
(d) by paying for delivery

4 The writer would most likely agree with the statement that the Handy Dandy Vacuum
Cleaner _____.

(a) is inexpensive
(b) runs on two liters of gas
(c) is multicolored
(d) has to be charged after three hours of use

5~6 질문에 대한 답으로 가능한지 그렇지 않은지 V 표시하시오.

Dear Kate,

I am writing to let you know how good it was to see you after all these years. Even though we frequently keep in touch through email, it simply cannot beat actually seeing you in person. I hope that you and your husband Rick are able to make it back to town sometime soon so that we can get together again. If I am ever going to be in your neighborhood, I will make sure to let you know as well. Again, it was wonderful to see you, and I hope that we get the opportunity to meet again. In the meantime, let's stay in contact through the Internet.

Your friend,
Emily

---

5 **Q: Why did Emily send this email?**

	possible	impossible
(a) To make a plan to get together again	☐	☐
(b) To keep in touch with her friend	☐	☐
(c) To say hello to her friend	☐	☐
(d) To let her friend know how she felt about their meeting	☐	☐

6 **Q: Which of the following is correct about Emily according to the email?**

	possible	impossible
(a) She had not met Kate in years.	☐	☐
(b) She and Kate once lived in the same neighborhood.	☐	☐
(c) She is planning to visit Kate again soon.	☐	☐
(d) She does not frequently use the Internet.	☐	☐

Section

2

Actual
Test 01~06

Reading Comprehension

Part I Questions 1~10

Read the passage and choose the option that best completes the passage.

R

1. Comic books are often looked down on as not being worthy of other forms of literature; however, one could argue that _____ is more complex and involved than writing a novel. It is a collaborative venture between a writer and an artist. They are limited by the number of pages and the size of the panels on each page. In addition, the artist must draw the vision of the writer's story in such a way as to show the plot along with the emotions of the characters involved.

   (a) the process of making a comic book
   (b) the method of promoting comic books
   (c) getting a comic book published
   (d) coming up with the characters for a comic book

2.

   Dear Sir or Madam,

   I am writing to your company to complain about one of your products. I recently purchased the Z-2000 air conditioner. It worked properly for about first two weeks. Now, however, it is making a terrible noise. A company repairman came and said he fixed it, but an hour after he left, _____.
   I demand that your company immediately replace my air conditioner with a new one. I look forward to your response.

   Sincerely,
   T.L. Sullivan

   (a) it began to cool my house significantly
   (b) it started making the same noise once more
   (c) my house started to warm up considerably
   (d) it overheated one more time

3. Agatha Christie is the world's most famous mystery writer. She was born in 1890 and died in 1976 at the age of 85. She published her first novel in 1920 and has never been out of print since. Publishers have sold more than four billion copies of her books worldwide, making her the most successful author in history. The majority of her works were murder mysteries, with many including a final scene in which the detective confronts all of the suspects and slowly reveals _____.

(a) what happens later in the story
(b) where the plot is going
(c) when the detective will arrive
(d) who the murderer is

R

4. French toast is a favorite breakfast dish in America. It consists of pieces of bread dipped in an egg and milk mixture and then fried until golden brown. Some people prefer to put butter and jam on their French toast while others smother it in maple syrup. A third option is to sprinkle powered sugar and, sometimes, strawberries on top. It can also be served alone or with a side order of fried sausages, bacon, or ham. While certainly not _____, French toast is a pleasant-tasting meal and a favorite of many people.

(a) a delicious meal at all
(b) something that people enjoy in France
(c) the healthiest way to start one's day
(d) the most popular way to cook toast

5. Occasionally, the public _____ an ambitious and adventurous goal people have set. In the first decade of the 1900s, the race to the North Pole captured people's imaginations. It was Robert Peary who first achieved this feat in 1909. Just two years later, Roald Amundsen made it to the South Pole first. Similarly, when Sir Edmund Hillary and Tenzing Norgay climbed Mount Everest in 1953, it was international news. Most likely, the difficulty of these three feats is what prompted people to follow the news about them so closely.

(a) comes up with
(b) starts to hear about
(c) becomes captivated by
(d) encourages the completion of

6. Improve your language skills at the Elite Language Institution. You can learn over fifty different foreign languages from our instructors. Our instructors are all totally fluent in English as well as native speakers of the language that they teach. Whatever your reason is for learning a new language—work, travel, or just curiosity—study with us, and we will help you get on your way to learning a new language quickly. _____, you will be speaking like a native yourself.

(a) In no time at all
(b) With just two intensive classes
(c) Thanks to our unique program
(d) After several months

7. In 1962, a new historical work called *The Guns of August* was published. It described the political and military events in Europe in early August 1914, when World War I began. The book climbed the nonfiction bestseller lists and sold out many editions in its first years, both in America and abroad. The surprising thing was that the author, Barbara Tuchman, was not an historian but was just an American housewife. Tuchman had neither _____ nor taught at a famous university. The academic world criticized her work as nothing more than popular nonfiction, but the public embraced it and the many subsequent historical works she later wrote.

(a) served in the military
(b) received an advanced degree in history
(c) profited financially from the book
(d) published any works of fiction

8. The Khmer Rouge was the name of a communist rebel force in Cambodia that fought against the government for many years in the 1960s and 1970s. In 1975, the Khmer Rouge finally achieved victory and _____. It is estimated that its members killed almost two million people over the next three years. The Khmer Rouge targeted and executed the rich and powerful as well as intellectuals. Finally, in 1978, the Khmer Rouge was removed from power when neighboring Vietnam invaded Cambodia.

(a) brought an end to the cycle of violence
(b) held elections for political office
(c) began one of the world's most horrific massacres
(d) renounced its communist philosophy

9. James Naismith created the game of basketball in December 1891. Naismith was a physical education instructor at the YMCA in Springfield, Massachusetts. The winters were long and cold in Springfield. _____, he wanted to have an indoor sport to keep the students active during these times. Naismith came up with basketball and wrote thirteen rules, many of which are still used today.

(a) Furthermore
(b) Therefore
(c) In contrast
(d) Despite this

R

10. The blue whale, the largest creature on the Earth, was once almost extinct. Environmentalists managed to enact a worldwide ban on blue whale hunting in the mid-1960s, however, prior to that, hunters killed almost 360,000 blue whales in order to harvest their blubber to make oil. _____, blue whales have barely rebounded from the brink of extinction, and their numbers remain insignificant compared to what they were in the past.

(a) In spite of being protected
(b) No matter what happens
(c) With assistance from whalers
(d) Thanks to the new law

Part II Questions 11~12

Read the passage and identify the option that does NOT belong.

R

11. The power of the oceans can be used to provide electricity for people's homes. (a) Tidal power takes energy from the rising and falling tides to generate electricity. (b) However, a tidal power station must be built in a narrow inlet, where the rise and fall of the tides is more pronounced. (c) As a result, tidal power can only be produced in certain areas. (d) The highest tides in the world occur in the Bay of Fundy in Nova Scotia, Canada.

12. In some cultures, there is a great deal of bargaining that goes on before a wedding. (a) One part of this bargaining is called the bride price, which involves the groom's family paying the bride's family a certain amount. (b) This payment can be made in the form of money, gold, or jewels or in livestock, land, or something else that people consider valuable. (c) In India, the bride's family must pay the groom's family. (d) The main reason for the bride price is to offset the family's loss of the daughter as a worker in the home because, once she is married, she leaves her parents' home and becomes a part of the groom's family.

Read the passage, question, and options. Then, based on the given information, choose the option that best answers each question.

13.

The National Record

Health

Malnutrition on the Rise

By Ellen Washington

Once thought to be a problem only in developing nations, malnutrition has become a problem in the United States. Fast-food consumption is on the rise, yet this food is high in fat and calories but low in nutritional content. As it stands, roughly 85 percent of Americans do not get the vitamins and minerals they need to be healthy. In response, nonprofit organizations that have traditionally done work in Africa are stepping up their efforts to help Americans improve their daily nutrient intake.

www.nationalrec.com

Q: What is the news article mainly about?

(a) Government efforts to reduce a widespread social problem
(b) A health issue that was originally associated with less wealthy nations
(c) Efforts by nonprofit organizations to end malnutrition in parts of Africa
(d) The relationship between obesity and people's economic status

14. On April 18, 1906, a massive earthquake hit the California coast near San Francisco. It was one of the largest earthquakes ever to strike the United States. In the quake and the fires that followed, more than 3,000 people lost their lives. San Francisco was not unique in 1906 as massive earthquakes struck in Chile, Ecuador, the Caribbean Sea, and the Caucasus Mountains in Russia. In addition, Mount Vesuvius, near Naples, Italy, erupted, killing over 150 people and destroying many nearby villages.

Q: What is the writer's main point?

(a) Nobody knows why earthquakes happen so frequently.
(b) 1906 was an unusual year because the ground trembled so much.
(c) Losing one's life to an earthquake would be a tragedy.
(d) Earthquakes and volcanoes are nature's destroyers.

15. Artists create their works for a variety of reasons. Some are interested in making their works symbolic. Their finished products represent something else and have a deeper meaning. Picasso's masterpiece Guernica, which shows the ugliness of war, is a classic example of a symbolic work. Other artists are not particularly interested in making political, religious, or sociological statements. Instead, they merely wish to create an image that to them represents beauty. Many works of the Impressionists represent this view. Whatever the artists' reasons are for creating their works, the end result is often the same: works of art that people can admire.

Q: What is the main topic of the passage?

(a) The types of work which artists produce
(b) Some famous examples of modern art
(c) The purpose behind the making of artists' works
(d) A comparison of Picasso's works with those of the Impressionists

16. In many countries, Daylight Savings Time is used to increase the amount of daylight hours during the summer months. In the spring, people set their clocks ahead one hour, and in the fall, they set them back one hour. Sometimes, people get confused about this, so the simple saying "Spring forward, fall back" helps people remember to put their clocks ahead in the spring and to set them back in the fall. This is a play on words since to "spring forward" means to jump ahead while to "fall back" means to go backwards.

Q: What is the main purpose of the passage?

(a) To explain how to understand a common saying
(b) To prove the usefulness of Daylight Savings Time
(c) To show why clocks must be set forward
(d) To complain about setting clocks backward

17.

NOTICE

All employees must wash their hands after using the restroom facilities. When doing so, employees must apply soap and rinse their hands with hot water for no less than thirty seconds. This will prevent most germs from spreading.

Any employee who fails to wash his or her hands at any time will have his or her employment terminated immediately. That employee will be ineligible to be rehired for a minimum of six months. This rule applies to all employees, including management.

National Bank

Q: Which of the following is correct according to the announcement?

(a) An employee can be fired for not washing his or her hands.
(b) Most employees only work there for about six months.
(c) Employees may not visit the restroom during their shifts.
(d) Only managers are required to follow these instructions.

18. In virtually any country that one visits, cell phones are practically ubiquitous in all but the most remote areas. This is a change that has occurred rapidly over the past couple of decades. In the 1980s and 1990s, for example, cell phones were primarily carried by businessmen, politicians, or criminals. Yet, as their prices decreased and capabilities increased, more and more people began purchasing them. Now, it seems as though everyone from young children to elderly grandparents carries cell phones with them at all times.

Q: Which of the following is correct according to the passage?

(a) Mobile phones are everywhere in the world.
(b) Mobile phones were a daily necessity for ordinary people in the 1980s and 1990s.
(c) Mobile phones became easily accessible to the general public as the prices went down.
(d) These days, the number of functions on cell phones is limited.

19. Something that every homeowner should be sure to do is keep a clean kitchen. This means that the stove and the sink should be wiped down and completely cleaned after being used. In addition, all food should be placed in sealed containers or wrapped in plastic wrap and then stored in the refrigerator, the freezer, or a cabinet. Counters should be scrubbed as often as possible. Making sure that the kitchen is clean will keep pests like rats and cockroaches away. Following these simple steps will guarantee that the food one is eating is safe and edible.

Q: Why does the writer recommend keeping a clean kitchen?

(a) To impress guests who visit the person's house
(b) To prevent pests from being attracted
(c) To guarantee that the food prepared tastes better
(d) To make cooking a clean and simple process

20.

WE'RE HIRING:

HR Manager

We are a 100-person company that is involved in international business consulting and management. We are currently looking for a new manager for our Human Resources Department.

- The ideal candidate will have several years of experience as a human resources manager and will be skilled at working in a dynamic, fast-paced environment.

- Fluency in foreign languages, particularly Spanish and German, is desired but not a requirement.

Our salary rates and benefits packages are considered some of the best in the business. Contact John Ruskin at (202) 555-1276 for more information on how to apply for the position.

Southwest Consulting Group

Q: What should candidates do to apply for this position?

(a) They should prove their foreign language skills.
(b) They should visit the company in person.
(c) They should visit a website.
(d) They should call John Ruskin.

21.

Dear Chris,

My wife and I are planning to take our children on a trip in the next couple of weeks. We've decided to go to the beach for about five days so that we can relax in the sun and have some fun swimming and sailing. I know you and your family enjoy the beach as well, so I'd like to invite you to go along with us. We've already rented a house near the beach, and it's big enough for two families. Let me know if you're interested in going as soon as you can so that we can make all of the necessary arrangements.

Sincerely,
Tim

Q: Which of the following is correct according to the email?

(a) Only Tim and his wife will go on the trip.
(b) Tim's family plans to be engaged in outdoor activities while on their trip.
(c) Tim has already received a reply from Chris.
(d) Everything has already been arranged for Chris.

22. Coal forms in seams underground after millions of years. It is the product of massive quantities of plant and animal matter that were subsequently covered by rock and dirt and then subjected to enormous pressure. Coal is often found in places where ancient oceans once covered the land. The dead plants and animals that were transformed into coal were the previous inhabitants of these waters. Unfortunately, coal is not a renewable resource. Once it is removed from the Earth, it cannot be replaced, at least not for a very long time.

Q: What can be inferred about coal from the passage?

(a) It takes many years for matter to turn into coal.
(b) It is possible artificially to create coal through intense pressure.
(c) Most coal mining occurs near oceans and seas.
(d) There are numerous areas where coal can be found.

23. Lyme disease is caused by the bite of an infected deer tick. Wild deer and mice are the most common hosts. Ticks bite these animals and then transfer the disease to humans. People most often get the disease after spending time in heavily wooded areas with large deer populations. Its symptoms include fatigue, a stiff neck, joint inflammations, and a skin rash near the area of the bite. It is often mistaken for the flu since the symptoms are so similar. The people most susceptible to Lyme disease are hunters, fishermen, and hikers.

R

Q: What can be inferred about Lyme disease from the passage?

(a) It may result in the person's death.
(b) It can be transmitted from deer bites.
(c) It requires instant medical attention.
(d) People often misdiagnose it.

24.

Journal of Public Health

Alcohol Consumption by College Students

By Gary Johnson

New research from the American Heart Association (AHA) reveals that college students who drink excessively can increase their levels of something known as C-reactive protein (CRP). Heavy drinking is defined as three or more alcoholic drinks at least three days a week or five drinks two days a week. Compared with those of moderate drinkers (two to five drinks at a time for one or two days a week), the CRP levels of heavy drinkers is more than double, placing them in the zone associated with a risk of heart disease.

Q: Which statement about alcohol consumption would the writer most likely agree with?

(a) College students who drink can double their levels of C-reactive protein.
(b) Heavy drinkers are at high risk of having a stroke.
(c) Heavy drinking is having three or more alcoholic drinks at least three days a week.
(d) This new research contradicts earlier claims that only smoking affects heart disease.

25. Medical science provides many breakthroughs each year, and none is more promising than a possible way to cure blindness. Researchers are working on an internal camera for blind people. The camera would be placed in an artificial eye and then connected to the optic nerve. The camera sees the images through the artificial eye and sends them to the brain along the optic nerve, and then the person's brain translates the signals into images. While not yet perfected, the outlook appears to be promising and has the potential to restore vision to the blind.

R

Q: Which statement would the writer most likely agree with?

(a) Seeing again is not just a dream.
(b) Putting cameras in an artificial eye could cause ethical problems.
(c) Current research on the human eye is promising.
(d) Internal cameras should be developed for blind people.

Part IV Questions 26~35

Read the passage, questions, and options. Then, based on the given information, choose the option that best answers each question.

Questions 26-27

R

≡ MENU

The Prime Post

Home   World   U.S.   Politics   Business   Opinion   **Science**

Is the Moon Truly Lifeless

The moon is a lifeless old rock, but according to a new study, it might have been different four billion years ago. The study by a pair of astrobiologists claims that just after it formed, the moon was ideal for simple life forms to grow. The early moon had many active volcanoes. According to the astrobiologists, these lunar volcanoes would have sent superheated water vapor to the surface, creating a wet atmosphere perfect for life. These two scientists calculated that the lunar atmosphere had pressure equal to just one percent of Earth's. That may sound small, but it's enough to create lakes from the water vapor.

Another theory says that the moon once had a magnetic field, just like Earth's, which is created by flows from the hot liquid iron in the core of the planet. This is important since the magnetic field protects the planet from radiation, which causes damage to matter, particularly living cells and organisms. The scientists say that combined with the small atmosphere, these conditions were just right for life to form on the moon.

26. **Q:** What is the news article mainly about?

    (a) A hypothesis about a new planet in the solar system
    (b) A detailed explanation of life forms on the moon
    (c) New theories about an astronomical body
    (d) Recent evidence that shows life did not exist on the moon

27. **Q:** What effect did air pressure have on the moon?

    (a) It led to the creation of superheated water vapor.
    (b) It allowed lunar lakes to form.
    (c) It prevented radiation from reaching the surface.
    (d) It caused life forms on the moon to go extinct.

Questions 28-29

 Daniel

Hey, Mike!
How's it going? I heard that Maggie and you just moved into a new house in town. Congratulations on your new house. This Thursday, I'll be in town for a week on business, and I think it'd be great to meet you and hang out on the weekend. I'm thinking about going to see the Kick Sisters' concert on Friday night. What do you say? Tickets are cheap! Or something else you suggest would be great.
Hope you have free time on this weekend.

Hi, Daniel!
I'm doing great these days. You are right. We just moved to a new place that's bigger than the one you visited the last time. We are both free, and we would love to hang out. I like the Kick Sisters a lot, so I think the concert is perfect for us. And Maggie and I were talking about going on a hike at the state park on Saturday. Would you like to join us? I know a trail with spectacular views of the whole city.
So call me when you get to town.
Bye!

 Send

28. Q: What are the speakers mainly discussing in the chat messages?

(a) The place where they are going to meet
(b) The benefits of doing one activity over another
(c) The purchasing of concert tickets
(d) Possible activities they can do during a visit

29. Q: Which of the following is correct about Mike?

(a) He goes on a lot of business trips for his company.
(b) He has acquired more spacious accommodations.
(c) He has not seen Daniel in many years.
(d) He regularly goes hiking at the state park.

Privacy Thrown Open on the Internet

The Internet is a major part of many people's lives these days. But one drawback to the Internet is its lack of privacy. While most people assume they are anonymous when surfing websites or posting messages in chat rooms on the Internet, this is not actually the case. It is possible easily to track a person—or at least the computer used—through IP numbers. An IP number enables people to pinpoint virtually exactly where the person using the computer is and can also reveal an alarming amount of information about the user as well.

Various proxy websites exist that enable users to hide their locations and identities. With them, people can surf the Internet anonymously and keep others from checking their logs. However, only a small number of people actually make use of them. Perhaps they find these services too difficult to set up by themselves, or perhaps they feel that they have nothing to hide. In addition, there are not many free proxy websites, and some have viruses or excessive pop-up ads. If someone wants a formal proxy server, that person should pay some money every month.

30. **Q:** Which of the following is correct according to the passage?

   (a) The Internet is not very private.
   (b) Most people hide their IP numbers.
   (c) Proxy websites can protect users from viruses and pop-up ads.
   (d) Guarding one's privacy always requires a lot of money.

31. **Q:** What can be inferred from the passage?

   (a) Privacy is something most Internet users are aware of.
   (b) Every computer connected to the Internet has an IP number.
   (c) Proxy websites are steadily gaining popularity.
   (d) It is possible to learn the names of everyone using chat rooms.

R

The Durham Bulls Are the Best!

Now that summer vacation has started, how about taking the entire family down to the ballpark to watch a baseball game or two? The Durham Bulls may be a minor league team, but they put on a major league performance every game!

- No bad seats — The park is small and cozy, so every fan is close to the action!
- Affordable — We keep our ticket prices low! That means more money for peanuts, popcorn, hotdogs, and soda.
- Promotions — Along with the reasonable ticket prices, we have various kinds of promotions for concessions, fireworks, and events, including campouts, a book night, and a food truck festival.
- Sold out every time — Surrounded by the crowd, your excitement and entertainment will be doubled.
- "I saw him first!" — Many Bulls players go on to join the major leagues, and some become all-stars.

Contact the Durham Bulls' ticket office for a schedule and to make reservations for our next home game. Reservations are available via phone and online as well. This is a great opportunity to watch a game in person.

Durham Bulls

32. **Q:** What is the main purpose of the advertisement?

(a) To describe the quality of play of the Durham Bulls
(b) To mention the prices of tickets and concessions
(c) To note when the next Durham Bulls home game will be
(d) To encourage people to attend some baseball games

33. **Q:** What can be inferred from the advertisement?

(a) The Durham Bulls are the best team in the minor leagues.
(b) Many fans like to brag that they bought cheaper tickets than their friends.
(c) Many fans like to brag that they saw all-star players before they became famous.
(d) All players on the Durham Bulls go on to join the major leagues.

R

Nation > Economy

Income Inequality and Social Dysfunction

Income inequality continues to be a problem for the United States. The proportion of wealth controlled by the top one percent in the U.S. has continued to rise dramatically, with the rich holding 11 percent of the nation's assets in 1980 and an astonishing 20 percent today. At the same time, the wealth held by the bottom 50 percent of Americans has fallen at an equal rate, down from 21 percent in 1980 to around 13 percent today. Contrast this with the situation in Europe, where the top one percent have consistently held around 12 percent of the wealth while the bottom 50 percent have had around 22 percent of the wealth.

Experts worry that the growing wealth divide in the U.S. will continue to exacerbate social tensions in the country and could possibly cause massive social upheaval if left unchecked. In addition, studies reveal that economic inequality usually causes social problems, including teenage births, obesity, alcohol or drug addiction, mental illness, violence, imprisonment, and murder. Thus, measures should be taken at the government level to deal with this economic disparity.

34. Q: What percentage of wealth is held by the top one percent in the U.S. and Europe today?

(a) 20 percent and 13 percent
(b) 20 percent and 12 percent
(c) 11 percent and 22 percent
(d) 11 percent and 13 percent

35. Q: What can be inferred from the news article?

(a) The rate of income inequality is growing faster in the U.S. than in Europe.
(b) Income inequality in Europe is a growing concern for experts in the U.S.
(c) The bottom 50 percent of people have more money than the top one percent in the U.S.
(d) Income inequality naturally increases over time as the rich get richer and the poor get poorer.

You have reached the end of the Reading Comprehension section. Please remain seated until you are dismissed by the proctor. You are NOT allowed to turn to any other section of the test.

R

1. Mexico City has one of the worst smog problems in the world. Much of this is related to its congested streets, which _____ for most of the day. Furthermore, many pollution-causing factories operate in the city and its outskirts. But the biggest problem is geography. The city is built in a valley, so the smog has trouble escaping, and not much wind enters the valley. In other words, there is an additional barrier to escaping air pollution.

   (a) are filled with bicycles everywhere
   (b) are covered with dirty buildings and offices
   (c) have millions of people smoking and cooking
   (d) are jammed with cars, trucks, and buses

2. Workplace safety rules are designed to protect workers from injury and death. While on a potentially dangerous worksite, workers must wear protective hardhats, safety work boots, and gloves. If working on a very high structure, they must also wear a safety harness to prevent them from falling. Despite these precautions, large numbers of workers get injured and die on the job each year. Investigations of these incidents often reveal that management and workers did not properly follow appropriate workplace _____.

   (a) structures
   (b) compensation efforts
   (c) safety standards
   (d) equipment

3. For a long time, quills made from goose feathers were the main instruments. However, quills were not very efficient since they often had to be dipped often in a small bottle of ink and wore out easily. Iron-tipped pens _____, but they still needed to be dipped in ink. Finally, Lazlo Biro, a Hungarian newspaper editor, invented the ballpoint pen in the early 1940s. It used a ball at the tip and capillary action to allow the internal ink supply to flow properly.

(a) were more expensive than quills
(b) solved the problem of wear
(c) came before quill pens
(d) never really caught on

4. _____ can be divided into two types: poetry and prose. Poetry is literature that is written in verse form whereas prose is all other forms of writing. There are numerous styles of both poetry and prose. Poetry includes sonnets, haikus, epics, and odes, among many others. Prose, meanwhile, encompasses a wide range of writing. All prose can be further subdivided into fiction and nonfiction works. Fiction is writing that is, essentially, not true. Nonfiction, on the other hand, is writing of a factual nature, such as biographies, histories, and works of science.

(a) Every single form of writing
(b) A few works of literature
(c) Nonfiction and fiction
(d) The writing of great authors

5. As a general rule, a sequel is rarely a good as the original work. This is true for both books and movies. One reason is that the author's or director's creativity in the sequel is nowhere near the level it was in the first work. In other words, what was once original is no longer so. In many cases, however, due to the promise of a lucrative payout, the originator of the work agrees to write or direct a sequel. It may be financially successful, but it is not _____.

(a) something the author will be remembered for
(b) a work of creative genius
(c) guaranteed to attract many fans
(d) an interesting project

6. In American college football, there is no playoff system like in other sports. The winner is decided by the Bowl Championship Series (BCS). Using different sports reporters' polls and a computer system, the BCS decides which two teams will play the final game of the year. The winner is declared the champion. This system is controversial because almost every year since the system's inception in 1999, some worthy teams have been left out of the final game. It seems that _____, the controversy will continue.

(a) now that there is a perfect system
(b) before the champion can be determined
(c) when a better system is created
(d) until a regular playoff system is devised

R

7. _____ chimpanzees is Jane Goodall. Starting in the 1960s, she conducted some groundbreaking work on chimps. The large majority of her research took place in the field, mostly in the African country Tanzania. She preferred to observe chimps in their natural habitat. She surprised many with the results of her research, in which she claimed that chimps were not just genetically related to humans but often acted very much like people. Goodall noted that chimps could make and use tools. Their socializing methods, which included holding hands, kissing, and hugging, were also similar to those preferred by humans. Today, Goodall is not only noted for her work on chimpanzees but also for being a proponent of animal welfare and nature conservation.

(a) One of the world's foremost experts on
(b) A person who once wrote a book about
(c) The woman who first discovered
(d) A supporter of the rights of

8. While working together on a group project, people typically learn the value and importance of cooperation. This is particularly true when individuals with very different personalities are thrust together in an environment where they must work together in order to be successful. The members of a group must be able to assign each member various responsibilities according to the member's strengths and weaknesses. In situations like these, having a strong leader is a necessity. This person should be able to get everyone to work together so that they can _____.

(a) get along with one another
(b) finish their project as quickly as possible
(c) perform to the best of their abilities
(d) make their leader look good

9. People found guilty in a court of law must receive some type of punishment. In many cases, _____ the injured party has suffered financially, the guilty party may have to pay a fine. Fines can range from very small amounts to millions of dollars. In cases where a person is found guilty of a serious crime, like murder, theft, or assault, then the person may have to spend time in jail.

(a) since
(b) however
(c) if
(d) for

R

10.

Dear Amy,

I found out through a friend that you recently got engaged to Mark. I would like to offer my congratulations for this momentous event. _____ I have only met Mark a couple of times, I have heard many positive things about him. If you have the time, I would love to get together with you sometime. You know how to get in touch with me.

Your friend,
Linda

(a) Because
(b) Although
(c) When
(d) However

Part II **Questions 11~12**

Read the passage and identify the option that does NOT belong.

11. The three most common urban problems are poverty, crime, and unemployment. Interestingly, all of these issues are interrelated. (a) Unemployment causes poverty, which in turn leads to increased crime rates. (b) The solutions to these problems vary, but all of them focus primarily on creating jobs. (c) Some people believe that cleaning up neighborhoods will help solve the problem. (d) Once people find gainful employment, then poverty and crime rates in an area reduce dramatically.

R

12. Achieving good grades at school is related to study habits. (a) Many students wait until the night before a project is due to begin it, so this often leads to sloppy work and panic as the time to submit the work approaches. (b) It is better to start earlier and to do a small bit at a time, such as doing research in the library one day, writing an introduction the next, and writing the main body the next. (c) This way, when the last day arrives, most of the work is already done, and there is no need to panic. (d) In addition, try not to drink too much coffee before taking a test as it will make you nervous.

Read the passage, question, and options. Then, based on the given information, choose the option that best answers each question.

R

13. Patriotism is defined as the love of one's country. It is emphasized in citizens from a young age for a number of reasons. First, patriotism helps to hold together a country. People often need a reason other than ethnicity or a common language to feel a sense of togetherness with the others living in their country. Also, many people run for political office or serve in their country's military out of a sense of patriotism. Without this, many key jobs and duties would be unstaffed, making the running of the country itself a difficult venture.

Q: What is the passage mainly about?

(a) Which kinds of people are patriotic
(b) The importance of patriotism
(c) What the definition of patriotism is
(d) Typical jobs that patriots often have

14.

≡ **MENU** ꠵

The Global Herald

| Home | Opinion | Politics | **Business** | International | Opinion | Sports |

How Rite Aid Corp. Deals with a Situation

In an attempt to match the growth of its two main competitors, Rite Aid Corp., the nation's third-largest drugstore chain, has just acquired the next-largest chain, Eckerds, in a $4 billion cash-and-stock deal. The deal will expand Rite Aid's already strong presence on the east coast while bringing its name to the west coast. Some analysts have criticized the price being paid for several underperforming chain stores of Rite Aid. Nevertheless, the deal represents the brand's new marketability following the company's near bankruptcy in 2017.

Q: What is mainly being reported about Rite Aid?

(a) How it is going out of business
(b) How it has started a new rewards program
(c) Why it is underperforming
(d) Why it has bought another drugstore chain

15. When something becomes popular, soon, everyone seems to want to be a part of it. This can be almost anything, such as wearing a style of clothing, eating in a fashionable new restaurant, or listening to a certain type of music. What drives people's need to follow these trends is their desire to be seen as a member of a group and not to be left out. From childhood, people are conditioned to conform and to be part of a larger group. To act in a way different from everyone else means to be an outsider. Society often regards outsiders as strange, and very few people want that to happen.

Q: What is the writer's main point?

(a) Most people want to feel like they belong to a group.
(b) Individualism is prized more than collectivism.
(c) It is ideal for people to act similarly to others.
(d) One recent trend is for people to act alike.

16. United Nations peacekeeping missions are utilized to bring about peaceful conclusions to armed conflicts. First used in the Middle East in 1956, peacekeepers have served all over the world as neutral buffers between warring states and as bringers of humanitarian aid to areas that are in desperate need. However, not all missions are peaceful. Peacekeepers have been killed and injured in many lands and at times are forced to defend themselves from armed attacks.

Q: What is the main purpose of peacekeeping missions according to the passage?

(a) To end conflicts and to help people in difficult situations
(b) To defeat warring factions and to bring peace to their lands
(c) To conquer various countries that are starting wars
(d) To choose sides in conflicts and to resolve to end them

17. Now you can have complete access to a comprehensive online encyclopedia published by the Global Book Corporation. We have been in the encyclopedia business for over fifty years, which was even before the Internet was invented. Our online encyclopedia has over five million entries in ten different languages. Experts in various fields write all of the entries, and our highly educated staff members check and double-check them for accuracy. Subscriptions are available at monthly, half-yearly, and yearly rates.

Q: What is mainly being promoted in the advertisement?

(a) A publishing company
(b) Expert staff members
(c) A set of printed books
(d) Some reference material

18.

> ### Please note that the following rules must be followed at all times:
>
> No weapons of any sort are allowed inside. Cameras, digital cameras, cell phones with cameras, or any other kinds of photographic equipment or recording devices are not permitted past the security gate. They must all be left with the guard on duty but will be returned immediately upon your departure from the building.
>
> Guests must wear their visitor's pass at all times and must be accompanied by their host or hostess. Any guest found alone in the building will be promptly removed from the premises.
>
> **Northwest Gallery**

Q: Which of the following is correct according to the announcement?

(a) Photographs may be taken within the building.
(b) A guest is permitted to wander the halls alone.
(c) A visitor may never be unaccompanied at any time.
(d) The building's security guards are armed with weapons.

19. Bullying is a common problem in schools around the world. Bullying occurs when an older, stronger child picks on, teases, or abuses a younger, weaker child. Sometimes more than one child is involved in bullying the victim. Bullies make fun of children's clothing and their appearances, may beat them, and sometimes force the children to give them money or to do tasks such as their homework. Parents and teachers often do not know about bullying because the child is afraid to say anything. In extreme cases, the victim may commit suicide or lash out and attack or even try to kill the bullies.

Q: How do children sometimes react to bullies?

(a) They become bullies themselves.
(b) They may try to kill themselves.
(c) They talk to their teachers about their problems.
(d) They attempt to avoid the bullies.

20.

New York Philharmonic Orchestra

The Rochester Auditorium is pleased to announce an upcoming performance of the New York Philharmonic Orchestra on September 3 from 8 PM to 10 PM.

- Tickets are available at the box office and online at our website.
- Tickets cost $25 for adults, $15 for those 12 and younger, and $18 for seniors. (Special rates are available for groups of ten or more people.)

The New York Philharmonic is famous for being one of the world's most renowned orchestras, so seeing the musicians in concert is a rare opportunity that no one should miss.

Rochester Auditorium

Q: Which of the following is correct about the New York Philharmonic Orchestra according to the announcement?

(a) It is putting on a rare concert.
(b) It will perform a classical music concert.
(c) It is performing at Rochester Auditorium in New York on September 3.
(d) It is the most famous orchestra in the world.

21. On July 4, 1776, a group of American colonists signed the Declaration of Independence and declared the thirteen colonies were free of British rule. At the time, though, most Americans were not actually opposed to being British subjects. What they were opposed to was their lack of representation in the government. Despite their sizable numbers, the colonists had no representation in the British Parliament, so they had no say in the taxes that were levied on them. Indeed, had the colonists actually had political representation back in England, they might never have declared their independence in the first place, and thus the American Revolution might never have been fought.

Q: Which of the following statements is supported by the passage?

(a) The tax rate in Britain was too high.
(b) The Americans were not interested in British politics.
(c) The Americans elected a president on July 4, 1776.
(d) The American Revolution was avoidable.

22.

> Dear Mr. Nakamura,
>
> You recently placed an order for several books. Unfortunately, one of them, entitled *The Encyclopedia of Mythology*, is currently out of stock and will be unavailable for the next month. Therefore, you have two options. We can simply refund the price of the book—$32.99—or we can add that same amount of money to your account, which you can then use as credit when you make another purchase with us. Please inform me of your intentions when you get the opportunity to do so. And thank you for choosing Best Books to fulfill your book-shopping needs. If you have any questions, please contact me at (02) 312-4123.
>
> Sincerely,
> Sonia Falconi
> Best Books

Q: Which of the following is correct according to the email?

(a) Best Books could not send Mr. Nakamura his complete order.
(b) Sonia Falconi ordered some books from a company.
(c) *The Encyclopedia of Mythology* is on sale for $32.99.
(d) Mr. Nakamura wants to have his money refunded.

23. The collapse of the Soviet Union in 1991 had serious consequences for its citizens. Economically, the country teetered on the brink of disaster for almost a decade. People's savings were wiped out, their salaries were reduced, giving them little buying power, and there were high rates of unemployment. The situation did not start turning around until 2000, when Vladimir Putin became president and initiated a series of economic reforms. At the forefront of his new policies were the aggressive exporting of Russia's vast oil and gas reserves and the eliminating of corruption in all areas of Russian life.

Q: Which of the following is correct according to the passage?

(a) Russia is the world's biggest exporter of oil and gas.
(b) Putin is to blame for the collapse of the Soviet Union.
(c) Corruption was a part of the economic woes of Russia.
(d) Russians were only slightly affected by the collapse of the Soviet Union.

24.

GRAND OPENING SALE!

Wakefield's is pleased to announce that it is opening a new branch store on Robinson Road.

- The store will open on May 1, and it will carry Wakefield's complete line of men's clothes.
- To celebrate this occasion, Wakefield's is offering 25% discounts on all clothing items purchased on both May 1 and May 2.

Men's shopping has never been easier thanks to Wakefield's. Come visit the store to get the latest styles in both men's casual and formal clothes.

Wakefield's

Q: What can be inferred about Wakefield's?

(a) Wakefield's plans to restructure its organization.
(b) Wakefield's opened a new place for men's shopping.
(c) The discounts will last for more than two days.
(d) Wakefield's needs to intensify its promotion.

25.

The Hoffman Post

World > Disaster

R

Fire Destroys a Local Convenience Store

A fire at 93 Pine Road was put out by firefighters from District 12 yesterday evening. Four trucks had to respond to the fire, which was prevented from spreading to neighboring buildings by the hard work of the firefighters as they battled the flames for over two hours. The building, a local convenience store, was totally destroyed in the fire. Fire marshals are not sure how the fire started, but they claimed that arson is not suspected at the moment. They vowed, however, to determine the cause as quickly as possible.

Q: What can be inferred about the fire from the news article?

(a) It was not responded to quickly.
(b) It was set intentionally.
(c) It is no longer burning.
(d) It is a threat to nearby buildings.

Read the passage, questions, and options. Then, based on the given information, choose the option that best answers each question.

Questions 26-27

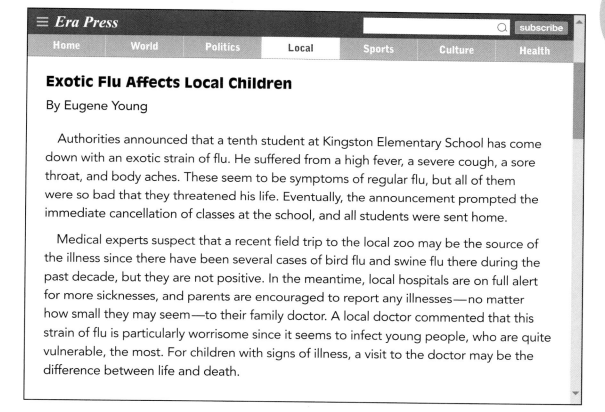

> ≡ *Era Press* [🔍] [subscribe]
>
> | Home | World | Politics | Local | Sports | Culture | Health |
>
> ## Exotic Flu Affects Local Children
>
> By Eugene Young
>
>   Authorities announced that a tenth student at Kingston Elementary School has come down with an exotic strain of flu. He suffered from a high fever, a severe cough, a sore throat, and body aches. These seem to be symptoms of regular flu, but all of them were so bad that they threatened his life. Eventually, the announcement prompted the immediate cancellation of classes at the school, and all students were sent home.
>
>   Medical experts suspect that a recent field trip to the local zoo may be the source of the illness since there have been several cases of bird flu and swine flu there during the past decade, but they are not positive. In the meantime, local hospitals are on full alert for more sicknesses, and parents are encouraged to report any illnesses—no matter how small they may seem—to their family doctor. A local doctor commented that this strain of flu is particularly worrisome since it seems to infect young people, who are quite vulnerable, the most. For children with signs of illness, a visit to the doctor may be the difference between life and death.

26. Q: What is mainly being reported in the news article?

(a) A new flu strain that is dangerous to children
(b) A zoo trip responsible for infecting many children
(c) A local school that closed due to an illness
(d) A new strain of flu that is potentially deadly

27. Q: Which of the following is correct according to the news article?

(a) Children are advised to stay away from the zoo.
(b) Kingston Elementary School is unconcerned about the flu.
(c) Children are the most vulnerable to this strain of flu.
(d) Kingston Elementary School is dangerous for children.

R

The Sydney Opera House

If someone goes traveling to Sydney, Australia, he or she will almost definitely visit the Sydney Opera House. Of course, it holds a wide variety of operas, concerts, and festivals, but the building itself has a lot of architectural value. It is one of the world's most recognizable buildings and is often seen as a symbol of Australia.

In 1956, there was a design competition for the opera house, and of the 233 entries, Jorn Utzon, a Danish architect, emerged the winner and received 5,000 pounds. He designed the building and oversaw its initial construction, which began in 1959. However, the design was ahead of the engineering technology of the day, and there were many disagreements about it as well as various extra costs and delays. These led to Utzon resigning in 1966 before the opera house was completed. Upon its opening by Queen Elizabeth in 1973, Utzon was not invited to the ceremony, nor was he even credited with the design. Reconciliation between Australia and Utzon happened in the 1990s, however, and he took part in the design of some of the opera house's remodeling before his death in 2008.

28. **Q:** What led to Utzon's resignation according to the passage?

   (a) Queen Elizabeth's personal dislike of him
   (b) Engineering problems which led to disagreements
   (c) The fact that his design was not innovative enough
   (d) A lack of funds for the opera house

29. **Q:** Which of the following is correct according to the passage?

   (a) The Sydney Opera House was completed ahead of schedule.
   (b) Utzon became a celebrity architect in Australia.
   (c) Utzon died before he could ever visit the Sydney Opera House.
   (d) Utzon was eventually able to repair his relationship with Australia.

NOTICE:

This is an announcement to all Apex employees. In recent weeks, there has been a rash of thefts occurring in our office. Both personal and company items have gone missing. Last August, several boxes of A4 paper were stolen. Then, a week later, Ms. Parker from the Marketing Department had her purse stolen from her drawer during lunch hour. It seems that the thieves are not targeting confidential company information or ideas, but we still have to take steps.

To prevent further thefts from occurring, first, we want to remind you to pay attention to your belongings at all times. Furthermore, we will install new locks on all doors. These new locks will require key cards to open, so all employees will always need to carry their keycards. We regret the occurrence of these robberies, and we are working closely with the police to apprehend the individual or individuals responsible for them. We will keep everyone in the building updated with any more news—both good and bad—that we receive on this matter.

Security Department

30. Q: What is the main purpose of the announcement?

(a) To explain a course of preventative actions
(b) To encourage employees to carry their keycards
(c) To introduce a change in a company policy
(d) To remind employees to register their personal belongings

31. Q: Which of the following is correct according to the announcement?

(a) The building's security measures have recently been upgraded.
(b) There have been many thefts occurring in the building.
(c) The thieves have just been arrested by the police.
(d) The building manager suspects some employees of the robberies.

Questions 32-33

Only since starting this new job have I truly begun to appreciate the comforts of home. When I am home, my room is my sanctuary, offering me a much-needed respite from the strains of my daily life. This has become all too clear with my new position as a middle school instructor. As a college student undergoing teacher training, I had envisioned being a teacher as a chance to spread my knowledge to a new generation and to instill them with intellectual curiosity. Instead, I have found a chaotic environment in which support from parents is nonexistent and the system is designed to hamstring teachers rather than empower them.

Students have no respect for teachers, but they just want them to teach test-taking skills or to let them do what they want to do, like studying other subjects, listening to music, or just sleeping. They have no desire to learn. They don't feel any need to make their wishes known. I cannot continue to work under such conditions, and I have to wonder how much longer I can continue. Maybe I think I just want to stay home and relax for weeks or months.

32. Q: What does the writer think about working as a teacher?

(a) It is empowering to the teacher.
(b) It lets teachers spread their knowledge.
(c) It offers a peaceful environment.
(d) It is too stressful to do for very long.

33. Q: Which statement would the writer most likely agree with?

(a) Parents are very supportive of teachers because they teach their children.
(b) Students today do not want to study, and they only complain.
(c) Teachers should have the freedom to teach classes the way they feel is best.
(d) Teaching middle school has made the writer's home life more comfortable.

COMPUTER PROGRAMMERS WANTED

If you are looking for a dynamic, exciting, and career-oriented position, then look no further. People Net is one of the nation's fastest-growing security social media companies, with over 200 million daily active users. We are looking for talented and dedicated computer programmers to join our staff. Your responsibilities would include:

• participating in all phases of the software development life cycle, including functional analysis, the development of technical specifications, coding, testing, deployment, and user support
• integrating websites with 3rd party applications and other tools
• reviewing and debugging existing source codes
• working independently when required

Applicants must have coding experience in Javascript, Python, PHP, and Ruby. Of course, MS Word, Excel, and PowerPoint skills are also required. A four-year college degree in computer science or equivalent experience is necessary. Problem-solving skills, foreign language abilities, and related work experience are also preferred.

To apply, forward your résumé with samples of your work to jobs@people.net by November 1. If you have any questions, feel free to contact Anne Collins from Human Resources by email. We would love to hear from you!

People Net

34. Q: Which candidate is most likely to get the job?

(a) A person who has just graduated with a Ph.D. in computer science
(b) A person with a master's degree and fluency in Microsoft Office and Windows
(c) A person who is a gifted hacker and has learned how to program by him or herself
(d) A person who has a degree in computer science and internship experience

35. Q: What can be inferred from the advertisement?

(a) The applicant will be required to work on computers all day.
(b) The applicant will be able to do the job from his or her home.
(c) People without degrees cannot apply for the job.
(d) The position is an enjoyable job for people who love computer games.

You have reached the end of the Reading Comprehension section. Please remain seated until you are dismissed by the proctor. You are NOT allowed to turn to any other section of the test.

R

Read the passage and choose the option that best completes the passage.

1. The mayor excels at public relations. She knows exactly what approach to take when she is talking to a person. For that reason, she almost never runs into any problems dealing with either the city council or regular individuals. She simply knows what to say in each and every situation and when and how to say it. After talking to her, everyone says that she knows the best way to _____.

    (a) handle people
    (b) win elections
    (c) pass legislation
    (d) raise funds

2. Those in the world of business quickly learn all about networking. Through networking, people are able to meet and connect with others whom they might otherwise never have gotten the opportunity to speak with. Businesspeople who know fewer people naturally come to inhibit their ability to conduct business. People in sales are particularly keen on improving their networking skills. By doing so, they will _____ of making more sales and, thus, earning more money for themselves.

    (a) participate in the discussion
    (b) discuss the possibility
    (c) decrease the likelihood
    (d) increase their chances

3.

Employee Announcement

This is an announcement to remind you of our office's upcoming personal finance seminar next week. This year, there will be a chance to meet one-on-one with financial planners who will give you _____ _____. Whether you are looking to begin saving for the first time or you need advice for your retirement, the experts at the seminar can help you make smart financial decisions. To learn more about the seminar, please stop by the Human Resources office on the 8th floor.

SEONJIN Corp.

(a) ideas for places to visit during your vacation
(b) suggestions on how to help develop your career
(c) advice for your financial situation
(d) recommendations on how to spend your money

4. _____ known as Renaissance art began in Italy around 1400 and lasted for more than 200 years. This school of art occurred between the medieval art period and the modern art period. The painters who subscribed to it lived mostly in Italy and northern Europe. Despite still using the religious symbols common in earlier art periods, Renaissance art began moving toward representing more realistic human forms in art. The artists also relied on various techniques that gave their works a field of depth which had not been seen in earlier works of art.

(a) The style of painting
(b) The school of learning
(c) The philosophy of art
(d) The short-lived period

5. In the Indian state of Mizoram, there is a species of bamboo that only blooms and yields fruit once every fifty years. The people living in the area dread this time because it brings a plague of rats upon them. Millions of the vermin are attracted to the fruit, so they come to eat it. Once the fruit is gone, they turn to the crops in the area, eating anything they can. Fortunately, _____ last year, and disaster relief efforts helped ease the suffering of the people of Mizoram.

    (a) the bamboo failed to bloom at all
    (b) the farmers refused to plant any bamboo
    (c) rats avoided the area despite the blooming bamboo
    (d) India was prepared for the most recent outbreak

6. The worst nuclear accident in history occurred at the Chernobyl nuclear power plant in Russia on April 26, 1986. During a test of the reactor's system, the engineers made a fatal error, and the reactor core melted, which caused a massive steam explosion when the hot core hit the coolant water. The top of the reactor building blew off and released _____ in the immediate area, which eventually spread so much that sensors recorded high levels of radiation as far away as Sweden and Norway.

    (a) massive amounts of radioactive material
    (b) a great cloud of steam and water
    (c) all of the people working inside
    (d) a large amount of electrical energy

7. After the end of World War II, the victorious Allies divided Germany into four zones, three of which became West Germany. The fourth, the Russian zone, became East Germany and had a communist government. However, Berlin, the capital, was in the middle of East Germany and was a divided city, with one half being a part of democratic West Germany. Many East Germans subsequently fled their oppressive country into West Berlin, seeking refuge. After tolerating this for more than a decade, on one night in 1961, the East Germans built the Berlin Wall. _____ and became a symbol of the tense standoff between East and West known as the Cold War.

    (a) No shooting war started from this
    (b) The Germans worked quickly
    (c) This divided the city
    (d) People tried climbing the wall

8.

Dear Amanda Barnes,

I would like to congratulate on your acceptance into our master of science graduate program for the fall semester. You will be pleased to hear that we are offering a full scholarship to cover all tuition and living costs for the two years of the program. Instead, you will be required to be a teaching assistant for my freshman introduction to biology course. You will work with me by helping in the laboratory and grading papers. I look forward to _____.

Sincerely,
Professor J.T. Littleton

(a) reading your application
(b) hearing about your teaching experience
(c) considering your request
(d) seeing you in autumn

9. Counterfeiting is the fraudulent replication of a nation's currency. In the past, counterfeiters had an easier time duplicating money than they do today. _____ the use of computers and superior printing devices, it is very difficult to counterfeit money nowadays. Mints use plastic compounds to make money in some countries, and other countries use hidden watermarks and holograms on the currency notes to make them extremely difficult to duplicate.

(a) Instead of
(b) Although
(c) Even
(d) Despite

10. Carbon dioxide from burning gasoline is one of the main causes of air pollution. Cars and light trucks are the biggest producers of carbon dioxide emissions. Studies show that if everyone drove twenty fewer miles per week, there would be a 9% decrease in carbon dioxide emissions. _____, if car manufacturers could improve automobile engines' gas mileage efficiency by just five miles a gallon, there could be a 20% decrease in carbon dioxide emissions from cars and light trucks.

(a) In opposition
(b) Furthermore
(c) Regardless
(d) Unfortunately

Part Ⅱ **Questions 11~12**

Read the passage and identify the option that does NOT belong.

R

11. If someone wants to travel to a foreign country, that person must often get a visa. (a) This is a small document which shows that a person has been given permission to enter a country. (b) Special visas are necessary if a foreigner wishes to be employed or to study abroad. (c) To get a visa, a person typically needs to go to a country's consulate or embassy. (d) Once there, the individual must fill out an application form and then pay the necessary fees.

12. Gold is considered so valuable that some people are willing to work themselves to death to find it. (a) Gold is usually used to make jewelry, like wedding rings, but is also utilized in a few industrial applications. (b) In recent years, the price of gold on the world market has climbed so high that previously abandoned mines have been reopened in parts of Africa and South America. (c) The people in these areas live in extreme poverty and work backbreaking hours in the mines for low wages. (d) In some cases, they get paid a percentage of the gold that is found in the ore, but most of the time, it amounts to almost nothing.

Read the passage, question, and options. Then, based on the given information, choose the option that best answers each question.

13. Science-fiction novels are almost always about events that occur in the distant future. In addition, they typically portray the author's version of the future. The futuristic world that the author creates can be either positive or negative; it often depends upon the author's own outlook on life. While many authors deny that they put their own biases in their work, it is obvious that this is not the case, especially for science-fiction novelists.

Q: What is the main topic of the passage?

(a) Why authors' created worlds are either positive or negative
(b) How science fiction is becoming more popular
(c) What an author must do to create a plausible alternate universe
(d) How an author can create a work of science fiction

14.

Dear Mr. Jones,

I would like to take this opportunity to apologize on behalf of our company for the way that you were treated during your recent trip. The booking agent did not realize you had such a large party, so he reserved only one hotel room when he should have set aside two rooms for your party. As a way to make amends, we would like to offer you and your family a three-night stay free of charge at any Centennial Hotel in the world on your next vacation. We hope this will make up for the misunderstanding.

Sincerely,
Bill Parsons, CEO
Centennial Hotels

Q: What is the main purpose of the letter to Mr. Jones?

(a) To explain why an employee was so rude
(b) To provide confirmation of a reservation
(c) To offer the man a discount on his next stay
(d) To apologize for a mistake an employee made

15. People frequently talk about pollution, but they are most often referring to ground and water pollution. There is, however, another kind of pollution which is also harmful. This is noise pollution. Modern society is filled with noise pollution. This can be the thundering sound of a plane taking off. It can be someone blasting music from a car. Or it can simply be traffic blazing down a busy highway. These are all types of noise pollution. Noise pollution can be quite harmful. Not only can it, in some cases, cause hearing loss or damage to people, but it can also create significant amounts of stress in people's lives.

Q: What is the passage mainly about?

(a) Kinds of noise pollution
(b) Certain areas with large amounts of noise pollution
(c) What noise pollution is and why it is a serious problem
(d) How noise pollution is more severe than air or water pollution

16.

Orientation for New Employees

All new employees should report to Room 102 no later than 9:00 AM for orientation. After hearing a few words of greeting from Rick Treska, our company's CEO, you will spend the rest of the day filling out various forms necessary for your employment and also learning about your duties for your new jobs. Please bring a writing utensil as well as a notebook and be sure to be on time as well.

IBC Electronics

Q: What is the main purpose of the announcement?

(a) To provide a schedule of the day's events
(b) To congratulate the employees on their new jobs
(c) To explain the need to bring a pen or a pencil
(d) To inform everyone of the company CEO's name

17. The most important thing to remember when baking cookies is not to keep them in the oven for too long. Even overcooking the cookies by just two or three minutes can cause them to harden or burn. In most cases, you should remove the cookies from the oven after eight or nine minutes. Take them off the tray immediately and place them on a cooling rack. By following these simple instructions, you can guarantee that you will have delicious, moist cookies.

Q: Which of the following is correct according to the directions?

(a) It is very difficult to bake cookies properly.
(b) The cookies need less than ten minutes of baking.
(c) Cookies can burn after three minutes in the oven.
(d) You can bake cookies by putting them on a cooling rack.

18.

Oxford Times

News > Top Stories

Surprise Visit of Governor

Students at Oxford High School were treated to a pleasant surprise when Governor Rick Damke dropped by for an afternoon visit. Damke, himself a graduate of the school, spoke to the students for over an hour. He regaled them with stories first of his life as a professional basketball player and then about his time in the governor's mansion. Encouraging the students to pursue their dreams, Damke also answered questions and signed autographs for the students. "I thought it was great he came by to talk to us," said tenth grader Brian Murray.

Q: Which of the following is correct about Governor Rick Damke?

(a) It was his longtime dream to be governor.
(b) He was quizzed on current policies by students.
(c) He retired from basketball to run for governor.
(d) He was a student at Oxford High School.

19. Prior to having a surgical procedure, the patient should be sure not to eat or drink anything for at least eight hours before the operation. This is especially important for those who will require anesthesia during their operation. Those individuals having outpatient surgery should also be sure to have a family member or friend along with them to take them home since it is highly inadvisable to drive after having undergone surgery. Finally, due to the high costs of certain operations, patients need to make sure that they have discussed how they intend to cover their operation's fees prior to having it.

Q: Which of the following is correct according to the instructions?

(a) Most operations can be performed without a guardian.
(b) Eating right before surgery can cause problems.
(c) Many surgical procedures require anesthesia.
(d) Nowadays, the majority of operations are low in cost.

20. When you've had a long day at work or school, it's always great to go home and be greeted at the door by one who loves you. That's why you should visit Pets Pets Pets and get the newest addition to your family. We specialize in dogs and cats, but we also have birds, lizards, hamsters, rabbits, and even snakes. Wouldn't it be great to be able to cuddle up with a cute dog, cat or other animal? We are located in the Shropshire Shopping Mall and are open every day from 10 to 7.

Q: Which of the following is correct according to the advertisement?

(a) After a tiring day, people want to be welcomed by someone or animals who love them.
(b) The pet shop sells dogs, cats, birds, lizards, and crocodiles.
(c) The pet shop is closed on weekends.
(d) The pet shop is well known in the community.

21.

Why It Is So Important to Understand Economics

A recent survey showed that a majority of Americans have very little knowledge of how the economy actually works. When asked basic questions on both microeconomics and macroeconomics, large numbers of American adults were simply unable to answer correctly. In times of economic crises, this lack of knowledge can exacerbate the problems the country is facing because its own citizens are not aware of whether the economic policies its politicians are pursuing are sound or not. The researchers who conducted the survey recommended that more be done to educate the populace on basic economic matters.

Q: Why is the lack of economic knowledge harmful to the country?

(a) People do not know where to invest their money.
(b) The citizens might elect politicians unversed in economic matters.
(c) People cannot judge if political decisions are correct or not.
(d) Politicians intentionally disrupt the country's economy.

22. The Cambridge Suites Hotel is holding the Dynamics in Business Conference from February 10 to 12. The keynote speaker is going to be Jack Smith, the former CEO of Smithson Electronics. Mr. Smith is world famous as a leader in business and is considered the main reason Smithson Electronics is one of the greatest companies in the world today. Mr. Smith will be speaking on Friday, February 12, at 7 PM in the Main Conference Room. Dinner and wine will be served, and it is a formal occasion. All those attending the conference are invited. Those not attending the conference may attend Mr. Smith's speech by purchasing tickets if seating is available.

Q: According to the announcement, who is Jack Smith?

(a) The organizer of a business conference
(b) The CEO of a world-famous company
(c) A speaker at an upcoming conference
(d) The person to contact for tickets

23. In northern Sweden, there is a unique hotel made entirely of ice. Craftsmen build the hotel every November, and it remains until the following spring. The rooms have beds made of ice slabs, and the guests sleep in fur-lined sleeping bags. There are no bathrooms or showers in the ice hotel, so guests must go to a nearby chalet to freshen up. The hotel also has a chapel, and up to 150 couples get married there a year. It is one of the most unusual tourist attractions in the world.

Q: What can be inferred from the passage?

(a) The hotel's rates are expensive.
(b) The hotel melts in the spring.
(c) It is difficult to reach the hotel.
(d) Few international couples get married at the hotel.

24. Writers in English commonly use a number of various conventions to make their works more literary. Among the more frequent of these figures of speech is the simile. Basically, it is a kind of metaphor which uses the word "as" or "like" in the comparison. For example, a person might say, "She is as pretty as a rose," while another may say, "The gold necklace is bright like the sun." Essentially, similes allow writers to add an element of creativity to their work and to make comparisons that might otherwise have been impossible to do.

Q: What can be inferred from the passage?

(a) Writers always make comparisons using similes.
(b) A simile can have both "as" and "like" in its comparison.
(c) Similes most commonly refer to people.
(d) There are more figures of speech than similes.

25.

Opinion > Education

College Tuition Skyrocketing

By Bill Mason

R

Many are complaining about the high cost of college tuition and rightfully so. In the past decade, the cost of a college education has more than doubled. Today, the average cost of a four-year degree is north of fifty thousand dollars. As a result of such extravagant fees, many qualified students are instead opting for less expensive educational alternatives, including trade and technical schools. Not only are these schools more affordable, but their students are also virtually guaranteed of getting a job right after graduation, unlike most university students.

Q: Which statement would the writer most likely agree with?

(a) Most university graduates do not find work quickly.
(b) Complaints about fees for college education are not justified.
(c) Fewer students are attending trade schools because of high tuition fees.
(d) Tuition rates at trade schools have remained steady over the past decade.

Part IV Questions 26~35

Read the passage, questions, and options. Then, based on the given information, choose the option that best answers each question.

Questions 26-27

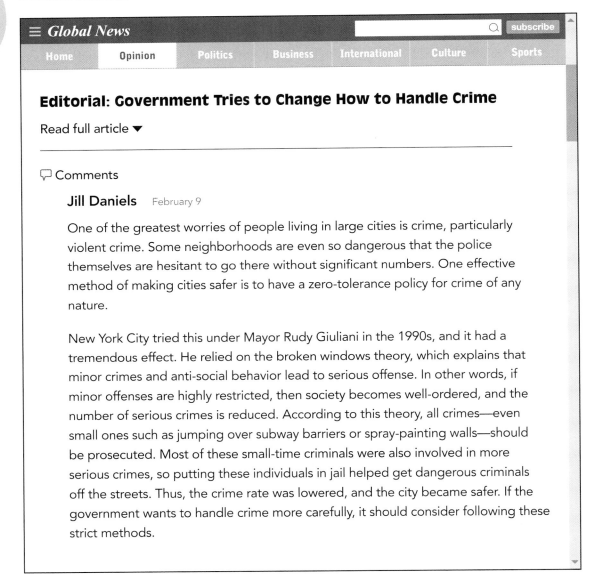

≡ *Global News*　　　　　🔍 [subscribe]

Home　　Opinion　　Politics　　Business　　International　　Culture　　Sports

Editorial: Government Tries to Change How to Handle Crime

Read full article ▼

💬 Comments

Jill Daniels　February 9

One of the greatest worries of people living in large cities is crime, particularly violent crime. Some neighborhoods are even so dangerous that the police themselves are hesitant to go there without significant numbers. One effective method of making cities safer is to have a zero-tolerance policy for crime of any nature.

New York City tried this under Mayor Rudy Giuliani in the 1990s, and it had a tremendous effect. He relied on the broken windows theory, which explains that minor crimes and anti-social behavior lead to serious offense. In other words, if minor offenses are highly restricted, then society becomes well-ordered, and the number of serious crimes is reduced. According to this theory, all crimes—even small ones such as jumping over subway barriers or spray-painting walls—should be prosecuted. Most of these small-time criminals were also involved in more serious crimes, so putting these individuals in jail helped get dangerous criminals off the streets. Thus, the crime rate was lowered, and the city became safer. If the government wants to handle crime more carefully, it should consider following these strict methods.

26. Q: What kind of crimes were excluded from New York's zero-tolerance policy?

(a) Jaywalking
(b) Spray-painting walls
(c) Robbery
(d) None of the above

27. Q: Which of the following is correct about Rudy Giuliani?

(a) He was an effective police officer in the 1990s.
(b) He was a very popular mayor in the 1990s.
(c) He lowered New York City's crime rate in the 1990s.
(d) He cared about violent crime more than any other type of crime.

R

R

Ponzi Schemes

A Ponzi scheme involves a fraudulent investment in a nonexistent business. The schemer convinces people to invest their money in a business by promising to vastly increase their investments at a set point in the future. As more and more people hear about the promised return on investment, they invest, too. When the return date arrives, the schemer pays the first people who invested with the money from the last people. More people believe the investment is true, so they start investing. At some point, there is not enough money from the last investors to pay the earlier investors, so the entire scheme collapses.

Charles Ponzi, after whom Ponzi scheme is named, first used it in New York in 1920. He came up with an idea to make money through international reply coupons. He bought them for low prices abroad and then intended to sell them for higher prices in the United States. He managed to attract a large number of investors and brought in a huge amount of money; however, he was unable to convert the coupons into cash and had to rob his new investors to pay the earlier ones.

28. Q: What is the main topic of the passage?

(a) A fraudulent business practice
(b) The genius of Charles Ponzi
(c) The risks of investing money
(d) How to make your friends and family rich

29. Q: What can be inferred from the passage?

(a) Ponzi schemes are widespread.
(b) Some investors make money on Ponzi schemes.
(c) Ponzi schemes usually fall apart quickly.
(d) Even prudent investors can be tricked by Ponzi schemes.

Celebrate David Simpson's New Life!

This is a reminder that you are all invited to David Simpson's upcoming retirement party. David is retiring after 28 years with the company, and it's time for him to take a permanent vacation. It would be great if as many people as possible showed up for the event. The details of the event are as follows:

- Date and Time: This Friday at 7 PM
- Location: The Pine Hotel Grand Ballroom
- Events: David's speech, a video that reflects David's career, quizzes, and games
- Dinner: Steak, fish, or vegetarian options available
- Dress Code: Smart casual

Please confirm that you will be attending the party with Shannon Reed in the Human Resources Department no later than this Wednesday. You are also welcome to bring your husband, wife, or significant other, but we request that you leave your children at home. In addition, thoughtful gifts would be good for David, but please give them personally, not in public, since giving them is not a requirement. See you on Friday and don't be late!

30. Q: What is the main purpose of the announcement?

(a) To announce an employee's upcoming retirement
(b) To outline updates to a work policy
(c) To provide details of an event for employees
(d) To explain a revision to an earlier schedule

31. Q: Which of the following is correct about the party?

(a) It is a birthday party for one of David Simpson's children.
(b) It is going to be held in two weeks.
(c) Attendees are permitted to bring a guest.
(d) Attendance at the party is mandatory.

Wanted: New Staff Members
for Happy Mart Convenience Store

The Happy Mart Convenience Store is looking for new staff members who can start immediately. Our company operates 15 locations in Oak County, and we are looking for reliable and responsible employees for all locations. To the members of our crew, we provide a week's paid vacation, a free medical checkup, and a voucher for two at Deli's Restaurant, one of our affiliates, annually.

Applicants must:
- be able to work shifts that are 8 hours long throughout the day
- be comfortable working alone
- be capable of maintaining a cash register, providing change, completing credit card transactions, and recharging transportation cards
- complete multiple tasks during shifts, including restocking shelves, marking prices, and cleaning
- be able to pass a criminal background check
- have at least a high school diploma
- be at least 18 years of age

To apply for the position, simply visit one of our stores and fill out an application form. For more immediate consideration, fill out an application form on our website at happymart.com.

Happy Mart

32. Q: Who is most likely to get this job?

(a) Someone who has a higher education
(b) Someone who enjoys working with other people
(c) Someone who is able to select products for the store
(d) Someone who can do many different types of tasks

33. Q: What can be inferred about the job from the advertisement?

(a) This is a job where a person has to do a lot of team projects with his or her coworkers.
(b) This job requires workers to be independent.
(c) This could be a dangerous job at times as convenience stores are often robbed.
(d) This is an enjoyable job for people who like convenience stores.

R

www.globaldaily.com X

Global Daily

Science

What Do the Newly Discovered Bacteria Suggest

For centuries, humans have looked up to the stars and wondered if life exists beyond our planet. Now, a recent discovery on our own planet may prove that life can, indeed, exist on other planets. Scientists have just found a bacterium that can subsist solely on the chemicals in the air. The air on the Earth consists of 78% nitrogen, 21% oxygen, and other components like argon, methane, and carbon dioxide, and these bacteria are able to survive by using just the hydrogen, carbon monoxide, and carbon dioxide in the atmosphere.

This discovery is significant since it suggests that life can survive in much more severe conditions than previously thought as the bacteria can survive in the some of the harshest conditions on our planet. Prior to this discovery, scientists believed that life required some form of water, organic compounds, and geothermal or solar energy. With this discovery, however, scientists are focusing their attention on planets with atmospheric conditions that may support life on planets which were previously thought to be uninhabitable. By using various chemicals in the atmosphere, life may exist on planets.

34. Q: What is the news article mainly about?

(a) A new discovery that changes our understanding of life
(b) Why life requires water and energy to survive
(c) People who have searched for life in space throughout history
(d) A kind of bacteria which is stronger than scientists originally thought

35. Q: Which of the following is correct according to the news article?

(a) Scientists are sure what conditions are needed for there to be life.
(b) Scientists want to make new kinds of bacteria to find life on other planets.
(c) Uninhabitable planets cannot sustain life of any kind.
(d) The conditions needed for life are not as strict as scientists originally thought.

You have reached the end of the Reading Comprehension section. Please remain seated until you are dismissed by the proctor. You are NOT allowed to turn to any other section of the test.

R

Part I Questions 1~10

Read the passage and choose the option that best completes the passage.

1. Bifocal lenses provide vision correction for those people who have two distinct, but simultaneously occurring, visual impairments. Difficulty seeing objects far away while _____ that reading material is blurry indicates that a person has a need for bifocal lenses. The lenses are divided into two halves. Both the upper and lower parts have a different prescription. Advancing age, eye strain, and eye lens shape are three of the major factors that cause this impairment.

   (a) at the same time not seeing
   (b) being able to see
   (c) wearing glasses and seeing
   (d) at the same time finding

2. In northern Alberta, Canada, along the Athabasca River, a unique set of geological circumstances has created a vast area of oil known as the Tar Sands. The oil is mixed with sandy soil in a form called bitumen. Removing the oil from the soil is expensive, so it is only profitable _____. The soil is carved out of the landscape by massive earthmoving machines, and then huge trucks carry the bitumen to processing plants.

   (a) if many companies have access to the oil
   (b) when world oil prices are high
   (c) when the oil is refined
   (d) if many employees are working at the site

3. Ocean waves are caused by the action of the wind on the water. Waves begin as small ripples on the surface. As they grow bigger, they catch more and more wind, so the waves get higher and higher. With extremely strong winds over deep water, sailors have observed waves _____. In one storm, the liner *Queen Mary*, one of the largest ships in the world, had its windows blown out by a colossal wave that towered ninety feet above sea level.

   (a) as high as one hundred feet
   (b) traveling at incredible speeds
   (c) crashing into the coast
   (d) in the middle of storms

4. Muhammad Ali was one of the greatest boxers of all time. Known for his showmanship, his greatest victory came over George Foreman in 1974. Foreman was younger and more powerful, and almost everyone thought he would win their upcoming match. Ali outsmarted him and used the buildup to the fight to taunt Foreman and to use his superior verbal skills to his advantage. Finally, on fight night, Ali protected himself and wore Foreman down until Ali saw his chance and knocked Foreman out in the eighth round. The fight is renowned as _____ in boxing history.

(a) one of the most boring events
(b) one of the greatest matches
(c) the most interesting dispute
(d) the most unsportsmanlike fight

R

5.

Dear Mr. Sanders,

I am writing to _____ at the company party last week. My actions were inexcusable. I will pay for the damage I caused when I knocked over a couple of bookshelves. In addition, I would like to take back the comments I made with regard to your leadership skills. As was pointed out to me, I acted improperly and made a fool of myself. I feel terrible about the whole thing. If you could find it in your heart to give me my job back, I would be forever in your debt.

Sincerely,
David Simpson

(a) apologize for my behavior
(b) ask about what happened
(c) reiterate the things I said
(d) request an investigation in the events

6.

Farming Woes

Due to the unseasonably hot weather that is expected to continue until the end of September, many local farmers are finding it difficult to maintain their growing schedules. While most farmers throughout the state have benefitted from the unusual weather, growers in Clayton County have been hard hit by the high temperatures. More than 70 percent of farmers there have had most of their crops fail. As a result, these farmers are looking to petition the state about _____ resulting from the weather.

(a) developing alternative farming methods that cost less
(b) providing weather forecasts farther in advance so that farmers can prepare for problems
(c) providing subsidies to offset their income losses
(d) comparing different types of crops to learn about any changes

7. Nowadays, modern technology like radar and sonar has made sailing on the oceans _____. Sailors who lived prior to the development of radar and sonar lived hazardous lives when sailing on the ocean, particularly when near land. This made lighthouses valuable buildings. Situated on the coast and built to great heights, lighthouses shone a powerful light that could go far out to sea, even during dark or stormy nights. This permitted sailors to realize they were close to land and let them avoid dangerous places like those with numerous rocks, which could easily sink a ship. While lighthouses are no longer necessary these days, many are still standing, and they are also popular tourist attractions.

(a) more popular than ever before
(b) less risky than in the past
(c) much more affordable for people
(d) less boring and unappealing

8. Prior to 1966, American police officers did not have to inform criminals of their rights. In a landmark decision in the case of Miranda vs. Arizona, the U.S. Supreme Court ruled that the police must inform a suspect under arrest that he or she has the right to remain silent, that anything said could be used against him or her, and that the person has the right to an attorney. They are named after Ernesto Miranda, an Arizona man who was _____ without being told he had the right to a lawyer first.

(a) working as a lawyer in Arizona
(b) a suspect but never questioned
(c) arrested and confessed to a crime
(d) released by the police

R

9. Some people object to the introduction of foreign words into their own language. This, they claim, is an intrusion on their language and must not be tolerated. _____, these individuals often fail to realize that virtually all languages borrow from one another. For instance, French, Spanish, and Italian all came directly from Latin. Japanese and Korean have both borrowed heavily from Chinese. English has taken large numbers of words from Latin, Greek, and German.

(a) Despite
(b) Consequently
(c) Contrarily
(d) Nevertheless

10. For many businessmen, getting an MBA, a master's in business administration, is requisite in order to accomplish all of their goals in the business world. Even self-made individuals who have earned millions of dollars at their jobs often desire an MBA. The competition to get into exclusive MBA programs is also fierce, _____ the rewards are high. Graduates of elite MBA programs typically receive lucrative job offers at some of the best and most respected companies in the world.

(a) so
(b) yet
(c) still
(d) or

Part II Questions 11~12

Read the passage and identify the option that does NOT belong.

11. An airplane is influenced by several factors. (a) There are four main forces: lift, gravity, thrust, and drag. (b) Lift, the force which enables the airplane to get off the ground, occurs due to the curved shape of the upper side of the airplane's wing. (c) This curved upper side forces air to move faster over the top of the wing and lifts the plane into the air. (d) There are a number of airplanes that use unique wing designs yet which are still able to fly.

12. The once great fishery of the Atlantic Ocean is in danger of disappearing forever. (a) Reports from biologists on dwindling numbers of cod, haddock, and other food fish have forced governments to enact laws to close the fishery in some areas. (b) Previously bustling ports and fish processing plants now lie silent because of these regulations. (c) The lobster fishery is still quite lucrative in some areas, so many people continue to make a good living from it. (d) In many cases, fishermen have been forced to uproot their families and go elsewhere to find employment. An entire way of life is ending, and, if the fish stock numbers continue to remain depressed, it may never return.

Read the passage, question, and options. Then, based on the given information, choose the option that best answers each question.

R

13. Enormous crowds flocked to the opening day of the third annual International Cooking Festival. It was estimated that somewhere in the neighborhood of 5,000 people attended on Friday, and more people are expected to show up on both Saturday and Sunday. Held at the civic center on Main Street, the festival had booths from more than seventy different countries. The festival features cooking exhibitions, cooking lessons, and, of course, food from many foreign countries.

Q: What is the main topic of the news report?

(a) The number of attendees at an event
(b) The cost of attending a convention
(c) The details of a recently held festival
(d) The types of exhibitions being held at the civic center

14.

How Race, Wealth, and Social Policy Work in the United States

Headlines regularly trumpet the wide gaps between white and minority student test score achievement. But where race cannot explain the test score gap, wealth disparity can. As Yale sociologist Dalton Conley has shown in his new book *Being Black: Living in the Red*, if the test scores of black students are compared to the scores of white students with the same family wealth, the achievement gap between black and white students disappears. He also mentioned possible policy solutions to the racial asset gap.

Q: What is the writer's main point about test scores?

(a) Family income has no effect on test scores regardless of race.
(b) Family income affects test scores regardless of race.
(c) Black students will always have lower test scores regardless of family income.
(d) Black students cannot afford to pay for classes to get better test scores.

15.

An Earthquake and a Tsunami

    Residents of Mobile, Alabama, and the surrounding area were on the lookout for a tsunami in the wake of yesterday evening's earthquake in the Gulf of Mexico. The gulf, which is not particularly known for seismic activity, was shaken by a quake measuring 5.2 on the Richter scale. The earthquake happened just ten miles off the Mobile coast, and it prompted the Coast Guard to issue the tsunami warning. Fortunately, no tsunami occurred in the hours after the quake. Had one occurred, it likely would have been only a few centimeters high, as the relatively shallow waters of that section of the gulf are not conducive to tsunamis.

Q: What is the news article mainly about?

(a) The possibility of a tsunami hitting the coast
(b) The damage caused by a recent earthquake
(c) The action taken by the Coast Guard
(d) The size of the tsunami that hit the coast

16. In the past, it was not uncommon to see parents punishing their children in public. This often took the form of verbally scolding the child. Yet parents would frequently not hesitate even to spank their child in public. Due to changing standards in today's society, were a parent to try to spank his or her child, a bystander might attempt to interfere or perhaps may even contact the police and accuse the parent of child abuse.

Q: Which of the following is correct according to the passage?

(a) Spanking a child is the equivalent of child abuse.
(b) It is better to spank a child than to scold a child.
(c) Interfering in other people's lives is encouraged these days.
(d) Parents today are unlikely to spank their children in public.

17.

Editorial: Three Things You Need to Remember Before Traveling Internationally

Read full article ▼

💬 Comments

Joy Chen July 20

When traveling to foreign countries, I think one of the most clichéd, yet important, phrases to remember is, "When in Rome, do as the Romans do." Simply put, it means that visitors to other lands must assume the characteristics and customs of the natives. As a foreigner, it is up to him or her to adapt to their new culture. Failure to do so can result in one insulting one's hosts and possibly even ruining the relationship with that particular individual.

Q: What is a possible result of failing to adapt to a new culture according to the comment?

(a) The person's stay in the country will be less enjoyable.
(b) Natives in that country might be offended by a person's behavior.
(c) The visitor will not be allowed to return to the country in the future.
(d) The individual will fail to understand that country's culture.

18. Many animals travel in groups. The main reason for this is that it offers protection from predators. Animals which are the targets of predators, such as water buffalo, form close groups, often with the young at the center, and move together to prevent attacks. Occasionally, the herd will even attack a predator as a way to preempt an attack. Among predators like lions, packs can serve as social groups that are formed for protection and the hunting of prey. In other cases, like with flocks of birds, a group typically forms when it has to navigate long distances.

Q: Which of the following causes predators to travel together in groups?

(a) A desire to raise their young in groups
(b) The need to travel far distances together
(c) The wish to hunt other animals together
(d) The desire to camouflage their numbers

19. Large metropolitan areas are solving their transportation problems by coming up with more creative methods of mass transportation. Since there simply is not enough room in any large city for all families to have one or two cars, mass transmit methods are needed. These most often manifest themselves in the form of buses and subways. In other cases, there might also be ferry and other boat transport, especially if the city is on a river or near the ocean or sea. As the populations of these cities grow, however, cities will need to implement even more creative methods of fast and cheap public transportation.

Q: Which of the following is correct about metropolitan areas?

(a) They require inexpensive public transportation.
(b) They lack the space for all families to own personal vehicles.
(c) They should improve and widen their road systems.
(d) They should all consider utilizing waterborne public transportation services.

20. Since the late nineteenth century, the feminist movement has been going on in Europe and North America. Women have strived to gain equality with men in the fields of work, education, and politics. One of the greatest victories of the feminist movement has been women attaining the right to vote. In addition, more women are working full-time and making the same salaries as men. However, this has led to women getting married late in life and having few or no children. Furthermore, many women find divorce an easy option since they have their own source of income.

Q: Which of the following is correct according to the passage?

(a) Feminism has led to couples getting divorced more often.
(b) The feminist movement began about 200 years ago.
(c) Feminists refuse to have children and prefer to work instead.
(d) Women and men work at the same kinds of jobs nowadays.

21. In the United States, the most effective way of telling whether or not an individual is married is not done by asking the person about his or her marital status. As a matter of fact, to many people, inquiring about that—especially if the person is a stranger—would be incredibly rude. Instead, one need only look at the person's left hand to see if he or she is wearing a wedding ring. Most often a simple gold, silver, or platinum band, the wedding ring is worn on the finger next to the pinky. This has long been a part of Western and American culture.

Q: Which of the following is correct according to the passage?

(a) Most wedding rings are uncomplicated designs.
(b) Even divorced Americans wear wedding rings.
(c) Asking about marital status in the U.S. is acceptable.
(d) Fewer Americans are wearing wedding rings nowadays.

22. People sometimes become so ill that they wish to die. If they are unable to kill themselves, they may ask for help. This is called euthanasia, or assisted suicide. It is a highly controversial issue, and many countries have strict laws that forbid this act and consider it murder. A few countries allow it, but there are strict rules on doing it. For example, the person must have a condition that is impossible to treat. In addition, the individual must be in such pain that medicine cannot ease the person's suffering. Finally, the patient must be lucid and aware of what he or she is doing and must give clear verbal or written consent to the act of euthanasia.

Q: Which statement would the writer most likely agree with?

(a) Euthanasia is legal in most developed countries.
(b) Euthanasia is fairly expensive.
(c) Many people disagree with euthanasia.
(d) A person with a cold is eligible for euthanasia.

23.

To the Editor,

In Monday's edition of the paper, the article entitled "City to Approve New Building Project" had an error in it. Your article indicated that the mayor has given his approval to the project to construct another shopping mall in the Golden Springs area. That, however, is not an accurate representation of the facts. That matter is still under consideration and will not be decided upon until at least two weeks from now. We would appreciate your running a correction on this matter.

Sincerely,
Gerald Harris
Deputy Mayor

Q: What can be inferred from the email?

(a) The mayor lives in the Golden Springs area.
(b) Golden Springs already has a shopping mall.
(c) It will take two weeks for the construction project to be completed.
(d) The newspaper refuses to run a correction.

24.

NOTICE

As some of you know, we had two incidents in the CompuNet offices last week. In one case, a laptop went missing. In the other instance, a visitor failed to register with security and entered the building. These incidents may be related. The unidentified individual was never apprehended, and the laptop has not been recovered.

Our laptops only work within the company, so the suspect might show up again. If you see someone without an ID badge or a temporary one, report that person to security immediately. We must all cooperate to protect our coworkers and company property.

Security Department

Q: What can be inferred from the announcement?

(a) CompuNet has had equipment stolen from it before.
(b) The laptop contained sensitive information about the company.
(c) Company staff members rarely report suspicious people to security.
(d) Everyone in the office should wear an ID badge.

25.

Traveling on the major airlines has never been more expensive than now. Not only are ticket prices high, but many airlines are also charging additional fees. However, at Payless Airlines, you won't have to worry about high prices and too many fees. We don't charge you for checking in your bags. We don't charge you for peanuts and soft drinks. And we definitely don't charge you for pillows and blankets. At Payless Airlines, we'll get you to your destination on time and at the cheapest possible price. Try Payless Airlines: the best and cheapest option in the sky.

Payless Airlines

R

Q: What can be inferred from the advertisement?

(a) Payless Airlines provides no snacks to its passengers.
(b) No other airline is cheaper than Payless Airlines.
(c) Passengers may not check any bags on Payless Airlines.
(d) Payless Airlines flies to more routes than other airlines.

Read the passage, questions, and options. Then, based on the given information, choose the option that best answers each question.

Questions 26-27

R

Adolf Hitler and the 1936 Berlin Olympics

In 1936, Adolf Hitler's Nazi regime ruled Germany with explicitly racist public policies. The same year, the Summer Olympics were held in Berlin. There were 129 events in total, and basketball and handball first became official Olympic sports then. Hitler wanted to use the games to show the superior athletic prowess of the supposed German master race. Instead, an African-American track star, Jesse Owens, stole the show by winning four gold medals in track-and-field events: 100 meters, 200 meters, long jump, and 4×100 meter relay. Holding three world records, he excelled in the sprints and the long jump and was a star athlete.

Historians have recorded that Hitler refused to present the medals to Owens or to shake his hand because of Owens's race. However, this is mostly false. Hitler presented a few medals on the first day of the games, but he did this only for the German winners. The Olympic Committee then told him he had to present medals to all winning athletes or to none, so Hitler decided to stop doing so.

26. **Q:** Why did Hitler fail to present Owens his medals?

(a) He was not in attendance during Owens's victories.
(b) He wanted to follow an Olympic Committee rule.
(c) Owens refused to accept any of his medals from Hitler.
(d) Owens and Hitler were never in the stadium together.

27. **Q:** Which of the following is correct according to the passage?

(a) Adolf Hitler hated the Summer Olympics.
(b) Jesse Owens and Adolf Hitler would later go on to be close friends.
(c) Jesse Owens' victories demonstrated that Hitler's ideals were false.
(d) Jesse Owens' victories proved Hitler's ideals were largely correct.

Questions 28-29

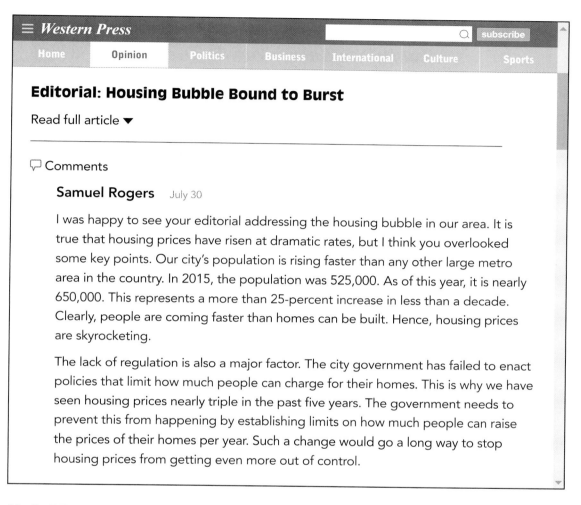

≡ *Western Press*   🔍 subscribe

Home | Opinion | Politics | Business | International | Culture | Sports

Editorial: Housing Bubble Bound to Burst

Read full article ▼

💬 Comments

Samuel Rogers   July 30

I was happy to see your editorial addressing the housing bubble in our area. It is true that housing prices have risen at dramatic rates, but I think you overlooked some key points. Our city's population is rising faster than any other large metro area in the country. In 2015, the population was 525,000. As of this year, it is nearly 650,000. This represents a more than 25-percent increase in less than a decade. Clearly, people are coming faster than homes can be built. Hence, housing prices are skyrocketing.

The lack of regulation is also a major factor. The city government has failed to enact policies that limit how much people can charge for their homes. This is why we have seen housing prices nearly triple in the past five years. The government needs to prevent this from happening by establishing limits on how much people can raise the prices of their homes per year. Such a change would go a long way to stop housing prices from getting even more out of control.

28. **Q:** What is the Samuel Rogers's main point?

(a) The population is growing too quickly, and the government is enforcing too many regulations.
(b) There are far more houses under construction than there are homes for sale.
(c) The population is growing too quickly, and the government is not regulating the problem.
(d) Housing prices are rising too quickly while the quality of construction has decreased.

29. **Q:** What can be inferred from the comment?

(a) The rising population is creating problems around the world.
(b) The housing market would benefit if there were fewer people.
(c) Housing markets will continue to get more expensive until there is a crash.
(d) The government can solve some of the problems related to the rising population.

R

What Do You Know about the Desert?

A desert is any area that receives less than 10 centimeters of rainfall in a year. Many people are surprised to learn that according to this definition, the Arctic and Antarctic regions are considered deserts due to their arid climates. Though they have thick ice cover, they are deserts with no vegetation. These deserts include ice sheets, ice fields, or ice caps.

Except these polar deserts, there are other types of deserts. Some deserts have sand dunes, like the Sahara, but others have hard, rocky surfaces with little sand at all. Some have hardy plants while others have no plant life whatsoever. Some deserts get small amounts of rainfall, but others receive no rainfall because the air is too hot to permit raindrops to fall.

Many deserts form in interior basins—like in the United States, Mongolia, and Australia—which are far from moisture-rich ocean climate systems. Others form on the other side of mountain ranges mainly because the mountains block rain clouds from reaching the area. Yet in places like Chile and southwest Africa, some deserts form along coastlines at latitudes where little rainfall occurs.

30. Q: What is the main topic of the passage?

(a) Inhospitable deserts for human life
(b) Deserts in a wide range of geographical conditions
(c) The European continent and its lack of deserts
(d) How humans contribute to the process of desertification

31. Q: Which of the following is correct about deserts?

(a) There are more sandy deserts than ones without sand.
(b) The largest deserts are found in Mongolia and Australia.
(c) Some of them have almost no animal life whatsoever.
(d) The only characteristic they all share is a lack of rainfall.

The Tetra Consulting Firm is an international management consulting firm. We give advice and support to our executive clients by analyzing data, by establishing close relationships, and by presenting appropriate visions for their corporations. Meanwhile, we also treat our internal employees as if they are our premium clients. Please be aware of this and make sure to apply to the Human Resources Department director with careful consideration.

- The ideal candidate will have several years of experience as a human resources manager and will be skilled at working in a dynamic, fast-paced environment.
- A bachelor's degree in business administration or a similar field is required. A master's degree is preferred.
- Fluency in foreign languages, particularly Spanish and German, is a plus but not essential.
- Successful candidates will work at our Houston office and be required to make occasional business trips.
- The salary and benefits are highly competitive and will be discussed during the interview.

To apply for the position, send your résumé with relevant work documents to Kelly Brook at employment@tetracorp.com. The deadline is Friday, September 25.

Tetra Consulting Firm

32. **Q:** What is the advertisement mainly about?

(a) An announcement regarding a vacancy at a company
(b) A description of the requirements for an open position
(c) An explanation about a company's change in its policies
(d) An introduction of a new employee at a company

33. **Q:** Which of the following is correct about the job being advertised?

(a) It is for a brand-new position.
(b) It may involve speaking foreign languages.
(c) It will offer low compensation.
(d) It is currently held by Kelly Brook.

R

U.S. > Economy

The Truth about Initial Coin Offerings

By Bill Withers

High-tech startup companies around the world have a new method to raise money, but it has some people worried. The method is called an ICO, or initial coin offering.

"There's no accountability," said one stock analyst. "Since the transactions occur on the Internet, any private companies and investors can anonymously take part in an ICO. No one knows whether there are fraudsters or schemers. It is difficult to determine, so ICOs are dangerous."

Traditionally, companies sold stocks to raise money. A stock is a small percentage of a company. Investors hope the company will make a profit so that their stock becomes more valuable. The United States has a law that businesses must work to improve their stock values. Investors also have some control over the company's decisions. ICOs are different. Instead of buying part of a company, investors buy a digital "token." The company can use investors' money to make a profit, but that doesn't mean the tokens will become more valuable.

"For companies, it's great!" said the CEO of ZoopCoin. "We can raise money without giving up any control."

34. Q: Which of the following is correct about ICOs?

(a) They give investors control of part of a company.
(b) They are used by a variety of industries.
(c) They make people invest in something with no innate value.
(d) They are mandated by law to try to make a profit.

35. Q: What can be inferred from the news article?

(a) High-tech companies can only raise money through ICOs.
(b) Investing in ICOs is riskier than investing in stocks.
(c) ICOs have become more popular than traditional investments.
(d) ICO investors have no say in a company's business.

You have reached the end of the Reading Comprehension section. Please remain seated until you are dismissed by the proctor. You are NOT allowed to turn to any other section of the test.

정답 및 해설 p.45

Part I Questions 1~10

Read the passage and choose the option that best completes the passage.

R

1. In the 1980s, the business of music changed dramatically with the advent of music videos. These are short films produced for promotional or artistic purposes and feature music as well as images of some type. Music Television, otherwise known as MTV, VH1, and several other channels almost exclusively showed these music videos. These channels helped make numerous groups and singers more popular, which, in turn, led to them increasing their personal wealth by _____.

    (a) selling a greater number of albums
    (b) refusing to appear in more music videos
    (c) canceling some of their concert dates
    (d) becoming better known to people

2. Most people check the weather forecast every day since the weather affects nearly everything we do, even our moods. However, weather forecasting is hardly an accurate science, and forecasts are frequently wrong. As many people with ruined weekend plans can attest, meteorologists often make errors forecasting the weather for the next twenty-four hours. Long-range forecasts—those for five to ten days in advance—rarely happen the way that _____.

    (a) they did in the past
    (b) they have been predicted
    (c) follows any set pattern
    (d) they should on the weekend

3. Most of the languages spoken in Europe and, therefore, the world, originated in modern-day southern Russia from a language known as Proto-Indo-European, or PIE, for short. Although _____ PIE exist, linguistic scholars have recreated some of PIE from common root words in many European languages. For example, the word for the number "three" has similar sounds in Russian, English, and German and thus must have originated from PIE. In addition, experts know a bit about the lifestyles of the people from these common root words.

    (a) no written samples of
    (b) some sound recordings of
    (c) a few people who speak
    (d) many pictures of

4. Companies have myriad ways in which they can advertise their products or services. One novel approach nowadays is buzz marketing. This is a form of word-of-mouth advertising that can be quite effective. Basically, people are hired to stand around and tell others about a product's benefits. These buzz marketers typically like the products they are advertising, which makes them seem more legitimate and believable. In addition, even if a company hires several buzz marketers, the cost is relatively less than taking out a one-page advertisement in a big newspaper, thereby _____.

(a) enabling the company to reach more consumers
(b) giving customers greater discounts
(c) increasing the company's marketability
(d) saving the company valuable dollars

5.

Dear Tenants,

Please be advised that the weekly Thursday garbage collection will not be held this week since Thursday is a holiday. The city has advised us that collection will take place the following Thursday since they do not have enough trucks to pick it up any sooner. In order to _____, we request that all tenants keep recyclables such as plastic bottles, cans, and newspapers inside their apartments until next Thursday's collection day. If the garbage container is full, please place the bags outside to the left of the container. Thank you.

The Manager

(a) dispose of all rubbish in a timely manner
(b) reduce the volume of garbage outside
(c) protest this decision by the city
(d) avoid having to work on a holiday

6. Customers wishing to _____ a purchase must follow these steps. First, they must have their receipt with them. Please note that if the purchase was made more than thirty days ago, the store will not return the customer's money under any circumstances. Also, the customer must state the reason why he or she is returning the merchandise, and the item must be in the same condition it was in when it was purchased. Finally, only managers may approve these transactions, so please do not bother salesclerks. Instead, talk to a manager.

(a) exchange
(b) complain about
(c) get a refund on
(d) cancel

R

7. Television pilots are single episodes of a potential TV show which a production company wants to make. The creators provide an idea and a first script to show a network the possibilities for the show. If the network likes the idea, it will pay for the company to hire a cast and crew and to make the first episode, called the pilot. The studio then shows the pilot to test audiences to see what they think of the new program. _____, the network will give the green light for production. They typically approve 13 episodes at first. If the TV viewer ratings for these 13 episodes are high enough, the network will order more for a complete season.

(a) After the show is paid for
(b) Because the creators have succeeded
(c) When the network gets a response
(d) If the reaction is positive

8. Parents should begin teaching their children _____ at an early age. This does not involve very much. Children should simply learn how to say, "Please," "Thank you," and, "Excuse me," to others. Likewise, they should know not to grab things from others but to ask for them politely. These are basic things parents can do to ensure that their children are polite both to them and to other people. Failure to do so will result in children who grow up to be rude and impolite.

(a) classroom behavior
(b) common expressions
(c) reading and writing
(d) good manners

9. Zoos have been major tourist attractions for decades. One reason for this is that they often keep animals which people would normally never get a chance to see. _____, unless a person goes on a safari to Africa, there is virtually no way that he or she would ever see an elephant or a lion in person except at a zoo.

(a) Therefore
(b) Furthermore
(c) For example
(d) In addition

R

10. All cats, domestic and wild, are hunters. It is an instinct that cannot be removed even after thousands of years of domestication. Cats have several physical characteristics that make them such good hunters. They have excellent night vision, soft padded feet for stealth, and blinding speed over short distances. _____, they make the cat, whether it is a lion in Africa running down a gazelle or a housecat chasing a mouse, a formidable hunter.

(a) Altogether
(b) Unfortunately
(c) Internally
(d) Alternatively

Part II Questions 11~12

Read the passage and identify the option that does NOT belong.

11. At sea, navigation was difficult for many centuries (a) This was not true for the Polynesians, who were among the greatest navigators in history and who colonized numerous Pacific islands without the benefit of the compass. (b) The main problem sailors faced was a lack of accurate timepieces to judge a ship's longitude, its east-west position, as it left its point of origin. (c) A ship's latitude, its north-south position, was easier to judge. (d) This was achieved by finding the angle between the sun and horizon.

12. Las Vegas, Nevada was a small sleepy town in the middle of a desert in the late 1940s. (a) However, Nevada was a rare place in America since it was a state where gambling was legal. (b) Several entrepreneurs decided to build a hotel and casino there, which, in the end, cost the then-astounding sum of four million dollars due to various construction problems, delays, and a bit of pilfering of the coffers. (c) Most of those involved in the investment of the project were members of various New York crime syndicates. (d) Eventually, the building opened, thereby sparking a new era as the city in the desert became a gambling and entertainment Mecca for people all over the world.

Part III Questions 13~25

Read the passage, question, and options. Then, based on the given information, choose the option that best answers each question.

R

13. The Venusian atmosphere is so thick that the surface of the planet Venus has never been observed from Earth. In addition, the atmosphere is extremely toxic, consisting of 96.5% carbon dioxide and 3.5% nitrogen, with trace amounts of many other chemicals. Scientists believe these clouds create a greenhouse effect on the planet. Due to this and the planet's close proximity to the sun, Venus's surface has the hottest temperatures in the solar system.

Q: What is the main topic of the passage?

(a) The high level of trace elements in the Venusian atmosphere
(b) The consequences of thick clouds on the surface of Venus
(c) The composition of the elements in the Venusian atmosphere
(d) The location and temperatures of Venus

14.

A Streetcar Named Desire

The university's Footlights Drama Club is pleased to announce the production of Tennessee Williams' *A Streetcar Named Desire* at the Frederick Auditorium.

- The first performance will be on Saturday at 8 PM, and the second will be on Sunday at the same time.
- Student admission is two dollars while general public admission is three dollars. (All proceeds will go to the drama club to finance set production and the purchase of costumes.)

Please come out to support the drama club and to see a wonderful play.

Footlights Drama Club

Q: What is the main purpose of the announcement?

(a) To praise the drama club members for their hard work
(b) To give the times and location of some performances
(c) To note some upcoming theatrical performances
(d) To state how all of the funds raised will be utilized

15. In the past decade, there has been a tremendous increase in the amount of reading done by children and teenagers. Experts have cited numerous reasons for this trend, but one stands out above all the others. It is the *Harry Potter* series written by J.K. Rowling. Although literary critics frequently scoff at the quality of the books' prose, Rowling's books have sold tens of millions of copies, many of them to children who eagerly absorb her books despite their several-hundred-page lengths. Once finished with *Harry Potter*, many children have discovered the joy of reading and thus move on to other works, much to the delight of parents, teachers, and librarians worldwide.

Q: What is the writer's main point about the *Harry Potter* series?

(a) The *Harry Potter* books have encouraged many people to start reading.
(b) The *Harry Potter* books should not be considered works of literature.
(c) Critics are hardly impressed by the quality of the *Harry Potter* books.
(d) The *Harry Potter* books have sold millions of copies worldwide.

16.

> ### When You Get Pregnant:
>
> Medical professionals divide pregnancy into three trimesters. In the first trimester, the baby develops its major organs, blood, bones, and skin, and its heart begins beating. In this stage, the woman may experience nausea, often called morning sickness. During the second trimester, the baby continues to grow, and the woman's pregnancy is noticeable by an increasing bulge. In the final trimester, as the baby gets ready to enter the world, the woman may experience lower back pain and increased discomfort.

Q: What is the passage mainly about?

(a) How to avoid morning sickness
(b) The stages of pregnancy
(c) The development of babies
(d) Women's pregnancy problems

17.

World > Americas

Car Crashes at the Intersection

There was a four-car accident at the corner of Eastern Avenue and Henry Road early yesterday morning at approximately seven twenty. Two injuries—only one of which was major—were reported. Both individuals were brought to Central Hospital by ambulance, and one remains there in intensive care. Authorities have yet to release the names of both individuals. According to police, the crash resulted in traffic delays of up to fifteen minutes until the cars were cleared from the road at around eight o'clock.

Q: Which of the following is correct about the accident according to the news article?

(a) It seriously injured two people.
(b) It occurred on a lonely stretch of road.
(c) It happened around eight in the morning.
(d) It involved multiple vehicles.

18. Big Al's Office Supply store sells everything that your business could ever need. We have all kinds of the things you'd expect from a stationery store: paper, pens, pencils, staplers, and so on. We also carry a complete line of both desktop and laptop computers along with all the latest software. And we have all kinds of office furniture, including desks, chairs, and bookshelves, in stock, too. Big Al's guarantees the lowest prices in the city. If you find something available somewhere else for a cheaper price than at Big Al's, we'll refund you the difference.

Q: What will Big Al's do if another store sells the same item cheaper?

(a) It will refund the item for the complete amount.
(b) It will give the customer back some money.
(c) It will allow the customer to exchange the item.
(d) It will pay the customer the full value of the item.

19.

Dear Sir,

We are writing to remind you that the three books you borrowed from our library have not been returned yet. The due date was the 16th of this month. For each day that the books are overdue, there is a fine of twenty-five cents per book. Books may be returned to any branch during operating hours or at the book drop-off boxes located at each branch when the library is closed. All fines must be paid in full before you may borrow any more books or items. If the books are not returned by the 30th of this month, we shall be forced to cancel your borrowing privileges indefinitely.

Sincerely,
Josephine Hall, Head Librarian

Q: Which of the following is correct according to the email?

(a) The books can be returned when the library is closed.
(b) The library will cancel the man's card on the 16th of the month.
(c) The borrower owes twenty-five cents for the late books.
(d) The library only has one branch in the city.

20. There are two types of twins, fraternal and identical. Fraternal twins may be of the same sex, or they may be of the opposite sex while identical twins are always of the same gender. Fraternal twins do not look alike and may have very few characteristics in common. Identical twins, on the other hand, are mirror images of their twin and even have the same DNA profile. Many studies show that identical twins also have a psychological bond with their twin, and they can feel when he or she is sad, lonely, or happy.

Q: Which of the following is correct according to the passage?

(a) Fraternal twins can sense each other's feelings.
(b) Identical twins do not necessarily look like one another.
(c) Fraternal twins have the exact same DNA profile.
(d) If one identical twin is female, the other is also female.

21. Frequently disparaged for not being works of great literary quality, the fairy tale is one of the most popular genres of literature. Fairy tales, with their traditional reliance on talking animals, monsters, enchantments, and magic, create fanciful settings in which virtually anything can happen. In addition, the plots of the stories most often come down to a fundamental clash between good and bad, making them entertaining and educational at the same time. That's why they are often categorized as children's stories. Nowadays, however, they are gaining popularity with plenty of adults as well because they somewhat provide an escape from reality.

Q: Which of the following is correct according to the passage?

(a) Fairy tales are more popular than every other genre of literature.
(b) Fairy tales frequently have bad wizards in them.
(c) People of different ages often enjoy reading fairy tales.
(d) Plots of good vs. evil are fairy tales' main attractions.

22.

What is the Internet?

The Internet began as a simple project whose goal was to connect two computers over forty years ago. Now, it dominates many aspects of society. People no longer write letters; they send emails or chat online. Libraries with physical books may one day be obsolete as people use the Internet to find information. The Internet appears on television shows and in movie plotlines and has become so common that for someone not to be connected seems odd. In addition, many people spend so much time using the Internet and interacting with people in cyberspace that they have no time for actual social lives with real people. They prefer to talk on instant messengers available on the Internet.

Q: Which of the following statements about the Internet is supported by the passage?

(a) People prefer to chat online with one another.
(b) People make constant references to the Internet.
(c) Odd individuals are the only ones not using the Internet.
(d) Some people neglect various aspects of their lives because of it.

23.

Join the Local Little League!

The local little league baseball organization is going to be signing up children at the Fairview baseball field on Saturday, July 2. Any child who is aged 8 to 11 as of July 2 may sign up to play little league baseball this summer. Each child will be required to provide his or her own baseball glove as well as the proper footwear. After the children are registered, the coaches will divide them into six teams if there are enough children.

Q: What can be inferred from the announcement?

(a) A child who turns 12 on July 1 cannot play.
(b) Only boys are allowed to join the baseball teams.
(c) The league will play games in summer and fall.
(d) Parents must pay a fee when they sign up their children.

24. A tornado touched down near Greenburg, Missouri, yesterday evening about thirty minutes before sunset. The twister stayed on the ground for approximately five minutes and hit the edge of town. Most citizens had enough warning time to get to shelter, but several people were injured, although none seriously. Around ten homes and business were struck by the tornado, and officials report extensive damage to these buildings. Witnesses say that several cars flipped over, and at least two houses were totally destroyed. The tornado formed because of the series of thunderstorms that swept through the state yesterday.

Q: What can be inferred from the news report?

(a) No one was driving when the tornado hit the city.
(b) Several people are in critical condition after the tornado.
(c) The tornado knocked out the city's electricity.
(d) The tornado missed the downtown area.

25. The Silk Road is a fabled passage from China to the Middle East that was used for almost a thousand years as the principle trade route between these two lands. There was a series of trails and pathways that had numerous branches and routes. The main direction was across central Asia toward the Middle East. Much of the route was dangerous due to scorching deserts, high mountains, and marauding bandits. The journey from China to the Middle East often took as long as a year to complete. Nonetheless, caravans continued to plod along steadily until the late fifteenth century.

Q: What can be inferred from the passage?

(a) Crossing the Silk Road was not treacherous.
(b) The Silk Road was only used as a passage for trade.
(c) There were often unexpected conditions on the Silk Road.
(d) The Silk Road is widely recognized as a tourist attraction.

R

Part IV **Questions 26~35**

Read the passage, questions, and options. Then, based on the given information, choose the option that best answers each question.

Questions 26-27

Super Subs, the largest sandwich shop in America, is expanding, and it finally has a new store in the Danforth Mall! It is the largest mall in this area, and the new store is expected to get lots of customers; we are carefully looking for dedicated individuals to join our staff.

• Openings include the positions of sandwich artist, cashier, and cleaner.
• Hourly pay starts at $8.25 with incentive-based raises every six months.
• Full-time positions, up to 40 hours a week, and part-time positions are available.
• Full-time staff members can have a couple of days off per week by adjusting their schedules with those of other full-time staff members.
• Full-time staff members must be at least 18 years of age and hold a high school diploma.
• Applicants who are fluent in a foreign language are preferred since the Danforth Mall is always crowded with tourists.

To apply for a position, fill out an application on our website or visit our Pine Road location in person to speak with the manager, Jeff Howard. Please visit between 2 and 4 PM from Monday to Friday. We look forward to hearing from you soon!

Super Subs

26. **Q:** What is the main purpose of the advertisement?

(a) To promote a group of available work positions
(b) To request more information about a position
(c) To explain different methods of applying for a job
(d) To announce the opening of a new restaurant

27. **Q:** Which of the following is correct according to the advertisement?

(a) The store is looking for six new employees.
(b) It is possible for staff members at Super Subs to make more money after six months.
(c) A shopping mall is advertising for new workers.
(d) Employees of Super Subs will be expected to work all day long.

Triple Canopy

Jungles, many of which are in Central America, are found in the world's tropical regions and provide a habitat for a wide range of plant and animal species. The reason is that the high rainfall and hot temperatures in tropical regions are ideal for plant growth. A jungle has a diverse range of vegetation, including not only various flowers, bushes, and trees but also vines, mosses, and ferns. Its dense vegetation often grows in what is called a "triple canopy."

Triple canopy jungles are dark, gloomy places difficult for humans to navigate and survive in. They consist of three layers of plant life. Close to the ground are mosses, lichens, short shrubs, and bushes. Their growth is stunted due to the limited sunlight they receive. Higher up, smaller trees grow, but they also have growth limits due to the reduced amount of sunlight. Finally, the trees in the topmost layer receive the most sunlight and, naturally, grow the tallest. Since jungles have many different kinds of animals, including tigers, elephants, water buffaloes, monkeys, and eagles as well, this three-layered structure provides adequate habitats for each species.

28. **Q:** Which of the following is correct about triple canopy jungles?

(a) They may be found in many climates on the Earth.
(b) Their different layers receive varying amounts of light.
(c) Their middle layer consists of shrubs and bushes.
(d) Their topmost trees are somewhat limited in size.

29. **Q:** What can be inferred from the passage?

(a) Access to sunlight helps plants grow taller.
(b) Some plants are short to avoid sunlight.
(c) Animals cannot live easily in jungles.
(d) Jungles are an important part of the Earth's ecosystem.

Questions 30-31

Hey, Jessica.
How has your vacation been? You've been all over. I've always dreamed of visiting Central America, but you did it instead of me. Anyway, I was hoping that you could give me some advice for a place that Sharon and I could go to on our honeymoon. Our wedding is in just over a month, and I hope to find somewhere peaceful and romantic but not too far away or expensive.
I can't wait to see you once you get back to town. Let's grab dinner together.

Hi, Andrew.
Yes, I've been having a great time on my vacation. Central America is a wonderful place! There are a lot of countries and islands, but I really liked the Cayman Islands. You can rent a room at a resort right on the ocean. It's like having your own private beach. There are lots of cruises for tourists, so you can enjoy romantic and luxurious dinners at reasonable prices. I'm sure you'll have a great time if you go there, but book early to get the best deal. And yes, dinner with you and Sharon sounds great. I'll be back in about three weeks, so I'll message you then.
Take care!

30. Q: What does Andrew want from Jessica?

(a) Andrew wants Sharon and Jessica to plan a trip together.
(b) Andrew wants to go to the Cayman Islands with Jessica.
(c) Andrew wants advice on a vacation destination.
(d) Andrew wants to find a luxury resort for his honeymoon.

31. Q: What can be inferred about Andrew and Jessica's relationship from the chat messages?

(a) Jessica is Andrew's older sister.
(b) Andrew and Jessica used to date.
(c) Andrew and Jessica are close friends.
(d) Sharon and Jessica are close friends.

Questions 32-33

≡ MENU

Weekly Voice

Home   World   U.S.   Politics   Business   **Opinion**   Science

Edgefield: The Cleanest City

The mayor has been promoting his campaign to beautify downtown Edgefield for some time now. He's proposed hiring more cleaning staffers, installing CCTV cameras to catch people littering, and doing other expensive solutions. These are good for removing trash on the streets, but when someone tries to handle certain problems, he or she might examine what is causing these problems. After all, from my perspective, the mayor is overlooking the cheapest, simplest solution of all: putting more trash cans downtown.

There has been a trash problem because of the simple fact that there aren't enough places to put your trash. Instead, people just end up making piles of trash wherever they see other garbage. Give people the trash bins they want. Installing trash cans would be a one-time expense—at least for a few years—would not cost much, and is all but guaranteed to work. Thus, I want to remind the mayor that the best solutions are often the simplest ones. Give people more places to throw away their trash, and they will do it.

32. **Q:** What does the writer of the editorial suggest about installing trash cans?

(a) It would likely cause people to make more trash piles.
(b) It would be a lot of work because trash cans need to be emptied.
(c) It is no better than hiring more cleaning staffers and installing CCTV cameras.
(d) It is the easiest and simplest solution to the littering problem.

33. **Q:** Which statement would the writer most likely agree with?

(a) People don't want to litter and want the city to be clean.
(b) Some people litter because they are bad people.
(c) The government needs more police to stop littering.
(d) Making piles of trash is natural in a large city.

Pinnacle Entertainment is proud to present the Winter on Ice Extravaganza! Bring the whole family down for an enjoyable evening of ice performances that are guaranteed to please. Come see the world-famous Russian Ice-Skating Troupe perform their rendition of Tchaikovsky's *The Nutcracker* along with comedic performances. In addition, this show stars Olga Sharutenko, who was a winner of the world figure skating championship. We are sure there will be something for everyone to enjoy!

- The event will take place at the downtown civic center.
- Performances will be held on Saturday, January 17, at 6 p.m. and Sunday, January 18, at 5 p.m.
- Tickets are $20 for adults, $12 for teenagers, and $8 for children under 12. (There are no discounts or early-bird tickets.)
- All entrants will be signed up for a drawing to win free ice-skating lessons.
- This is a performance-only show. There are no events or dinner, except for the drawing.

Get your tickets at ticketmaster.com or by visiting our website. Tickets will sell out fast, so get yours today!

Pinnacle Entertainment

34. Q: What is the main purpose of the announcement?

(a) To give information about a performance
(b) To state that tickets are all sold out
(c) To announce that a performance has been canceled
(d) To recruit some more skaters for a show

35. Q: What can be inferred from the announcement?

(a) Young children will not be allowed to attend the performance.
(b) The show is aimed primarily at younger audiences.
(c) One visitor will be given instructions on how to skate on ice.
(d) The Russian troupe has not performed before in this town.

You have reached the end of the Reading Comprehension section. Please remain seated until you are dismissed by the proctor. You are NOT allowed to turn to any other section of the test.

R

1. Since they were first created, video games have _____.
Children and others have wasted massive amounts of time playing them while parents and educators continually worry about the levels of violence that occur in certain games. The video game industry has taken steps to alleviate these fears by forming a ratings system that allows parents to know what kinds of games their children are playing. These ratings range from E, for everyone, to M, for mature game players only.

   (a) been loved by people all over the world
   (b) seen a continued decline in sales
   (c) caused a great deal of controversy
   (d) been a source of entertainment

2. Although many people may not realize it, the culture they were brought up in affects them in so many different ways. This is a major reason why people suffer from culture shock when visiting a foreign country. Because of the way they were raised, people simply _____ that others would do something in a manner different from them. They might feel discomfort from the fashion, food, and etiquette of people in different countries.

   (a) cannot comprehend
   (b) must accept the fact
   (c) will forget
   (d) might not recall

3.

> Dear Susan,
>
> How are you? I hope all is well. I'm terribly sorry, but we cannot attend your party on the 5th of November. It just so happens that my father's birthday is on the same day, and he _____ if I did not attend his party. Please give my regards to your husband and family, and I hope we can have an opportunity to get together soon. I hope you have a wonderful party, and thank you once again for inviting us.
>
> Joanne

   (a) wouldn't really care much
   (b) would be totally disappointed
   (c) wouldn't mind too badly
   (d) would be extremely anxious

4. The world's various mythologies are filled with stories of heroes and their adventures. Joseph Campbell, in his work *The Hero with a Thousand Faces*, noted that hero stories in most cultures followed a certain pattern. First, the hero had to be called to an adventure. Then, the hero undertook a journey, during which he often encountered strange or mystical creatures and events. Upon succeeding, the hero would then return to the regular world from which he came. Of course, not all myths are the same, but many of them are
_____.

(a) told by the same person
(b) first recorded in Joseph Campbell's book
(c) structured in a similar manner
(d) about the same heroes

5.

Big Christmas Season Sale Start!

Stacey's Department store is having a massive day-after-Christmas sale on December 26. Prices on all products in every department _____. This one-time sale is a can't-miss for you and the whole family. Come in and see what we have to offer. Everything must go.

- We've got toys, games, clothing, household items, sports gear, and car accessories—everything is on sale!
- Our doors open at 7 AM, and the store will remain open until midnight.
- We are located at 190 Beech Street off Highway 102 and near the Cineplex Movie Theater.

Stacey's Department store

(a) have been finalized
(b) are being slashed
(c) are under consideration
(d) have just doubled

6. People who travel by airplane should arrive at an airport at least two hours before their flight's departure to ensure they have enough time to check in and to go through security. There is a long list of items, including liquid containers over 100 milliliters in size, which cannot be taken onboard any aircraft. Passengers should also refrain from making comments about guns or bombs while in the airport even if they are just joking. _____ could get them stopped and searched, and they may miss their flight.

(a) A request like that
(b) Similar problems
(c) These liquids
(d) Such statements

7. One of the most important skills for a politician is being able to _____. Having this ability makes people more comfortable in the person's presence. It also makes them more willing to listen, which is valuable in cases where the politician is trying to convince his or her constituents to change their minds about something. People are more apt to be convinced by another person when they like that individual. Many politicians on the national level are natural charmers. No matter how much people may disagree with the politician's views, the politician is often still charismatic enough to convince others that their best interests are in his or her mind.

(a) raise large amounts of money
(b) listen to people's requests
(c) understand others' viewpoints
(d) put people at ease

8. Most medicine needs a prescription, a document written by a doctor permitting a patient to receive treatment. However, if a patient has a mild illness or just doesn't have time to see a doctor, that individual can buy medicine over the counter. In this case, it is imperative to follow the instructions on how to take medicine. Pharmacists always include the dosage amounts on the sides of the bottles. Should these instructions not be followed exactly, there could be _____ that could cause temporary or even permanent harm to the individual.

(a) certain penalties
(b) advantageous results
(c) adverse side effects
(d) specific directions

9. Jimi Hendrix was an American rock and roll musician who died in 1970. Then, the artist's father, Al Hendrix, sold all of the rights to his son's image and name for one million dollars. The company which he sold them to made a tremendous profit by selling merchandise with Hendrix's picture. _____, Al Hendrix got back the rights after a long legal battle, but after his death in 2002, Jimi Hendrix's brothers and sisters began fighting for them all over again.

(a) Eventually
(b) Once
(c) In the beginning
(d) Therefore

R

10. The Sinai Peninsula in Egypt is at a geographic crossroads that has made it one of the most contested areas in human history. The Sinai is the only land route between Africa and Asia, so the ancient Egyptians, Romans, British, French, Arabs, and Israelis all claimed it and fought over it. _____, much of that violent legacy was left behind when Israel and Egypt signed a peace treaty thirty years ago. Now, the Sinai is a bustling tourist district with visitors from around the world.

(a) Moreover
(b) However
(c) Consequently
(d) Therefore

Part II Questions 11~12

Read the passage and identify the option that does NOT belong.

11. Lions are some of the most social animals on Earth. (a) They are also some of the most popular animals amongst visitors to zoos and circuses. (b) They live in groups called prides, which consist of two to four males, three to six females, and several cubs. (c) The pride marks its territory as a food source and then defends it from other lions. (d) Young male lions leave the pride when they are around two years old and travel in a pack called a coalition.

12. The public health service has announced a flu warning for the metropolitan area. (a) Anyone suffering from flulike symptoms, including breathing trouble, high fever, chills, and muscle aches, should immediately report to a health center for treatment. (b) Vaccinations are available at all health centers and local doctors' offices, and health workers will be visiting schools to provide flu shots for children. (c) Medical experts are forecasting that this year's flu season is not expected to be as bad as last year's. (d) In addition, please ensure that elderly relatives get their flu vaccination since they are more susceptible to complications from the flu.

Part III **Questions 13~25**

Read the passage, question, and options. Then, based on the given information, choose the option that best answers each question.

13. Doctors have long said that exposure to the sun is a major factor in skin cancer formation. The sun causes changes in skin cells, which makes them change color. Prolonged exposure damages these cells and can then lead to skin cancer. However, another theory has been suggested. Some experts believe that the chemicals in suntan lotions and sunscreen creams have also played a factor in causing an increase in skin cancer patient numbers in recent decades.

Q: What is the main topic of the passage?

(a) The way in which skin cancer can get cured
(b) Notions on why people get skin cancer
(c) How to avoid getting skin cancer
(d) The relationship between suntan lotion and skin cancer

14.

EMPLOYEE OF THE YEAR

The Peterson Architecture Firm is pleased to announce that our employee of the year is Megan Reynolds. Megan has only been with the firm for two years, but she has already proven to be a wonderful asset. Megan started as a part-time assistant architect but has already been promoted to the full-time staff. She planned and designed the new hospital wing at St. Mary's Hospital last year. In addition, Megan was the team leader for the design competition for the new city playground, which our firm won. Congratulations to Megan Reynolds, Peterson Architecture's employee of the year.

The Peterson Architecture Firm

Q: What is the main topic of the announcement?

(a) Why Megan Reynolds got promoted in the company
(b) Key factors of winning design
(c) How Megan Reynolds won a contract
(d) Who is the winner of an award

15. In the twentieth century, many advances were made in how the handicapped were treated by society. Previously relegated to their homes due to shame at their condition, the handicapped slowly, yet steadily, both demanded and received better treatment. One such way was through easier access to buildings. Virtually all buildings nowadays—especially public ones—have handicapped access ramps that enable them to roll their wheelchairs into and out of the buildings. While a seemingly minor point, these ramps have enabled the handicapped to gain access to the same buildings that everyone else can go into with ease. In fact, this is about accessibility for all people, whether a person has a disability or not.

Q: What is the writer's main point?

(a) The handicapped should be able to go anywhere everyone else can.
(b) Treatment of the handicapped has improved over time.
(c) Improved medical treatment of the handicapped is necessary and desirable.
(d) Handicapped access ramps should be in place in front of all buildings.

16.

Father-Son Fishing Trip

It's time for the company's annual father-son fishing trip. On June 22 and 23, all father-son combinations are welcome to go on the company-sponsored fishing trip.

- We will once again hold the event at Lake Louise. We will spend the night at the campground there as well.
- Employees should sign up for the event as soon as possible.

This event is one of the most popular trips of the year, so be sure not to miss it.

Standard Fish Corp.

Q: What is the main purpose of the announcement?

(a) To promote a company picnic
(b) To find out which employees sign up for an event
(c) To encourage workers to visit Lake Louise
(d) To invite people to register for an event

17. Communities are places where people live in close proximity to one another. In previous generations, most communities were tight-knit groups of people, many of whom were related to one another. Nowadays, though, communities are changing. Neighbors often have no relation or connection to one another. In many cases, people do not even bother meeting their neighbors or learning their names. Sadly, many people never foster a sense of community with their neighbors, making areas less friendly places to live in.

Q: How have communities changed over the past few generations?

(a) More family members live closely together than before.
(b) Community members often live in apartments rather than houses.
(c) Neighbors are often not as friendly as they used to be.
(d) Neighbors frequently get together nowadays.

R

18.

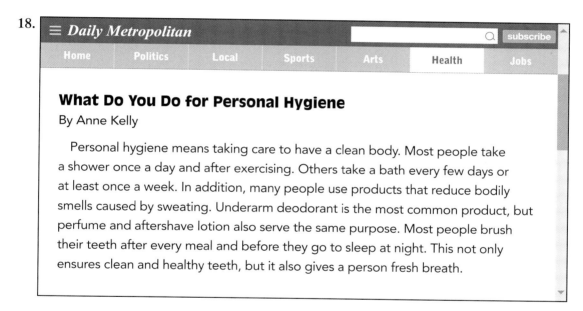

Daily Metropolitan

Home | Politics | Local | Sports | Arts | Health | Jobs | subscribe

What Do You Do for Personal Hygiene
By Anne Kelly

Personal hygiene means taking care to have a clean body. Most people take a shower once a day and after exercising. Others take a bath every few days or at least once a week. In addition, many people use products that reduce bodily smells caused by sweating. Underarm deodorant is the most common product, but perfume and aftershave lotion also serve the same purpose. Most people brush their teeth after every meal and before they go to sleep at night. This not only ensures clean and healthy teeth, but it also gives a person fresh breath.

Q: Which of the following is correct about people's personal hygiene habits?

(a) Most people prefer aftershave lotion to deodorant.
(b) Many people brush after meals but not before going to bed.
(c) Some people take showers and then exercise.
(d) Some people take baths on a regular basis.

19. Experts across the United States are trying to figure out a strange occurrence: the disappearance of the honeybee. For an unknown reason, the number of honeybees in the last year has drastically decreased. Some experts think a disease is to blame, but no one knows what it is. Others suspect chemicals in the environment or global warming are to blame. If the numbers keep dropping, there could be serious consequences. Honeybees spread pollen from plants, and they are directly responsible for much of the pollinating of various crops in the United States. Without honeybees, the agriculture industry could collapse, endangering food supplies.

R

Q: Which of the following is correct according to the news report?

(a) It is unclear why honeybees are disappearing.
(b) The American agriculture industry is collapsing.
(c) People have been using chemicals to kill honeybees.
(d) Honeybees no longer live in the United States.

20.

Dear Clark,

I received a brochure in the mail just the other day that is for a marketing conference which is being held in New York next month. I'm not going to be able to attend it since I have a prior obligation. However, I immediately thought about you when I read the brochure. The speeches and other events that are going to be happening at the conference seem to be right up your alley. If you're interested, please let me know. I can give you the brochure.

Jim

Q: Which of the following is correct according to the email?

(a) The marketing conference has been cancelled due to inclement weather.
(b) Jim received the brochure through email.
(c) Jim cannot go to the conference since he needs to do something else.
(d) Jim does not like the speeches and events at the conference.

21.

Pulitzer Prize

Pulitzer Prizes are awarded each year for excellence in journalism, literature, poetry, and music. Started by Joseph Pulitzer, publisher of the New York World newspaper, the prize includes a cash grant of $10,000. While this is a significant amount of money, the awardees are usually more awed by the prestigious nature of the award. To be named a Pulitzer Prize winner is a great honor and means that the individual is at the pinnacle of his or her field. For the rest of that person's life, he or she will have the privilege of being announced as a Pulitzer Prize winner.

Q: What is the most important aspect of winning a Pulitzer Prize?

(a) The significant amount of cash that is presented
(b) The right to report on any topic in one's field
(c) The respect and dignity that goes with it
(d) The prestige of being recognized by most people

22. Many school children are involved in activities after class ends. In North America, boys and girls both take part in school sports such as soccer, baseball, and basketball. They play for a school team and practice and play games after school. Many girls also get involved in cheerleading. Cheerleaders are groups that do dances and acrobatics at sporting events in order to support their school's teams. Music clubs and bands are also popular after-school activities. Children learn to play an instrument and then put on concerts. In addition, many children take art classes and learn how to paint and draw. Whatever they do, these activities are designed to be fun and to help children learn new skills and abilities.

Q: Which of the following is correct according to the passage?

(a) Many school children relax at home after school.
(b) School children do not prefer sports as after-school activities.
(c) Students learn how to appreciate paintings during art classes.
(d) Most after-school activities let students learn and enjoy themselves.

23. E-commerce is the selling of products on the Internet. It has taken off worldwide during the last few years. In 2013, almost $317 billion in sales were done through the Internet. This figure rose to $653 billion by 2018. The most popular online products were computer hardware, clothing, medicine, cosmetics, electronics, and furniture. While it may seem like a lot of money is being spent on the Internet, in fact, E-commerce sales in 2018 only represented 10.5% of all commercial sales.

Q: Which statement would the writer most likely agree with?

(a) E-commerce is not ready to take over all aspects of commerce.
(b) Some companies sell their products only on the Internet.
(c) The majority of commercial sales will soon take place online.
(d) E-commerce will soon see a dramatic increase in popularity.

24.

Dear Mr. Baker,

I'm glad we're going to be working together on this project. I would, however, like to ask for a change to be made on one of the contract's points. Clause 12, Section A states that payment will be made one month after the project is completed. My employer feels that one month is too long and would like to change this to two weeks instead. We must maintain a timely cash flow from projects to pay employees and to cover our overhead. Please let me know as soon as possible what your position on this change is. Thank you.

Sincerely,
Tina Louise
Century City Designers

Q: What can be inferred from the email?

(a) Century City Designers is running out of money.
(b) Century City Designers has signed an unfair contract.
(c) The new project will take one month to complete.
(d) Tina Louise signed a contract with Mr. Baker.

25. My Beautiful Garden magazine has been a mainstay of the gardening industry for twenty-five years and is now offering subscriptions in the tri-state area. Our magazine is ideal for those who love to cultivate gardens. The magazine's contents consist of articles by gardening experts, who offer tips and advice on various aspects of gardening. In addition, we hold monthly contests for the most beautiful garden and list many gardening products and services available nationwide. My Beautiful Garden is published monthly, and a one-year subscription is available at the newly discounted price of $36. Sign up today, and your garden will thank you.

Q: Which of the following is correct according to the advertisement?

(a) A subscription to the magazine costs less than usual.
(b) Pictures of people's gardens are featured in the magazine.
(c) The magazine has gardening implements for sale.
(d) The magazine is available all throughout the country.

R

Read the passage, questions, and options. Then, based on the given information, choose the option that best answers each question.

Questions 26-27

Dear Mr. Walker,

This letter is in response to your insurance claim for damage caused to your automobile on December 2, 2018. After reviewing your statement and the police report of the accident, it is clear you were at fault. The excessive speed of your car was the primary reason for the accident. According to the report, not only were you were driving above the posted speed limit, but you were also going around a curve in rainy weather.

As a result, we find that you have voided the terms of your insurance agreement. Your claim for $4,367 to repair the damage has been rejected. Instead, you will receive payment of $1,000. Under state law, we are obliged to offer you a settlement of no greater than $1,000. You will be sent a check for that amount by registered mail. If you wish to discuss this matter with me, you are welcome to contact me at bobed@bestinsurance.com or at (203) 948-3948 during regular business hours. We will be pleased to answer any questions this matter as well.

Sincerely,
Bob Edwards
Claim Adjuster

26. **Q:** Why didn't the insurance company give Mr. Walker the amount he asked for?

(a) He failed to pay his insurance bill.
(b) He was to blame for the accident.
(c) The other driver's insurance will pay him instead.
(d) His insurance does not cover the kind of accident he had.

27. **Q:** Which of the following is correct about Bob Edwards?

(a) He witnessed a car accident.
(b) He researched a car accident.
(c) He is a police officer.
(d) He works in customer service.

Instamatic Coffeemaker:

Please read the following instructions before you begin operating your new Instamatic Coffeemaker. The machine has four parts: a water tank, a coffee bean hopper, a coffee grounds receptacle, and a drip tray. First, wash all the parts listed above. Next, place the coffeemaker in a location near an electrical outlet. Do not place the coffeemaker on top of another appliance, like a microwave oven or refrigerator, as this could be a safety hazard. Make sure the electrical cord is not tangled or tied in any way.

In order to make coffee, first, fill the water tank with water and place coffee beans inside the coffee bean hopper. Then, plug in the electrical cord and turn on the coffeemaker. The water will automatically go through the system. To grind the beans and brew coffee, hit the "Brew" button. Soon, the coffee will begin to flow into the cup. By changing the amount of water you use or by adding milk, chocolate, condensed milk, or other ingredients, you can make espresso, Americano, latte, or other types of coffee drinks.

R

28. **Q:** What is the writer mainly writing about in the instructions?

   (a) Steps to take before throwing away a coffeemaker
   (b) The safety rules of a new coffeemaker
   (c) Steps to take when using a new coffeemaker
   (d) Where to put a new coffeemaker

29. **Q:** What can be inferred from the instructions?

   (a) It would be bad to put coffee grounds in the coffeemaker.
   (b) The coffeemaker is only able to make one cup of coffee at a time.
   (c) The coffee produced by the coffeemaker tastes better than instant coffee.
   (d) The coffeemaker must always be completely cleaned before it can make coffee.

R

The Evening Times

Nation > Economy

Stock Market Plunges on News of Tax Hike

Stocks were down yesterday upon news that the government is planning to raise taxes on oil products. This would be the third time taxes have been raised in the past two years. Lawmakers claim that the tax hike is necessary to cover unexpected budget shortfalls. One prominent broker stated, "Now that investors know that people will cut back on their spending, they're less interested in investing in the market now." He predicted that the market would continue to decline in the foreseeable future.

This seems to be true since there were virtually no risers as all sectors of the market declined. The automobile, electronics, and pharmaceutical industries were the hardest hit, with companies in these markets seeing the values of their stocks decline by an average of eleven percent. However, one industry managed to avoid feeling the pinch, as it has for the past two years: imported food. Its prices are dependent on tariffs, so the government could not raise its taxes—and its prices—in order to fill its own coffers.

30. Q: What can be inferred from the news article?

(a) Lawmakers don't care about harming the economy.
(b) Prices on imported food have little to do with tax cuts.
(c) Brokers are happy about the new taxes.
(d) The stock market will bounce back soon.

31. Q: According to the news article, why did the stock market decline?

(a) Automobile companies announced they had lost a lot of money.
(b) Most investors are no longer interested in investing their money.
(c) Taxes on citizens are being increased by the government.
(d) It has been declining steadily for the past two years.

The Grandview Community Center is now accepting applications for our spring softball league. Teams will be able to participate in our softball games throughout the spring and summer.

- The season will begin on May 1 and will continue until August 31.
- Any teams interested in being a part of the league must register by April 15.
- The registration fee for each team is $50.
- A complete roster of between fifteen and twenty players along with a team name must be submitted at the time of registration.
- Games will be held at various baseball fields in parks throughout the area.
- Equipment, including bats, gloves, and balls, will not be provided.

Registration can be done at the community center at the sports team office on the first floor between 9 a.m. and 6 p.m. from Monday to Friday. We will accept applications on a first-come, first-served basis, so please contact Reggie Brown at 276-0934 before you drop by. We look forward to seeing you on the field this spring!

The Grandview Community Center

32. Q: What is the announcement mainly about?

(a) A new community center softball league
(b) The recent increase in fees for softball teams
(c) How to sign up for a sporting event
(d) An updated policy requirement

33. Q: Which of the following is correct according to the announcement?

(a) The league has already started playing games.
(b) Teams cannot sign up without enough players.
(c) The league plays from April 15 to August 31.
(d) The games will all be held at the community center.

Ever since I first picked up a guitar, I knew that music was my calling. Before I was able to read words, I knew how to read music. I took music lessons throughout elementary and middle school. Not only did I learn how to play the guitar, but I also picked up the piano, flute, and drum. By learning different instruments, I could complete my painting called music. Rather than waning, my interest in music has only grown over time.

This is why I'm planning to attend music college this fall. My parents, however, do not share my enthusiasm. They are worried that I won't be able to provide for myself. Yes, there are world-famous superstar musicians who make millions of dollars, but they are the exceptions, not the rule, when it comes to music. Even though many musicians do not make much in terms of salary and benefits, the fact that they get to create something new makes up for this shortcoming. I respect my parents' opinions, but this time I will do things my way.

34. Q: Why does the writer want to attend music college?

    (a) His parents are pushing him to become a professional musician.
    (b) He wants music to be a good hobby.
    (c) He does not want to live in his parent's shadow.
    (d) He has a passion for music and wants to create something new.

35. Q: What can be inferred about the writer from the passage?

    (a) He does not need a high salary to be happy.
    (b) He expects to become famous.
    (c) He is going to follow his parents' advice.
    (d) He is worried about his future.

You have reached the end of the Reading Comprehension section. Please remain seated until you are dismissed by the proctor. You are NOT allowed to turn to any other section of the test.

TEPS

독해
Reading Comprehension

Actual Test 01

#	a	b	c	d		#	a	b	c	d
1	ⓐ	ⓑ	ⓒ	ⓓ		21	ⓐ	ⓑ	ⓒ	ⓓ
2	ⓐ	ⓑ	ⓒ	ⓓ		22	ⓐ	ⓑ	ⓒ	ⓓ
3	ⓐ	ⓑ	ⓒ	ⓓ		23	ⓐ	ⓑ	ⓒ	ⓓ
4	ⓐ	ⓑ	ⓒ	ⓓ		24	ⓐ	ⓑ	ⓒ	ⓓ
5	ⓐ	ⓑ	ⓒ	ⓓ		25	ⓐ	ⓑ	ⓒ	ⓓ
6	ⓐ	ⓑ	ⓒ	ⓓ		26	ⓐ	ⓑ	ⓒ	ⓓ
7	ⓐ	ⓑ	ⓒ	ⓓ		27	ⓐ	ⓑ	ⓒ	ⓓ
8	ⓐ	ⓑ	ⓒ	ⓓ		28	ⓐ	ⓑ	ⓒ	ⓓ
9	ⓐ	ⓑ	ⓒ	ⓓ		29	ⓐ	ⓑ	ⓒ	ⓓ
10	ⓐ	ⓑ	ⓒ	ⓓ		30	ⓐ	ⓑ	ⓒ	ⓓ
11	ⓐ	ⓑ	ⓒ	ⓓ		31	ⓐ	ⓑ	ⓒ	ⓓ
12	ⓐ	ⓑ	ⓒ	ⓓ		32	ⓐ	ⓑ	ⓒ	ⓓ
13	ⓐ	ⓑ	ⓒ	ⓓ		33	ⓐ	ⓑ	ⓒ	ⓓ
14	ⓐ	ⓑ	ⓒ	ⓓ		34	ⓐ	ⓑ	ⓒ	ⓓ
15	ⓐ	ⓑ	ⓒ	ⓓ		35	ⓐ	ⓑ	ⓒ	ⓓ
16	ⓐ	ⓑ	ⓒ	ⓓ						
17	ⓐ	ⓑ	ⓒ	ⓓ						
18	ⓐ	ⓑ	ⓒ	ⓓ						
19	ⓐ	ⓑ	ⓒ	ⓓ						
20	ⓐ	ⓑ	ⓒ	ⓓ						

Actual Test 02

#	a	b	c	d		#	a	b	c	d
1	ⓐ	ⓑ	ⓒ	ⓓ		21	ⓐ	ⓑ	ⓒ	ⓓ
2	ⓐ	ⓑ	ⓒ	ⓓ		22	ⓐ	ⓑ	ⓒ	ⓓ
3	ⓐ	ⓑ	ⓒ	ⓓ		23	ⓐ	ⓑ	ⓒ	ⓓ
4	ⓐ	ⓑ	ⓒ	ⓓ		24	ⓐ	ⓑ	ⓒ	ⓓ
5	ⓐ	ⓑ	ⓒ	ⓓ		25	ⓐ	ⓑ	ⓒ	ⓓ
6	ⓐ	ⓑ	ⓒ	ⓓ		26	ⓐ	ⓑ	ⓒ	ⓓ
7	ⓐ	ⓑ	ⓒ	ⓓ		27	ⓐ	ⓑ	ⓒ	ⓓ
8	ⓐ	ⓑ	ⓒ	ⓓ		28	ⓐ	ⓑ	ⓒ	ⓓ
9	ⓐ	ⓑ	ⓒ	ⓓ		29	ⓐ	ⓑ	ⓒ	ⓓ
10	ⓐ	ⓑ	ⓒ	ⓓ		30	ⓐ	ⓑ	ⓒ	ⓓ
11	ⓐ	ⓑ	ⓒ	ⓓ		31	ⓐ	ⓑ	ⓒ	ⓓ
12	ⓐ	ⓑ	ⓒ	ⓓ		32	ⓐ	ⓑ	ⓒ	ⓓ
13	ⓐ	ⓑ	ⓒ	ⓓ		33	ⓐ	ⓑ	ⓒ	ⓓ
14	ⓐ	ⓑ	ⓒ	ⓓ		34	ⓐ	ⓑ	ⓒ	ⓓ
15	ⓐ	ⓑ	ⓒ	ⓓ		35	ⓐ	ⓑ	ⓒ	ⓓ
16	ⓐ	ⓑ	ⓒ	ⓓ						
17	ⓐ	ⓑ	ⓒ	ⓓ						
18	ⓐ	ⓑ	ⓒ	ⓓ						
19	ⓐ	ⓑ	ⓒ	ⓓ						
20	ⓐ	ⓑ	ⓒ	ⓓ						

Actual Test 03

#	a	b	c	d		#	a	b	c	d
1	ⓐ	ⓑ	ⓒ	ⓓ		21	ⓐ	ⓑ	ⓒ	ⓓ
2	ⓐ	ⓑ	ⓒ	ⓓ		22	ⓐ	ⓑ	ⓒ	ⓓ
3	ⓐ	ⓑ	ⓒ	ⓓ		23	ⓐ	ⓑ	ⓒ	ⓓ
4	ⓐ	ⓑ	ⓒ	ⓓ		24	ⓐ	ⓑ	ⓒ	ⓓ
5	ⓐ	ⓑ	ⓒ	ⓓ		25	ⓐ	ⓑ	ⓒ	ⓓ
6	ⓐ	ⓑ	ⓒ	ⓓ		26	ⓐ	ⓑ	ⓒ	ⓓ
7	ⓐ	ⓑ	ⓒ	ⓓ		27	ⓐ	ⓑ	ⓒ	ⓓ
8	ⓐ	ⓑ	ⓒ	ⓓ		28	ⓐ	ⓑ	ⓒ	ⓓ
9	ⓐ	ⓑ	ⓒ	ⓓ		29	ⓐ	ⓑ	ⓒ	ⓓ
10	ⓐ	ⓑ	ⓒ	ⓓ		30	ⓐ	ⓑ	ⓒ	ⓓ
11	ⓐ	ⓑ	ⓒ	ⓓ		31	ⓐ	ⓑ	ⓒ	ⓓ
12	ⓐ	ⓑ	ⓒ	ⓓ		32	ⓐ	ⓑ	ⓒ	ⓓ
13	ⓐ	ⓑ	ⓒ	ⓓ		33	ⓐ	ⓑ	ⓒ	ⓓ
14	ⓐ	ⓑ	ⓒ	ⓓ		34	ⓐ	ⓑ	ⓒ	ⓓ
15	ⓐ	ⓑ	ⓒ	ⓓ		35	ⓐ	ⓑ	ⓒ	ⓓ
16	ⓐ	ⓑ	ⓒ	ⓓ						
17	ⓐ	ⓑ	ⓒ	ⓓ						
18	ⓐ	ⓑ	ⓒ	ⓓ						
19	ⓐ	ⓑ	ⓒ	ⓓ						
20	ⓐ	ⓑ	ⓒ	ⓓ						

TEPS

Actual Test 04

	ⓐ	ⓑ	ⓒ	ⓓ
1	ⓐ	ⓑ	ⓒ	ⓓ
2	ⓐ	ⓑ	ⓒ	ⓓ
3	ⓐ	ⓑ	ⓒ	ⓓ
4	ⓐ	ⓑ	ⓒ	ⓓ
5	ⓐ	ⓑ	ⓒ	ⓓ
6	ⓐ	ⓑ	ⓒ	ⓓ
7	ⓐ	ⓑ	ⓒ	ⓓ
8	ⓐ	ⓑ	ⓒ	ⓓ
9	ⓐ	ⓑ	ⓒ	ⓓ
10	ⓐ	ⓑ	ⓒ	ⓓ
11	ⓐ	ⓑ	ⓒ	ⓓ
12	ⓐ	ⓑ	ⓒ	ⓓ
13	ⓐ	ⓑ	ⓒ	ⓓ
14	ⓐ	ⓑ	ⓒ	ⓓ
15	ⓐ	ⓑ	ⓒ	ⓓ
16	ⓐ	ⓑ	ⓒ	ⓓ
17	ⓐ	ⓑ	ⓒ	ⓓ
18	ⓐ	ⓑ	ⓒ	ⓓ
19	ⓐ	ⓑ	ⓒ	ⓓ
20	ⓐ	ⓑ	ⓒ	ⓓ
21	ⓐ	ⓑ	ⓒ	ⓓ
22	ⓐ	ⓑ	ⓒ	ⓓ
23	ⓐ	ⓑ	ⓒ	ⓓ
24	ⓐ	ⓑ	ⓒ	ⓓ
25	ⓐ	ⓑ	ⓒ	ⓓ
26	ⓐ	ⓑ	ⓒ	ⓓ
27	ⓐ	ⓑ	ⓒ	ⓓ
28	ⓐ	ⓑ	ⓒ	ⓓ
29	ⓐ	ⓑ	ⓒ	ⓓ
30	ⓐ	ⓑ	ⓒ	ⓓ
31	ⓐ	ⓑ	ⓒ	ⓓ
32	ⓐ	ⓑ	ⓒ	ⓓ
33	ⓐ	ⓑ	ⓒ	ⓓ
34	ⓐ	ⓑ	ⓒ	ⓓ
35	ⓐ	ⓑ	ⓒ	ⓓ

Actual Test 05

	ⓐ	ⓑ	ⓒ	ⓓ
1	ⓐ	ⓑ	ⓒ	ⓓ
2	ⓐ	ⓑ	ⓒ	ⓓ
3	ⓐ	ⓑ	ⓒ	ⓓ
4	ⓐ	ⓑ	ⓒ	ⓓ
5	ⓐ	ⓑ	ⓒ	ⓓ
6	ⓐ	ⓑ	ⓒ	ⓓ
7	ⓐ	ⓑ	ⓒ	ⓓ
8	ⓐ	ⓑ	ⓒ	ⓓ
9	ⓐ	ⓑ	ⓒ	ⓓ
10	ⓐ	ⓑ	ⓒ	ⓓ
11	ⓐ	ⓑ	ⓒ	ⓓ
12	ⓐ	ⓑ	ⓒ	ⓓ
13	ⓐ	ⓑ	ⓒ	ⓓ
14	ⓐ	ⓑ	ⓒ	ⓓ
15	ⓐ	ⓑ	ⓒ	ⓓ
16	ⓐ	ⓑ	ⓒ	ⓓ
17	ⓐ	ⓑ	ⓒ	ⓓ
18	ⓐ	ⓑ	ⓒ	ⓓ
19	ⓐ	ⓑ	ⓒ	ⓓ
20	ⓐ	ⓑ	ⓒ	ⓓ
21	ⓐ	ⓑ	ⓒ	ⓓ
22	ⓐ	ⓑ	ⓒ	ⓓ
23	ⓐ	ⓑ	ⓒ	ⓓ
24	ⓐ	ⓑ	ⓒ	ⓓ
25	ⓐ	ⓑ	ⓒ	ⓓ
26	ⓐ	ⓑ	ⓒ	ⓓ
27	ⓐ	ⓑ	ⓒ	ⓓ
28	ⓐ	ⓑ	ⓒ	ⓓ
29	ⓐ	ⓑ	ⓒ	ⓓ
30	ⓐ	ⓑ	ⓒ	ⓓ
31	ⓐ	ⓑ	ⓒ	ⓓ
32	ⓐ	ⓑ	ⓒ	ⓓ
33	ⓐ	ⓑ	ⓒ	ⓓ
34	ⓐ	ⓑ	ⓒ	ⓓ
35	ⓐ	ⓑ	ⓒ	ⓓ

Actual Test 06

	ⓐ	ⓑ	ⓒ	ⓓ
1	ⓐ	ⓑ	ⓒ	ⓓ
2	ⓐ	ⓑ	ⓒ	ⓓ
3	ⓐ	ⓑ	ⓒ	ⓓ
4	ⓐ	ⓑ	ⓒ	ⓓ
5	ⓐ	ⓑ	ⓒ	ⓓ
6	ⓐ	ⓑ	ⓒ	ⓓ
7	ⓐ	ⓑ	ⓒ	ⓓ
8	ⓐ	ⓑ	ⓒ	ⓓ
9	ⓐ	ⓑ	ⓒ	ⓓ
10	ⓐ	ⓑ	ⓒ	ⓓ
11	ⓐ	ⓑ	ⓒ	ⓓ
12	ⓐ	ⓑ	ⓒ	ⓓ
13	ⓐ	ⓑ	ⓒ	ⓓ
14	ⓐ	ⓑ	ⓒ	ⓓ
15	ⓐ	ⓑ	ⓒ	ⓓ
16	ⓐ	ⓑ	ⓒ	ⓓ
17	ⓐ	ⓑ	ⓒ	ⓓ
18	ⓐ	ⓑ	ⓒ	ⓓ
19	ⓐ	ⓑ	ⓒ	ⓓ
20	ⓐ	ⓑ	ⓒ	ⓓ
21	ⓐ	ⓑ	ⓒ	ⓓ
22	ⓐ	ⓑ	ⓒ	ⓓ
23	ⓐ	ⓑ	ⓒ	ⓓ
24	ⓐ	ⓑ	ⓒ	ⓓ
25	ⓐ	ⓑ	ⓒ	ⓓ
26	ⓐ	ⓑ	ⓒ	ⓓ
27	ⓐ	ⓑ	ⓒ	ⓓ
28	ⓐ	ⓑ	ⓒ	ⓓ
29	ⓐ	ⓑ	ⓒ	ⓓ
30	ⓐ	ⓑ	ⓒ	ⓓ
31	ⓐ	ⓑ	ⓒ	ⓓ
32	ⓐ	ⓑ	ⓒ	ⓓ
33	ⓐ	ⓑ	ⓒ	ⓓ
34	ⓐ	ⓑ	ⓒ	ⓓ
35	ⓐ	ⓑ	ⓒ	ⓓ

신유형 분석 반영!

뉴텝스 최강 실전대비서!

THE NEW TEPS

NEW TEPS Research Team

독해

정답 및 해설

더 뉴텝스 **실전연습**
300

다락원

파트별
Reading Point

독해 안목 키우기 Part I

1 (b) 2 (d) 3 (a) 4 (b)
5 (a) natural (b) unnatural
(c) natural (d) unnatural
6 (a) unnatural (b) natural
(c) natural (d) natural
7 (a) unnatural (b) unnatural
(c) natural (d) natural

1 (b)

해석 사람들이 종종 _____ 하는 것은 city와 town의 차이를 구분하는 것이다. 미국에서 city는 대표를 선출하는 자치구역이다. 반면 town은 종종 그곳이 위치한 카운티의 정부에 의해 관리된다. 그러므로, city가 town보다 더 큰 정치적 힘을 갖고 있다.

(a) 강력해 **(b) 헷갈려** (c) 분명해 (d) 명백해

해설 city와 town을 구별하는 기준을 설명하는 글이다. city와 town의 차이를 소개하기 위해서는 먼저 사람들이 이를 헷갈려 한다고 말하는 (b)가 가장 적절하다.

어휘 tell the difference 차이를 구별하다
self-governing 자치의 representative 대표
administer 관리하다; 통치하다 plain 분명한
transparent 명백한, 속이 뻔히 보이는

2 (d)

해석
안녕 David,

나 그냥 네가 저번 주 화학 수업 숙제를 이메일로 보내 줄 수 있는지 물어보고 싶어서. 난 수업에 가려고 했어. _____. 그 수업은 나한테는 너무 이른 아침에 시작하는 것 같아.

Peter가

(a) 그리고 제시간에 도착했어
(b) 그래서 거의 끝날 때 도착했어
(c) 하지만 아침을 먼저 먹어야 했어
(d) 하지만 너무 늦잠을 잤어

해설 수업에 가지 못했기 때문에 숙제를 이메일로 보내 줄 수 있는지 물어보는 편지이다. 빈칸 이후에 수업이 자신에게는 너무 이른 아침에 시작한다고 했으므로, 늦잠을 자느라 가지 못했다는 (d)가 정답이다.

어휘 email ~에게 이메일을 보내다 chemistry 화학
way too 너무 ~한 on time 제시간에

sleep in 늦잠을 자다

3 (a)

해석 저희는 컨설팅 서비스를 전문으로 하는 중형 회사입니다. 현재, 저희는 국내에만 사무실을 가지고 있지만, 보유 고객 수를 늘리기 위해 이제 _____ 하고 있습니다. 저희는 홍콩, 싱가포르, 도쿄에 앞으로 6개월 이내에 사무실을 열 예정입니다.

(a) 해외로 확장하려
(b) 많은 월급과 혜택을 제공하려
(c) 고객 서비스를 개선하려
(d) 우리나라의 수도에서 일하려

해설 국내에만 사무실을 가지고 있는 컨설팅 업체가 고객 유치를 위해 앞으로 6개월 이내에 홍콩, 싱가포르, 도쿄로 뻗어나갈 것이라고 하였으므로 해외로 확장할 것이라는 (a)가 정답이다.

어휘 medium-sized 중형의 specialize in ~을 전문으로 하다
look to ~하기 위해 노력하다, ~할 예정이다 expand 확장하다
compensation package (급여와 복지를 포함한) 보수, 혜택

4 (b)

해석 플로리다에 방문하세요. 플로리다는 피서객 여러분들께 햇살 속에서 많은 재미를 약속드립니다. 여러분은 해변에서 휴식을 취하거나, 바다에서 수영을 하고, 낚시를 하거나, 그저 선탠을 할 수 있습니다. 그러므로 바로 예약하셔서 _____를 만끽하려 플로리다로 향하세요.

(a) 새로운 멋진 기회
(b) 태양 아래에서의 재미
(c) 몇몇 여행객들을 만날 기회
(d) 이국적인 나라로의 여행

해설 플로리다에서의 휴가를 광고하는 광고문이다. 해변에서 휴식을 취하고, 바다에서 수영하고, 낚시를 하거나 선탠을 하는 것 모두 태양 아래에서 즐거움을 만끽할 수 있는 활동이므로 (b)가 정답이다.

어휘 vacationer 여름 피서객; 휴가 여행자
make a reservation 예약하다
head down to ~로 향하다
opportunity 기회 exotic 이국적인

5 (a) natural (b) unnatural
(c) natural (d) unnatural

해설 햇빛은 비타민 D를 생성하는 피부 세포에 변화를 일으키는데, 이는 올바른 뼈의 성장과 강도에 있어 필수적이다. 충분한 비타민 D 없이, 뼈는 기형이 되고 부러지기 쉬워진다. 의사들은 19세기 공장에서 일하느라 _____ 도심의 빈민가 아이들에게서 이 문제를 처음 인식했다.

(a) 햇빛에 거의 노출되지 못한
(b) 적은 돈을 번
(c) 야외에서 거의 시간을 보내지 못한
(d) 비타민 보충제를 구입할 수 없었던

2

해설 햇빛을 통해 생성되는 비타민 D가 있어야 뼈가 건강해진다는 내용의 글이다. 공장에서 일하는 아이들은 야외에서 시간을 보내지 못해 햇빛에 거의 노출되지 못하고, 결국 뼈가 약해지는 문제를 얻게 되므로 (a), (c)가 자연스럽다.

어휘 **strength** 힘, 강도 **misshapen** 모양이 정상이 아닌, 기형의 **brittle** 깨지기 쉬운, 부서지기 쉬운 **inner city** 대도시 빈민가 **expose** 노출시키다 **supplement** 보충제

6 (a) unnatural (b) natural
(c) natural (d) natural

해석 아메리카 인디언의 기원은 요즘에는 ＿＿＿＿＿＿＿. 대부분의 전문가들은 이들이 기원전 약 11,000년경 육교를 사용할 수 있었던 해수면이 낮은 기간에 시베리아 북부에서 와서 베링 해협을 건너 지금의 알래스카로 왔다는 데 동의한다.

(a) 논란거리이다
(b) 의심할 수 없다
(c) 그다지 논쟁거리가 아니다
(d) 의심의 여지가 없다

해설 아메리카 인디언이 어떻게 아메리카 대륙에 나타나게 되었는지를 설명하는 글로, 대부분의 전문가들이 그들의 경로에 동의하고 있으므로 의심할 것도 없고, 논쟁거리도 되지 않는다는 (b), (c), (d)가 자연스럽다.

어휘 **origin** 기원 **strait** 해협 **sea level** 해수면 **land bridge** 육교 (해수면이 낮은 빙하기 때 연결된 육지) **available** 이용 가능한 **bone of contention** 논란거리 **unquestionable** 의심의 여지가 없는 (beyond doubt) **in dispute** 분쟁중인, 논란중인

7 (a) unnatural (b) unnatural
(c) natural (d) natural

해석 한 학기나 1년을 외국에서 보내는 데 흥미가 있으십니까? 학생들은 유럽, 아시아, 북미와 남미 국가에서 공부할 수 있습니다. 여러분의 영어 실력이 모자라더라도 상관없습니다. 대부분 대학은 교수들로 하여금 ＿＿＿＿＿＿＿하도록 하니, 맞지 않는다고는 전혀 느끼지 않을 것입니다.

(a) 영어로 수업
(b) 상급 언어 과정을 강의
(c) 말을 천천히
(d) 많은 시각 자료를 사용

해설 대학의 교환학생 프로그램에 관한 글이다. 빈칸 앞에 영어 실력이 부족해도 상관없다는 말이 나오므로 교수은 말을 천천히 하거나, 많은 시각 자료를 사용해 영어 실력이 부족한 외국인 학생들의 이해를 도울 것이다. 따라서 정답은 (c), (d)이다.

어휘 **semester** 학기 **abroad** 해외에서 **up to speed** 기대 속도(수준)에 미치는; 최신 정보를 갖춘 **out of place** 어울리지 않는, 부적당한 **conduct** (특정한 활동을) 하다, 수행하다 **advanced** 고급의, 상급의 **visual materials** 시각자료

독해 안목 키우기 Part Ⅱ

1 (a) **2** (b) **3** (c) **4** (d)
5 (c) **6** (d)

1 (a)

해석 사람들이 영화를 보는 방식은 급격하게 변화해 왔다.

(a) 초창기에, 영화는 흑백이었고 소리도 없었다.
(b) 1950년대에 TV로 방영되는 영화의 시대가 시작되었고, 따라서 사람들은 집에 머무르며 영화를 즐길 수 있었다.
(c) 1970년대 비디오 플레이어의 출현은 영화 감상을 더욱 유연하게 만들었다.
(d) 현재는 영화 다운로드가 영화 감상의 큰 부분을 차지하고 있다.

해설 주제 문장은 사람들이 영화를 보는 방식에 관한 것이다. 사람들이 TV로, 비디오로, 그리고 이제는 다운로드로 영화를 본다고 말하는 나머지 문장과 달리 (a)는 흑백 무성영화였던 과거의 영화에 대해 말하고 있으므로 주제 문장과 관련이 없다.

어휘 **drastically** 철저히, 급격히 **era** 시대 **advent** 도래, 출현 **flexible** 유연한 **constitute** 구성하다, 이루다 **segment** 조각, 부분

2 (b)

해석 학교 밖에서 책을 읽는 학생들은 그렇지 않은 학생들보다 성적이 좋다.

(a) 교사들은 학생들에게 독서에 대한 사랑을 서서히 가르쳐야 한다.
(b) 한 가지 방법은 독서를 학생들에 대한 처벌의 한 형태로 이용하는 것이다.
(c) 박물관이나 축제, 행사에 방문하는 것 또한 읽기의 확장으로서 좋다.
(d) 추가적으로, 교사들은 학생들에게 선물이나 보상 차원으로 책 선물을 이용할 수 있다.

해설 주제 문장은 학교 밖에서도 책을 읽으면 학업 성적이 오르게 된다는 내용이다. 독서에 대한 사랑을 가르치기 위해 다양한 장소에 방문하고, 책 선물을 하라는 나머지 문장과 달리 (b)는 독서를 처벌의 한 형태로 이용할 것을 제시하고 있으므로 주제 문장과 관련이 없다.

어휘 **perform** 행하다, 수행하다 **instill within~** ～에게 (서서히) 가르치다, 불어넣다 **a love of** ～에 대한 호감, 좋아함 **punishment** 처벌, 벌 **extension** 확장, 연장 **reward** 보상(금)

3 (c)

해석 미국 우주비행사들이 처음으로 우주 유영을 했을 때, 그들은 많은 문제를 겪었다.

(a) 헬멧의 안면 보호용 유리판에는 습기가 차서 그들이 도구를 잡거나 조작하기 어려웠다.
(b) 우주비행사 Buzz Aldrin은 수중 환경에서 수개월간 훈련

을 하면서 이와 같은 문제를 해결하고자 열심히 노력했다.

(c) **다른 모든 우주비행사들은 우주 유영의 어려움에 대해 불평했다.**

(d) 이러한 방식으로, 우주에서의 상황은 지구에서도 똑같이 재현될 수 있었다.

해설 주제 문장은 초기 우주 유영에 많은 어려움이 있었다는 내용이다. 그것이 구체적으로 어떤 어려움인지, 어떻게 해결하려 했으며, 어떤 방식으로 적용되었는지 설명하는 나머지 문장과 달리 (c)는 우주비행사들이 불평했다고만 말하고 있으므로 주제 문장과 관련이 없다.

어휘 astronaut 우주비행사   spacewalk 우주 유영, 우주 산책
faceplate 안면 보호용 유리판   fog up 습기, 안개가
have trouble ~ing ~하는 데 어려움을 겪다
maneuver 조종하다; 연습하다   underwater 수중의
replicate 복제하다

4   (d)

해설 (a) 고대 그리스인들은 독특한 기둥 사용으로 잘 알려져 있다.

(b) 모양과 너비, 그리고 디자인이 다른 크게 세 종류의 그리스 기둥이 있었다.

(c) 건축가들은 이 세 기둥을 도리스식, 이오니아식, 코린트식으로 부른다.

(d) **상당히 많은 그리스 건축물들이 고대 이후로 파괴되거나 손상을 입어 왔다.**

해설 그리스 기둥 양식에 대한 글로 기둥의 종류와 이름에 대해 설명하고 있는 나머지 문장과 달리 (d)는 건축물들이 파괴되었다는 이야기를 하고 있으므로 흐름상 어색하다.

어휘 Greek 그리스인; 그리스의
be known for ~로 알려져 있다   distinct 뚜렷한, 독특한
column 기둥   differ 다르다   width 넓이, 폭
architect 건축가   damage 피해를 입히다, 훼손하다

5   (c)

해설 (a) 한 나라의 지도자는 국가를 수호해야 한다는 하나의 중요한 역할을 지니고 있다.

(b) 대통령과 수상은 위해로부터 국가를 보호해야 한다

(c) **군대는 국가를 외부의 적대적인 세력으로부터 보호한다.**

(d) 지도자에게는 국가의 군사 및 사법 체계를 강력하게 유지해야 할 의무가 있다.

해설 국가를 수호해야 한다는 중요한 역할을 지닌 나라의 지도자에 대한 글이다. 대통령이나 수상과 같은 국가의 지도자가 무엇으로부터, 어떻게 국가를 지킬지 서술하고 있는 나머지 문장과 달리 (d)는 군대의 의무를 설명하고 있으므로 흐름상 어색하다.

어휘 prime minister 수상, 총리   harm 해, 피해
hostile 적대적인   force (물리적인) 힘; 세력, 영향력
incumbent upon ~에 의무가 있는
court system 사법 체계

6   (d)

해설 (a) PC 초창기에 사람들은 플로피 디스크라는 장치에 정보를 저장했다.

(b) 한 장의 디스크는 고작 80kb 정도 되는 소량의 정보만을 담을 수 있었다.

(c) 이후, 디스크의 크기는 줄어들었고 더 많은 저장 공간을 갖게 되었으나 오늘날 USB 드라이브가 이를 크게 대체하게 되었다.

(d) **따라서, 대부분의 컴퓨터는 표준 부품으로 플로피 디스크 드라이브를 가지고 나오고 있다.**

해설 과거 PC를 사용할 때 필수품이었던 플로피 디스크가 이제는 USB 드라이브로 대체되면서 더 이상 쓰이지 않게 되었다는 내용의 글이다. 시간의 흐름대로 이어지는 나머지 문장과 달리 (d)는 플로피 디스크를 표준 부품으로 사용하는 과거의 컴퓨터를 서술하고 있으므로 흐름상 어색하다.

어휘 store 저장하다   device 장치
kilobyte 킬로바이트 (컴퓨터의 메모리 단위)
shrink 줄다, 감소하다   replace 교체하다, 대체하다
standard 일반적인; 표준의

독해 안목 키우기 Part Ⅲ

1   (a)   **2**   (b)   **3**   (d)   **4**   (c)

5   (a) impossible   (b) possible
       (c) possible   (d) impossible

6   (a) impossible   (b) possible
       (c) impossible   (d) possible

1   (a)

해설
> 저희 해피 트래블러 여행사는 전 세계 60곳이 넘는 여행지로의 여행을 제공해 드리는 것을 기쁘게 생각합니다. 이번 달에 저희는 몇 가지 유럽 특별 여행상품이 있습니다. 4박 5일의 2인 런던 여행을 확인해 보세요. 항공비, 호텔비, 식사비 전부 포함해 1,500달러가 안 됩니다. 저희에게 예약해 주세요!

→ 광고는 _____에 관한 것이다.

(a) **특별 패키지 여행**
(b) 여행사
(c) 런던의 호텔
(d) 여행 경비

해설 4박 5일의 2인 런던 여행을 제공하는 패키지 여행 상품을 홍보하는 광고로 (a)가 정답이다.

어휘 destination 목적지   special 특별한 것, 특별 상품
check out 확인하다, 조회하다   cost (비용이) ~이다
airfare 항공료   make a reservation 예약하다

2 (b)

> 관계자분께,
>
> 편지에서 요청하신 바대로, 저희 조직이 정확히 무엇을 하고 무엇을 대표하는지 설명하는 몇 가지 소책자를 첨부했습니다. 저희 프로그램에 대한 관심에 정말 감사드립니다.
>
> 세이브더트리 재단 회장 John Carter 드림

→ 편지의 주된 목적은 어떤 사람에게 _____을 알리는 것이다.

(a) 팩스를 보내야 함
(b) 그의 제안이 받아들여짐
(c) 단체에 전화해야 함
(d) 그의 전제가 잘못되었음

해석 정보를 요청한 고객에게 해당 정보가 담긴 소책자를 함께 보내는 편지이므로 처음 편지를 보낸 이의 제안이 받아들여짐을 알리는 것이 편지의 주된 목적일 것이다. 정답은 (b)이다.

어휘 **To whom it may concern** (편지, 이메일 앞에) 담당자님께
brochure 팸플릿, 소책자 **exactly** 정확히
stand for ~을 상징하다; ~을 나타내다
suggestion 제안, 제의 **accept** 받아들이다 **premise** 전제

3 (d)

해석 Elvis Presley는 '로큰롤의 제왕'으로 알려질 만한 충분한 이유가 있다. 20년 조금 넘게 지속된 그의 경력 중, Elvis는 수많은 1위 히트곡을 녹음했고, 31편의 영화에서 주연을 맡았으며, 전 세계 수많은 사람들의 마음을 사로잡았다. 1977년 Elvis가 사망했을 때, 전 세계의 팬들이 그의 때 이른 사망을 애도했다.

→ Elvis Presley는 _____.

(a) 자신의 음반을 구매했다
(b) 음악에 흥미를 잃었다
(c) 매년 기려진다
(d) 이른 나이에 사망했다

해석 전설적 스타 Elvis Presley의 생애에 관한 글이다. 1977년에 팬들은 그의 때 이른 사망을 애도했다고 하였으므로 그가 이른 나이에 사망했을 것이라는 (d)가 정답이다. (a), (b), (c) 모두 언급되지 않은 내용이다.

어휘 **last** 지속되다, 계속되다
record 기록하다, 녹음하다; 기록, 음반
star 주연을 맡다 **win the heart of** ~의 마음을 사로잡다
mourn 애도하다 **untimely** 때 이른, 시기상조의
passing 사망 **honor** 존경하다; 경의를 표하다

4 (c)

해석 Bowman 사는 어제 오크로와 10번가를 지나는 교차로에 위치한 빈 부지에 두 채의 30층짜리 아파트를 건설하려는 계획을 발표했다. 각 건물은 최고 1,000명 정도의 주민을 수용할 수 있을 것이고, 이는 도시의 심각한 주택 부족을 크게 완화시킬 것이다.

→ 아파트는 _____ 것으로 추론할 수 있다.

(a) 두 채 모두 수영장이 있을
(b) 현재 건설 중일
(c) 약간 붐빌
(d) 정부에 판매될

해석 Bowman 사가 발표한 아파트 건축계획에 관한 글로, 1,000명의 주민을 두 채의 아파트로 수용한 것이므로 약간 붐빌 것이라 추론하는 (c)가 가장 적절하다. (a) 수영장에 관한 내용이나, (d) 정부에 관한 내용은 언급되지 않았고, (b) 건축 계획이 발표되었을 뿐 현재 건축이 진행 중인 것은 아니다.

어휘 **construct** 건설하다 **story** (건물의) 층 **lot** 지역, 부지
intersection 교차로 **resident** 거주자, 주민
tremendously 엄청나게 **ease** 완화하다
housing shortage 주택 부족
under construction 건설 중인

5 (a) impossible (b) possible
(c) possible (d) impossible

해석 Murch 사는 마케팅 선임 부사장 Bill Bailey의 퇴직을 알리게 되어 유감스럽게 생각합니다. Bill은 35년 넘게 근무해 왔습니다. 그의 동료들은 Bill의 성공으로부터 영감을 받아 왔습니다. 이제 그의 계획이 무엇인지 하는 질문을 받았을 때, 그는 조용한 곳을 찾아 낚시하고 싶다고 말했습니다. 분명 Murch 사의 모두가 Bill Bailey를 그리워할 것입니다.

Q: Bill Bailey에 대해 다음 중 옳은 것은 무엇인가?

(a) 그는 Murch 사의 사장으로 퇴직한다.
(b) 그는 Murch 사에서 30년 이상을 일했다.
(c) 그는 동료들에게 영감을 주는 사람이었다.
(d) 그는 퇴직 이후 경영 대학에 다닐 것이다.

해석 Bill Bailey가 Murch 사에서 35년 넘게 일하면서 동료들에게 영감을 주었다는 글이므로 (b), (c)가 정답이다. (a) Bill Bailey는 Murch 사의 마케팅 선임 부사장이고, (d) 퇴직 이후 조용한 곳에서 낚시를 할 것이다.

어휘 **regret** 후회하다; 유감스럽게 생각하다
announce 알리다, 발표하다 **retirement** 퇴직, 은퇴
senior vice president 선임 부사장 **co-worker** 동료
inspire 영감을 주다

6 (a) impossible (b) possible
(c) impossible (d) possible

해석

> Murray 운전 학교는 현재 여름방학 동안 특별 운전자 교육 강좌를 제공하고 있습니다. 이는 여러분의 십대 아들딸을 등록시킬 완벽한 기회입니다. 여러분의 자녀들은 저희의 강의실 및 도로주행 수업으로 금세 운전 실력을 향상시킬 것입니다. 추가 혜택으로, 일단 수강을 마치게 되면 자동차 보험료가 크게 낮아질 것입니다.

Q: 광고로부터 추론할 수 있는 것은 무엇인가?

(a) 여름은 성인이 운전면허증을 따기에 최적기이다.
(b) Murray 운전 학교는 대개 어린 학생을 대상으로 한다.
(c) 도로주행 수업보다 강의실 수업을 마치는 데 더 많은 시간

이 걸린다.

(d) 수강생들은 여름 프로그램에서 추가적인 혜택을 기대할 수 있다.

해설 광고는 여름 방학 동안의 특별 교육 강좌가 십대 아들 딸을 위한 기회라고 하였고, 수강을 마치게 되면 자동차 보험료가 낮아질 것이라 하였으므로 정답은 (b), (d) 이다. (a), (c) 언급되지 않은 내용이다.

어휘 **offer** 제공하다 **opportunity** 기회
enroll 등록하다 **improve** 향상시키다, 개선하다
complete 마치다, 끝내다 **insurance rate** 보험료
considerably 상당히 **driver's license** 운전면허증

독해 안목 키우기 Part Ⅳ

1 (d) **2** (b) **3** (b) **4** (d)
5 (a) impossible (b) possible
  (c) impossible (d) possible
6 (a) possible (b) possible
  (c) impossible (d) impossible

1-2 (d), (b)

해석

당신은 교수법으로 무엇을 택하였는가
Benjamin Bratt

　암기 학습은 교육자들이 오래 전부터 선호해오던 교수법이다. 이 방법에서 교사는 학생에게 다양한 정보를 조금씩 제공한다. 그러고 나면 학생들은 이러한 사실을 암기할 것을 요구받고, 이를 요청에 따라 교사에게 반복해서 말할 수 있어야 한다. 비록 이 방법이 학생들이 수업 내용을 기억하도록 하기에는 유용하나, 이는 일부 사람들에게 비난받아 왔다. 이들은 암기 학습이 비판적 사고력을 가르치지 못한다고 주장한다. 대신, 학생들은 그저 좋은 점수를 받는 법만 배울 뿐, 그것이 어떤 의미인지 알아내려는 기회를 굳이 가지려 하지 않는다는 것이다.

1 뉴스 기사는 ＿＿＿＿＿＿＿＿＿＿＿＿에 관한 것이다.

  (a) 암기 학습의 전형적인 방법
  (b) 정보를 암기하는 방법
  (c) 암기 학습이 교육자들에게 선호되는 이유
  (d) 암기 학습의 한계

2 암기 학습으로는 학생들이 ＿＿＿＿＿＿＿＿＿＿＿＿ 수 없다.

  (a) 좋은 점수를 받을
  (b) 논리적 추론 능력을 개발시킬
  (c) 수업으로부터 배운 것을 기억할
  (d) 반에서 상위권 학생이 될 기회를 가질

해설 **1** 암기 학습의 내용과 그 한계에 대한 비판을 다룬 글로 (d)가 정답이다.

2 마지막 문장에서 암기 학습은 학생들로 하여금 학습 내용이

어떤 의미인지 알아내려 하지 않게 만든다고 하였으므로 학생들이 논리적 추론 능력을 개발시킬 수 없을 것이라는 (b)가 가장 적절하다. (a) 마지막 문장에서 학생들은 좋은 점수 받는 법을 배운다고 하였고, (c) 암기 학습으로는 수업으로부터 배운 것을 기억할 수 있다. (d) 암기 학습대로만 공부하면 학생들은 반에서 상위권에 오를 수 있을 것이다.

어휘 **rote learning** 암기 학습 **favor** 선호하다; 호의를 보이다
present 주다, 제시하다 **memorize** 암기하다
criticize 비난하다 **fail to** ~할 수 없다, ~하지 못하다
bother to 일부러 ~하다, ~하려 애쓰다
figure out 이해하다, 알아내다 **limitation** 제한, 한계
reasoning 추리, 추론

3-4 (b), (d)

해석

핸디 댄디 진공청소기는 크기가 작아서 선실, 트레일러, 심지어는 자동차에도 적합할 수 있으며, 지저분한 모든 것을 재빨리 청소할 준비가 되어 있습니다. 어디든 휴대할 수 있는 이 진공 청소기는 재충전 없이 최대 3시간까지 사용할 수 있으며, 2리터짜리 먼지 주머니를 가지고 있습니다. 색상은 검은색, 흰색 및 베이지색의 3가지 기본 색상으로 나옵니다. 오늘 주문하십시오. 그러면 진공청소기에 10% 할인을 해드립니다. 배달 기간은 최대 2주인 것을 용납해 주십시오. 왜 망설이십니까? 지금 당장 전화하셔서 핸디 댄디 진공청소기를 당신 것으로 만드십시오!

3 진공청소기에 할인을 받고 싶은 사람은 ＿＿＿＿＿＿＿ 주문해야 한다.

  (a) 인터넷으로
  (b) 지금
  (c) 더 많은 먼지 주머니를
  (d) 배송비를 지불하여

4 필자는 핸디 댄디 진공청소기가 ＿＿＿＿＿＿＿＿＿＿＿는 데 가장 동의할 것이다.

  (a) 비싸지 않다
  (b) 2리터의 휘발유로 작동한다
  (c) 여러 가지 색상으로 이루어져 있다
  (d) 3시간의 사용 후 충전되어야 한다

해설 **3** 광고의 마지막 부분에 오늘 주문하면 10% 할인을 제공한다는 내용이 나오므로 (b)가 정답이다.

4 광고의 첫 부분에 핸디 댄디 진공청소기가 재충전 없이 3시간까지 사용할 수 있다는 내용이 나오므로 필자는 이것이 3시간 이후에는 충전되어야 할 것이라는 (d)에 가장 동의할 것이다. (a) 가격에 대한 언급은 없었고, (b) 2리터의 먼지 주머니가 있다고 했다. (c) 3가지 기본 색상으로만 제공된다

어휘 **fit in** (모양, 크기가) 잘 맞다 **cabin** 오두막집; 선실; 객실
trailer 트레일러 (이동식 주택) **in a jiffy** 곧, 당장
mess 지저분한 것 **recharge** 다시 충전하다
capacity 용량, 용적 **delivery** 배달, 배송
presently 지금, 곧 **run** 작동하다
multicolored 다색의, 여러 색상으로 이루어진

5   (a) impossible   (b) possible
     (c) impossible   (d) possible

6   (a) possible   (b) possible
     (c) impossible   (d) impossible

해석

> Kate에게,
>
> 오랜만에 널 보게 되어 얼마나 좋았는지 네가 알았으면 해서 쓰고 있어. 비록 우리가 이메일을 통해 자주 연락하긴 했지만, 그건 너를 직접 보는 것에 비할 수 없으니까. 난 너랑 네 남편 Rick이 조만간 동네로 돌아와서 다시 함께 뭉칠 수 있으면 해. 만약 내가 너희 동네에 갈 일이 있으면, 너에게도 꼭 알려줄게. 다시 한번 말하지만, 너를 만나서 너무 좋았고 다시 만날 기회가 있으면 좋겠어. 그동안 인터넷으로 계속 연락하도록 하자.
>
> 너의 친구 Emily가

5   Q: 왜 Emily는 이메일을 보냈는가?

   (a) 다시 만날 계획을 세우기 위해
   (b) 친구와 연락하며 지내기 위해
   (c) 친구에게 안부를 전하기 위해
   (d) 친구에게 그들이 만났던 것에 대해 어떻게 느꼈는지 알려주기 위해

6   Q: 이메일에 따르면 Emily에 대해 다음 중 옳은 것은 무엇인가?

   (a) 그녀는 몇 년 동안 Kate를 만나지 못했다.
   (b) 그녀는 한때 Kate와 같은 동네에 산 적이 있다.
   (c) 그녀는 Kate를 곧 다시 찾아갈 계획을 가지고 있다.
   (d) 그녀는 인터넷을 자주 이용하지는 않는다.

해설 5 Emily가 이메일을 보낸 이유는 첫 문장에 잘 나타나 있다. 오랜만에 만났던 것이 매우 좋았음을 알려주기 위해 쓰고 있다고 했으므로 (d)가 가장 적절하고, 이메일 말미에 다시 만나기 전까지 계속 연락하며 지내자고 덧붙이고 있으므로 (b)도 가능한 답이 된다.

6 이메일에서 Emily는 오랜만에 Kate를 만나 좋았다고 하였고, Kate와 그녀의 남편 Rick이 다시 동네로 돌아왔으면 좋겠다고도 하였으므로 정답은 (a), (b)이다. (c) Emily가 Kate의 동네에 가게 되면 알려주겠다고 했지만, 그것이 조만간 다시 찾아가겠다는 말은 아니다. (d) 계속 연락하며 지내자는 말로 보아 Emily는 인터넷을 자주 이용하고 있을 것이다.

어휘 **after all these years** 오랜만에   **frequently** 자주
keep in touch 연락하며 지내다 (stay in contact)
beat ~을 이기다, 능가하다   **in person** 직접
neighborhood 이웃; 동네
in the meantime 그동안, 그 사이에; 한편
say hello to ~에게 안부를 전하다

Section 2
Actual Test 01-06

Actual Test 01

1 (a)	**2** (b)	**3** (d)	**4** (c)	**5** (c)
6 (d)	**7** (b)	**8** (c)	**9** (b)	**10** (a)
11 (d)	**12** (c)	**13** (b)	**14** (b)	**15** (c)
16 (a)	**17** (a)	**18** (c)	**19** (b)	**20** (d)
21 (b)	**22** (a)	**23** (b)	**24** (c)	**25** (a)
26 (c)	**27** (b)	**28** (d)	**29** (b)	**30** (a)
31 (b)	**32** (d)	**33** (c)	**34** (b)	**35** (a)

1   (a)

해석 만화책은 종종 가치 없는 문학 양식이라고 경시된다. 하지만 누군가는 _____이 소설을 쓰는 것보다 더 복잡하고 뒤얽혀 있다고 주장할 수 있다. 만화는 작가와 화가 간의 공동 작업이다. 그들은 페이지 수와 각 면의 칸 크기로 제한을 받는다. 게다가, 화가는 관련된 인물의 감정과 함께 줄거리를 보여주는 방식으로 작가가 쓴 이야기의 장면을 그려내야 한다.

   (a) 만화책을 만드는 과정
   (b) 만화책을 홍보하는 방법
   (c) 만화책을 출판하는 것
   (d) 만화책의 인물을 만들어 내는 것

해설 첫 문장의 however처럼 글의 흐름을 반전시키는 표현은 뒤에 주제 문장을 이끌 확률이 높다. 빈칸 이후에서 만화의 특징과 그에 따른 독특한 제작 방식을 설명하고 있으므로 이를 요약하는 (a)가 정답이다. (b), (c) 만화책을 출판, 홍보하는 것은 제작 이후의 과정이다.

어휘 **look down on** ~을 경시하다   **worthy** 가치 있는
involved 복잡한, 얽힌   **collaborative** 공동의
venture 모험, 모험적 사업   **panel** 긴 네모꼴 판, 구획
vision 장면, 영상   **along with** ~와 함께
promote 홍보하다   **come up with** ~을 생각해내다

2   (b)

해석

> 관계자분께,
>
> 한 제품에 대한 불만을 제기하고자 귀사에 글을 씁니다. 저는 최근 Z-2000 에어컨을 구매하였습니다. 첫 2주간은 잘 작동했습니다. 하지만 지금 이 에어컨은 너무나도 큰 소음을 냅니다. 귀사의 수리 기술자가 와서는 고쳤다고 했지만, 그가 간지 한 시간 만에 _____ _____. 귀사께서 즉시 제 에어컨을 새 것으로 교환해 주시길 요청드립니다. 답변 기다리겠습니다.
>
> T.L. Sullivan 드림

Actual Test 01   **7**

(a) 에어컨은 집을 상당히 시원하게 만들기 시작했습니다

(b) 에어컨은 또 다시 같은 소음을 내기 시작했습니다

(c) 제 집은 꽤나 따뜻해지기 시작했습니다

(d) 에어컨은 다시 과열되었습니다

해설 지문 중간에 빈칸이 있으므로 앞뒤 문맥으로 답을 찾으면 된다. 에어컨의 소음이 심해 기술자를 불렀지만 결국 교환을 요청하고 있으므로 에어컨은 다시 소음을 내기 시작했을 것이다. 정답은 (b)이다. (a) 에어컨의 냉방 여부나 (d) 과열 여부는 관련이 없고, (c) 난방에 관한 이야기가 아니다.

어휘 **complain** 불평하다   **properly** 제대로, 적절히
repairman 수리공   **fix** 고치다   **demand** 요구하다
immediately 즉시, 곧바로   **replace** 교체하다
look forward to ~을 고대하다
significantly 상당히, 두드러지게 (considerably)
overheat 과열되다

3   (d)

해설 Agatha Christie는 세계에서 가장 유명한 추리소설 작가이다. 그녀는 1890년에 태어나 1976년에 85세로 세상을 떠났다. 그녀는 1920년에 첫 소설을 발간하였고 그 이후로 절판된 적이 없다. 출판업자들은 전 세계적으로 그녀의 소설을 40억 부 이상 팔았으며, 이는 그녀를 역사상 가장 성공적인 작가로 만들었다. 그녀의 작품 대다수는 살인과 관련한 추리물이며, 다수가 탐정이 모든 용의자들을 대면하여 천천히 _____를 밝히는 마지막 장면을 포함한다.

(a) 이야기 끝에 어떤 일이 벌어지는지

(b) 줄거리가 어떻게 되어 가는지

(c) 언제 탐정이 도착하는지

(d) 누가 살인자인지

해설 마지막 문장은 Agatha Christie 소설의 마지막 장면에 대해 설명하고 있으므로 탐정이 모든 용의자들을 마주하고 범인을 밝힌다는 (d)가 가장 적절하다. (a), (b) 일반적인 소설 모두에 해당하는 내용이고, (c) 탐정 자신의 도착 시간을 밝힌다는 내용은 어색하다.

어휘 **mystery** 추리소설   **at the age of** ~의 나이에
publish 출판하다   **billion** 10억(의)   **detective** 탐정, 형사
confront 마주하다   **suspect** 용의자
plot 줄거리   **murderer** 살인자

4   (c)

해설 프렌치토스트는 미국에서 가장 사랑 받는 아침 메뉴이다. 이는 우유와 달걀을 섞은 것에 식빵 조각을 담가 노릇한 갈색이 될 때까지 튀긴 것이다. 일부 사람들은 버터와 잼을 프렌치토스트에 바르는 것을 선호하지만 다른 사람들은 메이플 시럽을 듬뿍 바른다. 세 번째 방법은 슈가 파우더를 뿌리고 가끔 그 위에 딸기를 올리는 것이다. 프렌치토스트만 먹기도 하고, 구운 소시지, 베이컨, 또는 햄을 곁들여 먹기도 한다. 확실히 _____은 아니겠지만, 프렌치토스트는 맛있는 식사이며 많은 사람들이 가장 좋아하는 음식이다.

(a) 전혀 맛있는 음식

(b) 프랑스 사람들이 즐기는 것

(c) 하루를 시작하는 가장 건강한 방법

(d) 토스트를 만드는 가장 인기 있는 방법

해설 빈칸 이전에 프렌치토스트를 먹는 방법을 나열하고 있으며, 이는 모두 고칼로리의 식사이므로 (c)가 정답이다. (a) 빈칸 이후에 맛있는 식사라는 내용이 나오므로 어색하고, (b) 프랑스 사람들에 관한 언급은 없었다. (d) 토스트를 만드는 방법 간의 인기도는 나타나 있지 않다.

어휘 **consist of** ~로 구성되다   **dip** 담그다   **mixture** 혼합한 것
prefer 선호하다   **smother** 듬뿍 바르다
sprinkle 흩뿌리다   **serve** (음식을) 제공하다
side order (주요리 외) 추가 음식, 곁들이는 음식
pleasant-tasting 기분 좋게 맛보는

5   (c)

해설 가끔 대중은 사람들이 정한 야심차고 모험적인 목표에(를) _____. 1900년대의 첫 10년 간, 북극으로의 경쟁이 사람들의 상상력을 사로잡았다. 1909년 최초로 이 업적을 달성한 사람은 Robert Peary였다. 불과 2년 후에, Roald Amundsen은 처음으로 남극에 도달했다. 이와 유사하게, Edmund Hillary 경과 Tenzing Norgay는 1953년 에베레스트 산을 등정했고, 이는 국제적인 뉴스가 되었다. 아마 이 세 가지 업적의 어려움이 사람들로 하여금 이들에 관한 소식을 예의 주시하게 하는 것임이 분명하다.

(a) 떠올린다

(b) 듣기 시작한다

(c) 매료된다

(d) 완수하도록 장려한다

해설 첫 문장은 주제 문장이 되는 경우가 많으므로 이후에 전개되는 내용으로 빈칸을 유추할 수 있다. 여러 야심차고 모험적인 목표를 이룬 사람들과 이를 예의 주시하는 대중의 반응이 나오기 때문에 (c)가 가장 적절하다. (b) 사람들이 수동적으로 목표를 듣기만 하는 것이 아니므로 오답이다.

어휘 **occasionally** 이따금씩, 가끔씩   **ambitious** 야심 찬
decade 10년   **race** 경쟁, 경주   **feat** 업적
make it (장소에) 도착하다   **prompt** 촉발하다
follow 따라가다; 유심히 지켜보다
come up with ~을 생각해내다   **captivate** (마음을) 사로잡다

6   (d)

해설 엘리트 언어학원에서 당신의 언어 능력을 향상시키세요. 여러분은 저희 강사들로부터 50개 이상의 외국어를 배울 수 있습니다. 저희 강사들은 자신이 가르치는 언어의 원어민일 뿐만 아니라 모두 영어 실력이 유창합니다. 여러분이 새로운 언어를 배우는 이유가 일이든, 여행이든, 아니면 단순한 호기심이든, 저희와 함께 공부하세요. 그러면 빨리 새 언어를 배우도록 도와드릴 것입니다. _____ 여러분은 스스로 원어민처럼 말할 수 있게 될 것입니다.

(a) 곧바로

(b) 두 개의 집중반을 들으면

(c) 저희의 독특한 프로그램 덕분에

(d) 몇 달 후면

해설 언어학원 광고문이므로 몇 달 후면 원어민처럼 말할 수 있게

된다는 (d)가 가장 적절하다. (a) 곧바로 원어민처럼 말하게 된다는 것은 광고로서 논리적이지 않고, (b), (c) 강의나 프로그램에 대해서는 언급되지 않았다.

어휘 **improve** 향상시키다, 개선하다　**institution** 기관, 단체
instructor 강사　**fluent** 유창한
get on one's way 출발하다, 해나가다
in no time at all 곧, 바로　**intensive** 집중적인

7　(b)

해석 1962년, '8월의 포성'이라는 새 역사서가 발간되었다. 이는 제1차 세계대전이 시작된 1914년 8월 초 유럽의 정치적, 군사적 사건을 서술했다. 이 책은 미국 내외에서 비소설 부문 베스트셀러 목록에 올랐으며 출판 첫해에 여러 판이 품절될 정도였다. 놀라운 점은 이 책의 저자인 Barbara Tuchman이 역사학자가 아닌 평범한 미국 주부라는 사실이었다. Tuchman은 _____이 있거나 유명 대학에서 강의한 적도 없었다. 학계는 그녀의 작품을 대중적인 비소설에 불과하다고 비난하였지만, 대중들은 이 작품과 이후 그녀가 쓴 많은 후속 역사서들을 받아들였다.

(a) 군복무를 한 적
(b) 역사학에서 대학원 이상의 학위를 받은 적
(c) 책으로 돈을 번 적
(d) 소설을 출간한 적

해설 빈칸 앞뒤 문맥을 잘 살펴보면 되는 문제이다. 빈칸 이전에는 역사 부문 베스트셀러 저자인 Tuchman이 역사학자가 아닌 평범한 주부라고 했고, 이후에는 학계의 비난에 관한 내용이 나온다. 따라서 역사학 관련 학위에 대해 언급하는 (b)가 가장 적절하다.

어휘 **publish** 발행하다, 출간하다　**describe** 서술하다, 묘사하다
nonfiction 비소설　**edition** (출간 횟수를 나타내는) 판
housewife 주부　**criticize** 비평하다, 비판하다
nothing more than ~에 불과한
embrace (껴)안다; 받아들이다　**subsequent** 그 후의, 후속의
advanced degree 고급 학위 (석사, 박사)

8　(c)

해석 Khmer Rouge는 1960년대와 1970년대에 수년간 정부에 대항해 싸웠던 캄보디아 공산당 반군의 이름이다. 1975년 Khmer Rouge는 마침내 승리를 거두고 _____. 그 후 3년 동안 이들은 거의 2백만 명을 학살하였던 것으로 추산된다. Khmer Rouge는 지식인들뿐 아니라 부자와 권력자들을 목표로 삼아 처형했다. 결국 1978년, Khmer Rouge는 이웃 국가인 베트남이 캄보디아를 침공하면서 권력을 잃었다.

(a) 폭력이라는 고리를 끊었다
(b) 정치적인 공직을 위해 선거를 실시했다
(c) 세계에서 가장 잔혹한 대량학살 중 하나를 시작했다
(d) 그들의 공산주의 철학을 버렸다

해설 캄보디아 공산당 반군 Khmer Rouge에 관한 내용으로 빈칸 이후에 3년 동안 2백만 명을 학살했다는 구체적인 수치와, 이와 관련된 설명이 나오고 있으므로 (c)가 정답이다. (a) 오히려 폭력이라는 고리를 시작했고, (b) 선거나 (d) 정치 노선에 관한

언급은 없었다.

어휘 **communist** 공산주의자　**rebel force** 반군
estimate 추정하다, 추산하다　**target** 표적으로 삼다
execute 처형하다; 실행하다　**intellectual** 지성인
bring an end to ~하는 것을 멈추다, 끝내다
violence 폭력　**massacre** 대량학살
renounce 포기하다, 버리다

9　(b)

해석 James Naismith는 1891년 12월 농구를 창시했다. Naismith는 매사추세츠 스프링필드 YMCA의 체육강사였다. 스프링필드의 겨울은 길고 추웠다. _____, 그는 학생들이 이 기간 동안 활동하도록 하는 실내 스포츠가 있었으면 했다. Naismith는 농구를 고안해 냈고 13개의 규칙을 만들었으며, 이 중 다수가 오늘날에도 여전히 사용되고 있다.

(a) 게다가
(b) 그래서
(c) 반면
(d) 그럼에도 불구하고

해설 연결사 문제의 경우 빈칸 앞뒤 문장의 관계를 파악해야 한다. 빈칸 앞 문장에서는 겨울이 길고 춥다고 했고, 뒤 문장에서는 실내 스포츠가 필요했다고 했다. 따라서 '그래서'로 연결하는 것이 가장 자연스럽다. 정답은 (b)이다.

어휘 **physical education** 체육　**instructor** 강사
indoor 실내의　**active** 활동적인
come up with ~을 생각해내다, 만들어내다
despite ~에도 불구하고

10　(a)

해석 지구상에서 가장 큰 생물인 대왕고래는 한때 거의 멸종할 뻔했다. 환경주의자들이 1960년대 중반 전 세계적으로 대왕고래 사냥을 금지하는 법안을 시행하는 데 성공했지만, 그 전에 사냥꾼들은 기름을 만들 고래 지방을 얻기 위해 거의 36만 마리의 대왕고래를 죽였다. _____, 대왕고래는 멸종 직전에서 겨우 벗어났으며 이들의 수는 과거에 비해 아주 미미하다.

(a) 보호받고 있음에도
(b) 어떤 일이 일어나건 간에
(c) 고래 사냥꾼들의 도움으로
(d) 새 법규 덕분에

해설 빈칸 앞 문장에서는 고래 사냥을 금지하는 법안이 시행되었다고 했고, 뒤 문장에서는 대왕고래가 겨우 멸종 위기에서 벗어났다고 했다. 따라서 '그럼에도 불구하고'의 의미로 연결하는 (a)가 가장 자연스럽다. (d) 법이 그렇게 긍정적 성과를 거둔 상황은 아니다.

어휘 **extinct** 멸종된　**environmentalist** 환경론자
manage to ~하는 데 (가까스로) 성공하다
enact (법률을) 제정하다　**prior to** ~에 앞서
blubber (해양 동물의) 지방　**rebound** 다시 돌아오다
brink 직전　**insignificant** 사소한, 미미한
assistance 도움, 원조　**whaler** 고래 사냥꾼

11 (d)

해석 대양의 힘은 가정에 전기를 공급하는 데 쓰일 수 있다. (a) 조력은 전기를 만들어내기 위해 오르내리는 조수로부터 에너지를 얻는다. (b) 하지만 조력 발전소는 좁은 만에 지어져야 하는데, 여기서는 조수간만이 더 확연히 드러나기 때문이다. (c) 결과적으로, 조력은 특정 지역에서만 만들어질 수 있다. **(d) 세계에서 가장 높은 조수는 캐나다 노바스코샤의 펀디 만에서 발생한다.**

해설 조력 발전의 정의와 그 한계에 대해 설명하는 글이다. 보기 중에서 (d)만 조수에 관한 내용이므로 흐름상 어색하다.

어휘 **provide** 제공하다, 공급하다   **electricity** 전기
tidal 조수의   **tide** 조수   **generate** 발전하다
inlet 좁은 만   **pronounced** 두드러진, 확연한

12 (c)

해석 일부 문화에서는 결혼 전에 상당한 양의 거래가 오고 간다. (a) 이러한 거래 중 일부는 신부값이라고 불리며, 이는 신랑의 가족이 신부의 가족에게 일정한 액수를 지불하는 것을 수반한다. (b) 이러한 지불은 돈, 금, 보석의 형태나, 가축, 땅, 또는 사람들이 귀중하다고 생각하는 다른 뭔가로 이루어진다. **(c) 인도에서는 신부의 가족이 신랑의 가족에게 비용을 치러야 한다.** (d) 신부값의 주된 이유는 집에서 일꾼인 딸을 잃는 가족에게 보상하기 위함인데, 일단 딸이 결혼하면 그녀는 부모님의 집을 떠나 신랑 가족의 일원이 되기 때문이다.

해설 몇몇 문화권에서 볼 수 있는 신부값에 대해 설명하는 글이다. (a) 신부값이 무엇인지, (b) 어떤 형태로 지불하는지, (d) 왜 이러한 풍습이 생기게 되었는지 서술하는 나머지 문장과 달리 (c)는 신부측이 지불하는 값에 대해 설명하고 있으므로 흐름상 어색하다.

어휘 **bargaining** 거래, 협상   **bride price** 신부값
involve 포함하다, 수반하다   **groom** 신랑   **livestock** 가축
consider 여기다   **offset** 상쇄하다, 보충하다

13 (b)

해석

영양실조 증가

Ellen Washington

　한때 개발도상국의 문제라고만 생각되었던 영양실조가 미국에서 문제가 되고 있다. 패스트 푸드 소비가 증가하고 있으나, 이러한 음식은 지방과 칼로리가 높고, 영양 성분이 적다. 현 상태로는, 대략 85퍼센트의 미국인들이 건강을 위해 필요한 비타민과 무기물을 얻지 못하고 있다. 이에 따라, 전통적으로 아프리카에서 일해오던 비영리 기관은 미국인들이 매일의 영양 섭취를 향상시킬 수 있게 돕는 노력을 기울이고 있다.

Q: 뉴스 기사는 주로 무엇에 관한 것인가?

(a) 널리 퍼진 사회 문제를 감소시키기 위한 정부의 노력
(b) 본래 일반적으로 덜 부유한 국가와 관련되었던 건강 문제
(c) 아프리카 일부 지역에서의 영양실조를 끝내고자 하는 비영리 기관의 노력
(d) 비만과 경제적 지위 사이의 관계

해설 기사의 제목과 첫 문장에서 알 수 있듯이, 한때 빈국의 문제라고 여겨졌던 영양실조가 현재 미국에서 증가하고 있다. 따라서 정답은 (b)이다. (a) 정부의 조치는 언급되지 않았고, (c) 뉴스 기사에서 언급된 비영리 기관은 미국의 영양실조를 끝내고자 한다. (d) 관련 없는 내용이다.

어휘 **malnutrition** 영양실조   **developing nation** 개발도상국
consumption 소비   **nutritional** 영양상의
content 내용물   **as it stands** 현 상태로는
in response 이에 대응하여   **non-profit** 비영리적인
organization 조직, 기구   **intake** 섭취
be associated with ~와 관련되다

14 (b)

해설 1906년 4월 18일 대규모 지진이 샌프란시스코 근교의 캘리포니아 해안에 발생했다. 이는 역대 미국을 강타한 지진 중 가장 큰 규모였다. 지진과 뒤따른 화재로 3천 명 이상의 사람들이 목숨을 잃었다. 1906년에는 샌프란시스코만 유별난 것은 아니었는데, 대규모 지진이 칠레와 에콰도르, 카리브해와 러시아의 카프카스 산맥에서도 발생했기 때문이다. 게다가 이탈리아 나폴리 인근의 베스비오 화산이 폭발하여 150명 이상이 사망하고 많은 주변 마을들이 파괴되었다.

Q: 필자의 요지는 무엇인가?

(a) 지진이 자주 일어나는 이유는 아무도 모른다.
(b) 1906년은 지반이 너무 많이 흔들리던 기이한 해였다.
(c) 지진으로 인해 누군가의 목숨을 잃는 것은 비극이 될 수 있다.
(d) 지진과 화산은 자연의 파괴자이다.

해설 필자는 1906년 샌프란시스코 근교의 캘리포니아 해안에서 발생한 대규모 지진을 필두로 전 세계에서 일어났던 자연재해에 대해 설명하고 있다. 유달리 지진이 자주 일어났다는 사실에 초점을 맞추고 있으므로 (b)가 정답이다. (a) 지진의 이유는 언급되지 않았고, (c), (d) 추론할 수 있는 정보이지만 필자가 하고자 하는 말은 아니다.

어휘 **massive** 거대한, 대규모의   **earthquake** 지진 (quake)
hit (지진이) 강타하다 (strike)   **lose one's life** 목숨을 잃다
erupt (화산이) 분출하다   **destroy** 파괴하다
tremble 흔들리다, 떨다

15 (c)

해설 예술가들은 다양한 이유로 작품을 창조한다. 일부는 작품을 상징적으로 만드는 데 관심을 둔다. 그들의 완성된 작품은 다른 무언가를 나타내며 더 깊은 의미를 지닌다. Picasso의 걸작인 게르니카는 전쟁의 추악함을 보여주는 상징적 작품의 대표적인 예이다. 다른 예술가들은 정치적이거나 종교적, 사회적 의견에는 별 관심을 두지 않는다. 대신, 그들은 자신들에게 미를 상징하는 이미지를 만들고 싶어 할 뿐이다. 많은 인상파 화가들의 작품은 이러한 관점을 보여준다. 예술가들이 작품을 창작하는 이유가 무엇이든, 최종 결과는 종종 동일하게 나타난다. 바로 사람들이 선망하는 예술 작품이라는 것이다.

Q: 지문의 주제는 무엇인가?

(a) 예술가가 만드는 작품의 유형
(b) 현대 미술의 몇 가지 유명한 예시
(c) 예술가가 작품을 만드는 목적
(d) 피카소의 작품과 인상파 작품의 비교

해설 글의 주제는 주로 첫 문장이나 마지막 문장에 등장한다. 첫 문장에서 예술가들의 창작 이유가 다양함을 언급하고, 마지막 문장에서 그 이유가 무엇이든 예술적인 작품이 탄생한다며 다시 한번 강조하고 있으므로 정답은 (c)이다. (a) 언급되지 않은 내용이고, (b), (d) 세부 내용에 그친다.

어휘 a variety of 다양한   represent 대표하다, 반영하다
masterpiece 대작, 걸작   ugliness 추함
classic example 전형적인 사례   religious 종교적인
sociological 사회학적인   statement 진술
Impressionist 인상파 화가   admire 선망하다

16 (a)

해설 많은 국가에서, 서머타임제는 여름철 동안 낮 시간을 늘리기 위해 사용된다. 봄철에는 사람들이 시계를 한 시간 앞으로 맞추고, 가을에는 한 시간 늦춘다. 가끔 사람들이 이를 헷갈려 하므로, 단순히 '봄에는 앞으로(spring forward), 가을에는 뒤로(fall back)'라고 말하는 것이 사람들로 하여금 봄에는 시계를 앞으로 당기고 가을에는 뒤로 놓는 것을 기억하도록 돕는다. 이는 말장난이기도 한데 'spring forward'가 앞으로 튀어 오른다는 의미이고, 'fall back'이 뒤로 간다는 뜻이기 때문이다.

Q: 지문의 목적은 무엇인가?

(a) 흔히 하는 말을 이해하는 법을 설명하기 위해
(b) 서머타임제의 유용성을 증명하기 위해
(c) 왜 시계를 앞으로 맞추어야 하는지 설명하기 위해
(d) 시간을 뒤로 맞추는 것에 대해 불평하기 위해

해설 지문은 서머타임제의 개념과 이에 따른 시계 조절 방식을 설명하며, 이를 'spring forward'와 'fall back'이라는 흔히 사용하는 어구와 연결시키고 있다. 따라서 (a)가 정답이다. (b) 서머타임제의 유용성이나, (d) 그에 대한 불평은 언급되지 않았고, (c) 세부 내용에 그친다.

어휘 Daylight Savings Time 서머타임제, 일광 절약 시간
set the clock 시계를 맞추다
confuse 혼란스럽게 하다, 혼동시키다
forward 앞으로   a play on words 말장난, 언어유희
usefulness 유용성   complain 불평하다

17 (a)

해설

공고

전 직원들은 화장실을 사용한 후 반드시 손을 씻어야 합니다. 손을 씻을 때는 비누를 사용하고, 적어도 30초 간 뜨거운 물로 손을 헹구어야 합니다. 이는 대부분의 세균 전염을 막을 수 있습니다.

언제든 손을 씻지 않는 직원은 즉시 해고될 것입니다. 그 직원은 최소 6개월 간 다시 채용될 자격이 없습니다. 이 규정은 경영진을 포함한 모든 직원들에게 적용됩니다.

국립 은행

Q: 안내문에 따르면 다음 중 옳은 것은 무엇인가?

(a) 어느 직원이든 손을 씻지 않는다는 이유로 해고될 수 있다.
(b) 대부분의 직원들은 약 6개월 동안만 일한다.
(c) 직원들은 근무 시간 동안 화장실에 갈 수 없다.
(d) 경영진만이 이 규정을 따르도록 요구된다.

해설 두 번째 문단에서 손을 씻지 않는 직원은 즉시 해고되고, 이후 6개월간 재취업이 불가능하다는 내용이 나오므로 정답은 (a)이다. (b), (c) 언급되지 않은 내용이고, (d) 마지막 문장에 따르면 해당 규정은 경영진을 포함한 모든 직원에게 적용된다.

어휘 facilities (pl.) 시설   apply 바르다   rinse 씻어내다, 헹구다
no less than ~만큼이나, ~에 못지 않게
germ 세균   terminate 끝내다
immediately 즉시, 즉각   ineligible 자격이 없는
management 경영진   shift 근무시간

18 (c)

해설 실로 방문할 수 있는 모든 국가에서, 휴대폰은 가장 외딴 지역을 제외하고는 사실상 어디에나 존재한다. 이것은 지난 몇 십 년간 급속히 일어난 변화이다. 1980년대와 1990년대를 예로 들어보면 휴대폰은 주로 사업가나 정치인들, 범죄자들이 소지했다. 하지만 휴대폰 가격이 내려가고 기능이 늘어나면서, 더 많은 사람들이 이를 구매하기 시작했다. 지금은 어린 아이들부터 나이든 할아버지 할머니까지 모두가 휴대폰을 항상 가지고 다니는 듯 보인다.

Q: 지문에 따르면 다음 중 옳은 것은 무엇인가?

(a) 휴대폰은 전 세계 모든 곳에 있다.
(b) 1980년대와 1990년대에 휴대폰은 일반 사람들에게 생활 필수품이었다.
(c) 휴대폰은 가격이 하락하면서 일반 대중들이 손쉽게 구입할 수 있게 되었다.
(d) 오늘날, 휴대폰의 기능은 제한적이다.

해설 옳은 사실을 찾는 문제는 지문과 선택지를 비교, 대조하며 읽어 나가는 것이 좋다. (a) 첫 문장에 외딴 지역은 휴대폰이 존재하지 않는다는 의미가 내포되어 있고, (b) 1980년대와 1990년대에 휴대폰은 주로 사업가, 정치인, 범죄자의 소유물이었다. (c) 휴대폰 가격이 내려가고 기능이 늘어나 일반 더 많은 사람들이 휴대폰을 구매하기 시작했다고 하였으므로 (c)가 정답이다. (d) 오늘날 휴대폰의 기능은 더욱 확대되었을 것이다.

어휘 virtually 사실상   practically 실질적으로
ubiquitous 어디에나 있는   remote 외딴   rapidly 급격히
carry 가지고 다니다, 소지하다   capability 역량, 능력; 기능
at all time 언제나, 항상   necessity 필요; 필수품

19 (b)

해설 모든 집주인들이 확실히 해야 할 일은 주방을 깨끗이 하는 것이다. 이는 가스레인지와 싱크대를 닦아야 하고, 사용한 후 완벽히 깔끔하게 해놓아야 한다는 뜻이다. 또한 모든 음식은 밀봉된 용기에 담거나 랩으로 싸서 냉장고나 냉동고, 혹은 찬장에 보관되어야 한다. 조리대는 가능한 한 자주 닦아야 한다. 주방을 깨끗하게 하는 것은 쥐나 바퀴벌레 같은 해

로운 것들을 멀리하게끔 만들 것이다. 이러한 간단한 단계를 따르는 것은 먹는 음식이 안전하고 먹을 수 있다는 사실을 보장해 준다.

Q: 왜 필자는 주방을 깨끗이 하라고 권고하는가?

(a) 집을 방문하는 손님들을 감동시키기 위해
(b) 해충들이 꼬이는 것을 막기 위해
(c) 준비한 음식의 맛을 더 좋게 하기 위해
(d) 요리를 깨끗하고 간단한 과정으로 만들기 위해

해설 지문의 마지막 부분에서 필자는 주방을 깨끗하게 함으로써 쥐나 바퀴벌레 같은 해로운 것들을 멀리할 수 있다고 말한다. 따라서 정답은 (b)이다. (c) 준비한 음식의 위생상 안전을 위해 주방을 깨끗이 하라는 것이다.

어휘 stove 가스레인지   wipe down ~을 말끔히 닦다
sealed 봉인된, 밀봉된   container 그릇, 용기
wrap 싸다, 포장하다   freezer 냉동고   counter 조리대
scrub 박박 문지르다, 닦다   pest 해충, 벌레, 유해동물
cockroach 바퀴벌레   edible 먹을 수 있는, 식용의

20 (d)

해석

> ### 모집합니다
>
> **인사 부장**
>
> 저희는 국제 비즈니스 컨설팅 및 경영에 관련된 100인 규모의 업체입니다. 저희는 현재 인사부의 새 부장을 찾고 있습니다.
>
> - 이상적인 지원자로는 인사담당자로 수년간의 경험이 있으며, 역동적이고 급변하는 환경에서 근무하는 데 숙련된 분입니다.
> - 외국어, 특히 스페인어나 독일어에 유창하신 분은 우대받으나 필수 사항은 아닙니다.
>
> 급여율 및 복리후생은 업계 최고 수준으로 여겨지고 있습니다. 이 자리에 지원하는 데 대한 정보를 얻으시려면 John Ruskin에게 (202) 555-1276으로 연락하여 주십시오.
>
> **Southwest 컨설팅 그룹**

Q: 지원자들이 해당 자리에 지원하려면 무엇을 해야 하는가?

(a) 외국어 실력을 증명해야 한다.
(b) 직접 회사에 방문해야 한다.
(c) 홈페이지에 방문해야 한다.
(d) John Ruskin에게 전화해야 한다.

해설 안내문의 마지막 부분에서 해당 자리에 지원하기 위해서는 (202) 555-1276으로 John Ruskin에게 문의하라고 했으므로 (d)가 정답이다

어휘 be involved in ~와 관련이 있다
human resources department 인사부
candidate 후보자, 지원자
be skilled at ~에 능숙하다, ~에 노련하다
dynamic 역동적인   fast-paced 급변하는
fluency (외국어) 유창함   benefit package 복리후생

position (일)자리, 직책   in person 직접

21 (b)

해석

> Chris에게,
>
> 내 아내와 나는 몇 주 후에 아이들을 데리고 여행을 가려해. 우리는 5일 정도 해변에 가서 햇빛 아래에서 쉬고 수영하고 배를 타며 즐거운 시간을 보내기로 했어. 너와 네 가족들도 해변을 좋아한다는 걸 알아. 그래서 너희 가족이 우리와 함께 가는 게 어떨까 해. 우리는 이미 해변 근처에 집도 빌렸고, 거기는 두 가족이 지낼 만큼 넓어. 갈 생각이 있으면 가능한 한 빨리 알려줘. 그러면 필요한 모든 걸 준비해 놓을 수 있으니까.
>
> Tim이

Q: 이메일에 따르면 다음 중 옳은 것은 무엇인가?

(a) Tim과 그의 아내만 여행을 갈 것이다.
(b) Tim의 가족은 여행 중에 야외활동을 할 계획이다.
(c) Tim은 이미 Chris로부터 답장을 받았다.
(d) 모든 것이 이미 Chris를 위해 준비되어 있다.

해설 (a) Tim은 아내와 아이들을 데리고 여행을 갈 것이고, (b) 해변에서 쉬기도 하지만 수영하고 배를 탄다고 했으므로 야외활동을 계획하고 있음을 알 수 있다. 정답은 (b)이다. (c) 아직 답장을 받지 못했고, (d) 이미 준비해 놓은 것이 아니기에 갈 생각이 있으면 가능한 한 빨리 알려달라고 한 것이다.

어휘 relax 쉬다   sail 보트(요트, 배)를 타다
rent 빌리다   as soon as you can 가능한 한 빨리
arrangements (pl.) 준비

22 (a)

해석 석탄은 지층 사이에서 몇 백만 년을 보낸 후 형성된다. 이는 엄청난 양의 식물과 동물이 돌과 흙에 덮인 다음 큰 압력을 받아 생긴 산물이다. 석탄은 종종 한때 대양이 땅을 덮었던 곳에서 발견된다. 석탄으로 변형된 죽은 식물과 동물은 이 바다에서 예전에 살았던 생물들이다. 불행하게도 석탄은 재생 가능한 에너지원이 아니다. 한번 지구에서 채굴해 내면 꽤 오랫동안 다시 대체될 수 없다.

Q: 지문으로부터 석탄에 대해 추론할 수 있는 것은 무엇인가?

(a) 물질이 석탄이 되려면 수년이 걸린다.
(b) 강한 압력으로 석탄을 인공적으로 만들 수 있다.
(c) 대부분의 석탄 채굴은 대양이나 바닷가 근처에서 이루어진다.
(d) 석탄이 발견되는 장소는 매우 많다.

해설 추론 문제 역시 지문과 선택지를 비교, 대조하며 읽어 나가는 것이 좋다. 하지만 옳은 사실 찾기 문제와 달리 전체를 조망해야 판단할 수 있는 선택지도 있다. (a) 첫 문장에서 석탄이 지층 사이에서 수백만 년을 보낸 뒤 형성된다고 하였으므로 (a)가 정답이다. (b) 언급되지 않은 내용이다. (c) 석탄은 과거에 대양이었던 곳에서 발견되며, (d) 이러한 지역이 많은지는 알 수 없다.

23 (d)

해석 라임병은 감염된 사슴 진드기에 물려서 생긴다. 야생 사슴과 쥐가 가장 일반적인 숙주이다. 진드기가 이 동물들을 물면 그후 사람에게 질병을 옮긴다. 사람들은 주로 사슴이 많은 우거진 숲 지역에서 시간을 보낸 후 이 병에 걸린다. 해당 증상으로는 피로, 뻐근한 목, 관절염과 물린 부위 근처의 피부 발진이 있다. 이는 종종 독감으로 오인되기도 하는데, 증상이 비슷하기 때문이다. 라임병에 가장 취약한 사람들은 사냥꾼과 낚시꾼, 그리고 등산객들이다.

Q: 지문으로부터 라임병에 대해 추론할 수 있는 것은 무엇인가?

(a) 환자의 죽음을 초래할 수도 있다.
(b) 사슴에 물려서 전염될 수 있다.
(c) 즉각적인 치료를 요구한다.
(d) 사람들은 종종 라임병을 잘못 진단한다.

해설 (a) 언급되지 않은 내용이다. (b) 첫 문장에 사슴이 아닌 사슴 진드기에 물려 전염된다는 내용이 나온다. (c) 바로 치료를 받아야 하는지 또한 언급되지 않은 내용이다. (d) 지문의 마지막 부분에 증상이 독감과 비슷하여 독감으로 오인되기도 한다는 내용이 나오므로 (d)가 가장 적절하다.

24 (c)

해석
대학생들의 알코올 섭취
Gary Johnson

미국 심장 협회(AHA)의 새로운 연구는 과하게 음주를 하는 대학생들이 C 반응성 단백질(CRP)로 알려진 것의 수치를 높일 수 있다는 것을 밝힌다. 과음은 일주일에 최소 3일 3잔 이상의 술을 마시는 것, 혹은 일주일에 2일 5잔의 술을 마시는 것으로 정의되었다. (일주일 중 하루 이틀, 한번에 2잔에서 5잔을 마시는) 적당한 음주가와 비교하여, 과음을 하는 사람들의 CRP 수치는 2배 이상으로, 그들을 심장병의 위험 구간으로 몰아넣었다.

Q: 알코올 섭취에 대해 필자가 가장 동의할 것 같은 문장은 무엇인가?

(a) 음주를 하는 대학생들은 C 반응성 단백질 수치가 2배가 될 수 있다.
(b) 과음을 하는 사람들은 뇌졸중에 걸릴 위험이 크다.

(c) 과음은 일주일에 최소 3일 3잔 이상의 술을 마시는 것이다.
(d) 본 연구는 흡연만이 심장병에 영향을 미친다는 이전의 주장과 상충된다.

해설 일주일에 최소 3일 3잔 이상, 혹은 2일 5잔 이상의 술을 마시는 과음을 하는 사람은 C 반응성 단백질 수치가 적당한 음주가와 비교하여 2배 이상 높을 수 있고, 이로 인해 결국 심장병의 위험도 커지게 된다고 했으므로 필자는 (c)에 가장 동의할 것이다. (a) 음주가 아니라 과음이 C 반응성 단백질 수치를 높이고, (b) 과음을 하는 사람들은 뇌졸중이 아닌 심장병의 위험이 커진다. (d) 관련 없는 내용이다.

25 (a)

해석 의학은 매년 많은 돌파구를 제공하지만, 실명을 치유할 수 있는 방법보다 더 유망한 것은 없다. 연구진은 시각장애인을 위한 내장 카메라를 연구하고 있다. 이 카메라는 인공 눈 안에 장착된 뒤, 시신경에 연결된다. 이 카메라는 인공 눈을 통해 상을 보고 시신경을 통해 이를 뇌로 보내는데, 그러고 나면 그 사람의 뇌는 신호를 이미지로 변환한다. 아직 완전하지는 않지만, 전망은 유망한 듯 보이고, 시각장애인들에게 시력을 회복시켜 줄 가능성을 지니고 있다.

Q: 필자가 가장 동의할 것 같은 문장은 무엇인가?

(a) 다시 보게 되는 것이 이제 꿈만은 아니다.
(b) 인공 눈에 카메라를 놓는 것은 윤리적 문제를 야기할 수 있다.
(c) 인간 눈에 대한 현재 연구 상황은 유망하다.
(d) 시각장애인을 위해 내장 카메라가 개발되어야 한다.

해설 시력을 잃은 사람들에게 시력을 회복시켜 주는 기술이 발전되고 있다는 글이므로, 필자는 시각장애인들이 다시 보게 될 수 있다는 (a)에 가장 동의할 것이다. (b) 윤리적 문제는 언급되지 않았고, (c) 지문의 내용이 인간 눈에 대한 포괄적인 연구는 아니다. (d) 시각장애인을 위해 내장 카메라는 이미 연구 중에 있고, 이것이 개발되어야 한다고 주장하는 글 또한 아니다.

26-27 (c), (b)

해석
달에는 진정 생명체가 없는가

달은 생명체가 없는 오래된 암석이지만, 새로운 연구에 따르면 40억년 전 이는 달랐을 수도 있다. 두 명의 우주 생물학자에 의해 수행된 그 연구는 형성된 직후의 달은 단순한 생물 형태가 자라나기에 이상적이었을 것이라 주장한다. 초기의 달은 많은 활화산을 가지고 있었다. 우주 생물학자에 따르면, 이러한 달 화산들은 과열된 수증기를 표면으로 보내, 생명체에게 완벽한 습한 대기를 만들었을 것이다. 두 과학자는 달의 대기가 꼭 지구의 1퍼센트와 동일한 압력을 지니고 있었을 것이라 계산했다. 이는 작게 느껴질 수 있지만, 수증기로부터 호수를 만들기에 충분하다.

다른 이론은 달이 한때 마치 지구와 같이 자기장을 가졌을 것이라고 말하는데, 이는 행성의 핵 안에 있는 뜨거운 철 액체가 흐름으로써 만들어진다. 이것은 바로 자기장이 물질, 특히 살아있는 세포나 유기체에 피해를 일으키는 방사선으로부터 행성을 보호하기 때문에 중요하다. 과학자들은 소규모의 대기와 결합해 본다면 이러한 환경이 달에서 생명체가 형성되기에 아주 알맞았을 것이라 말한다.

26 Q: 뉴스 기사는 주로 무엇에 관한 것인가?

(a) 태양계의 새로운 행성에 대한 가설
(b) 달의 생물 형태에 대한 자세한 설명
(c) 한 천체에 대한 새로운 이론들
(d) 달에 생명체가 존재하지 않았음을 보여주는 최근의 증거

27 Q: 기압이 달에 미친 영향은 무엇인가?

(a) 과열된 수증기를 만들어냈다.
(b) 달 호수가 형성되도록 했다.
(c) 방사선이 표면에 닿는 것을 막았다.
(d) 달의 생물 형태를 멸종되게 만들었다.

해설 26 달에 생명체가 있다는 주장을 뒷받침하는 새로운 연구와 이론을 소개하는 뉴스 기사이므로 (c)가 가장 적절하다. (a) 언급되지 않은 내용이며, (b) 생물 형태가 있었다고만 이야기했다. (d) 뉴스 기사에 반대되는 내용이다.

27 첫 문단 마지막 부분에 40억 년 전 달의 대기가 지구의 1퍼센트에 해당하는 압력을 지니고 있었고, 이는 수증기로부터 호수를 만들기 충분했다는 내용이 나오므로 (b)가 정답이다. (a) 과열된 수증기는 달 화산이 만들어냈다. (c) 방사선이 표면에 닿는 것을 막는 것은 자기장이다. (d) 언급되지 않은 내용이다.

어휘 **astrobiologist** 우주 생물학자   **life form** 생물 형태
active volcano 활화산   **superheated** 과열된
water vapor 수증기   **atmosphere** 대기
calculate 계산하다, 산출하다   **magnetic field** 자기장
iron 철   **radiation** 방사선   **matter** 물질
organism 유기체, 생물   **hypothesis** 가설
solar system 태양계   **astronomical** 천문학의
go extinct 멸종되다

28-29 (d), (b)

해석

안녕 Mike!
어떻게 지내? Maggie와 네가 시내에 있는 새 집으로 이사했다고 들었어. 축하해. 난 이번 주 목요일에 사업차 일주일 동안 시내에 있을 예정인데 주말에 너희와 만나서 놀고 싶어서. 나는 금요일 밤에 킥 시스터즈 공연을 볼까

하고 있는데, 너는 어때? 티켓도 싸더라고! 아니면 네가 제안하는 다른 것도 좋아.
이번 주말에 시간이 됐으면 좋겠다.

안녕 Daniel!
난 요즘 잘 지내고 있어. 네 말이 맞아. 최근에 네가 저번에 왔던 곳보다 더 넓은 새 집으로 이사했어. 우리 둘 다 시간이 돼. 같이 놀자. 나도 킥 시스터즈를 정말 좋아하니까 공연은 우리에게 정말 딱 맞는 것 같아. 그리고 Maggie와 내가 토요일에 주립 공원으로 하이킹 갈까 얘기하고 있었거든. 같이 갈래? 도시 전체가 다 보이는 멋진 전경이 있는 길을 알아.
그럼 시내에 도착하면 연락 줘.
안녕!

28 Q: 메시지에서 화자가 주로 이야기하고 있는 것은 무엇인가?

(a) 그들이 만날 장소
(b) 다른 활동보다 한 활동을 하는 것의 이점
(c) 콘서트 티켓을 구입하는 것
(d) 방문하는 동안 할 수 있는 활동들

29 Q: Mike에 대해 다음 중 옳은 것은 무엇인가?

(a) 업무차 출장을 많이 간다.
(b) 더 넓은 거처를 얻었다.
(c) 수년 동안 Daniel을 만난 적이 없다.
(d) 정기적으로 주립 공원에 하이킹하러 간다.

해설 28 Daniel이 시내로 출장을 가는 김에 Mike와 그의 아내 Maggie를 만나서 무엇을 할지 이야기하고 있으므로 (d)가 가장 적절하다.

29 Daniel이 메시지 첫 문장에서 Mike와 Maggie의 이사 소식을 언급했고, 이에 Mike가 더 넓은 새 집으로 이사했다고 대답했으므로 정답은 (b)이다. (a) 출장을 가는 것은 Daniel이고, 출장이 많은지도 알 수 없다. (c) 최근에 Daniel을 만났다는 내용이 있고, (d) 정기적으로 주립 공원에 가는지는 알 수 없다.

어휘 **hang out** 시간을 보내다, 어울리다   **suggest** 제시하다, 제안하다
go on a hike 하이킹을 하러 가다, 도보 여행 하다
state park 주립 공원   **trail** 오솔길, 산길
spectacular 장관을 이루는   **business trip** 출장
acquire 얻다, 습득하다   **spacious** 널찍한
accommodation 거처; 숙소   **regularly** 정기적으로

30-31 (a), (b)

해석

인터넷에서 공개되는 사생활

인터넷은 요즘 많은 사람들의 삶에서 중요한 부분을 차지한다. 하지만 인터넷의 한 가지 결점은 사생활 보장이 안 된다는 것이다. 대부분의 사람들이 웹서핑을 하거나 인터넷 채팅창에서 메시지를 쓸 때 자신은 익명이라고 생각하지만, 이는 사실이 아니다. 사람이나, 아니면 적어도 사용한 컴퓨터를 IP 주소를 통해 쉽게 찾을 수 있다. IP 주소는 사람들로 하여금 컴퓨터를 사용하고 있는 사람이 어디 있는지 사실상 정확히 짚어내는 것을 가능하게 하고, 또한 그 사용자에 대한 놀랄 만한 양의 정보 역시 밝혀낼 수 있다.

사용자들로 하여금 위치나 신원을 숨길 수 있게 하는 다양한 프록시 사이트들이 존재한다. 이를 통해 사람은 익명으로 인터넷 서핑을 하거나 다른 사람들이 자신의 로그를 확인하지 못하도록 할 수 있다. 그러나 매우 소수의 사람들만이 이를 실제로 사용한다. 아마 이러한 서비스를 스스로 설치하는 것이 매우 어렵다고 생각하거나, 숨길 것이 없다고 생각할지도 모른다. 게다가 무료로 제공되는 프록시 사이트는 많지 않고, 몇몇은 바이러스나 과도한 팝업 광고를 지니고 있다. 공식 프록시 서버를 사용하고 싶은 사람은 매달 일정 금액을 지불해야 한다.

30 Q: 지문에 따르면 다음 중 옳은 것은 무엇인가?

(a) 인터넷이 그렇게 사적인 것은 아니다.
(b) 대부분의 사람들은 자신의 IP 주소를 숨기고 있다.
(c) 프록시 사이트는 바이러스와 팝업 광고로부터 사용자들을 보호한다.
(d) 사생활을 지키는 것은 늘 많은 돈을 요구한다.

31 Q: 지문으로부터 추론할 수 있는 것은 무엇인가?

(a) 사생활 문제는 대부분의 인터넷 사용자들이 인식하고 있는 것이다.
(b) 인터넷에 연결된 모든 컴퓨터는 IP 주소를 가지고 있다.
(c) 프록시 사이트들은 점점 인기를 끌고 있다.
(d) 채팅창을 사용하는 모든 이들의 이름을 알 수 있다.

해설 30 지문의 제목과 두 번째 문장에 나와 있듯이 인터넷은 사생활을 공개하여 이를 보장해 주지 못한다. 따라서 (a)가 정답이다. (b) 언급되지 않은 내용이고, (c) 무료 프록시 사이트는 오히려 바이러스와 팝업 광고를 가져올 수 있다. (d) 사생활을 지키는 데 늘 많은 돈이 드는지는 알 수 없고, 선택지에 always, everyone, only와 같은 한정적인 표현이 나오면 오답일 가능성이 크다.

31 IP 주소를 통해서 사람이나, 사용한 컴퓨터를 쉽게 찾을 수 있다고 했으므로 모든 컴퓨터는 IP 주소를 가지고 있는 것으로 추론할 수 있다. 따라서 정답은 (b)이다. (a) 대부분의 사람들은 자신이 익명이라고 생각하고 있으므로 사생활 문제에 대해 인식하지 못하고 있는 것이고, (c) 프록시 사이트를 이용하는 사람들은 소수이다. (d) 채팅창 사용자들의 이름을 모두 알 수 있다는 것은 논리적 비약이다.

어휘 **privacy** 사생활 **throw open** 개방하다, 공개하다
drawback 결점 **assume** 추정하다 **anonymous** 익명의
post 게시하다 **be the case** (사실이) 그러하다
track 추적하다 **pinpoint** 정확히 찾아내다 **reveal** 밝히다
alarming 놀라운, 놀랄 만한 **proxy** 대리의
identity 신원, 신분 **log** 기록
make use of ~을 이용하다, 활용하다
set up 설치하다 **ad** 광고 (advertisement)
be aware of ~을 알다, 인식하다 **steadily** 꾸준히

32-33 (d), (c)

해석

더햄 불스가 최고입니다!

이제 여름 휴가가 시작되었으니, 한두 번의 야구경기를 관람하도록 온 가족을 야구장으로 데려가는 것은 어떤가

요? 저희 더햄 불스는 마이너리그 팀이기는 하지만, 경기마다 메이저리그 수준의 경기를 보여줍니다!

• 안 좋은 자리가 없습니다 – 야구장은 작고 아늑해서 모든 팬 여러분이 경기에 가깝습니다!
• 가격이 적당합니다 – 저희는 티켓 가격을 낮게 책정합니다! 이는 땅콩, 팝콘, 핫도그, 탄산음료를 위한 돈이 더 많다는 뜻이죠.
• 홍보 이벤트 – 합리적인 티켓 가격과 더불어, 저희는 매점, 불꽃놀이, 그리고 야영이나 책 읽는 밤, 푸드 트럭 축제를 포함하는 이벤트와 같은 다양한 유형의 홍보 행사를 갖추고 있습니다.
• 매번 매진됩니다 – 무리 속에 둘러 싸여 당신의 흥분과 재미는 두 배가 될 것입니다.
• "내가 그를 먼저 봤어!" – 많은 불스 선수들은 메이저리그에 합류하기 시작합니다. 그리고 몇몇은 유명 선수가 되죠.

더햄 불스의 매표소로 연락하셔서 시간표를 알아보시고 저희의 다음 홈 경기를 위한 예약을 해주세요. 전화나 온라인 예약이 가능합니다. 경기를 직접 볼 수 있는 좋은 기회가 될 것입니다.

더햄 불스

32 Q: 광고의 목적은 무엇인가?

(a) 더햄 불스의 경기 수준을 설명하기 위해
(b) 표와 구내매점 가격을 언급하기 위해
(c) 다음 더햄 불스의 홈경기가 언제인지 언급하기 위해
(d) 사람들로 하여금 야구경기를 보러 가도록 권장하기 위해

33 Q: 광고로부터 추론할 수 있는 것은 무엇인가?

(a) 더햄 불스는 마이너리그에서 최고의 팀이다.
(b) 많은 팬들은 자신이 친구들보다 더 싼 가격에 티켓을 샀다고 자랑하길 좋아한다.
(c) 많은 팬들은 유명해지기 전에 자신이 유명 선수를 봤다고 자랑하길 좋아한다.
(d) 더햄 불스의 모든 선수들은 메이저리그에 합류하기 시작한다.

해설 32 마이너리그 구단 더햄 불스가 사람들에게 자신의 구단 경기장으로 와서 경기를 관람하도록 홍보하는 광고이다. 따라서 (d)가 가장 적절하다.

33 광고의 마지막 항목인 "I saw him first!"에서 사람들은 메이저리그로 가서 유명해지는 선수를 자신이 먼저 봤다고 자랑하려 한다는 것을 추론할 수 있다. 따라서 정답은 (c)이다. (a) 메이저리그 수준이 된다고만 언급했고, (b) 싼 가격에 티켓을 살 수 있지만 이를 자랑하는 내용은 없었고, (d) 많은 선수들이 메이저리그에 합류한다고만 언급했다. 선택지에 always, all과 같은 한정적인 표현이 나오면 오답일 가능성이 크다.

어휘 **ballpark** 야구장 **put on** (연극, 공연을) 무대에 올리다
performance 공연, 연주; 수행 **cozy** 아늑한
affordable (가격이) 알맞은 **promotion** 홍보, 판촉
along with ~와 함께 **reasonable** 합리적인
concession 구내매점 **campout** 야영
surround 둘러싸다 **double** 두 배가 되다

go on to ~하기 시작하다   all-star 유명 배우, 유명 선수
contact 연락하다   available 이용 가능한
in person 직접   describe 묘사하다
mention 언급하다   brag 자랑하다, 뽐내다

34-35 (b), (a)

해석

소득 불평등과 사회 역기능

소득 불평등은 미국에서 계속해서 문제가 되고 있다. 미국의 상위 1퍼센트에 의해 조절되는 부의 비율은 극적으로 계속 증가하고 있고, 1980년 국가 자산의 11퍼센트를 차지하고 있던 부유층은 놀랍게도 오늘날 20퍼센트에 이르렀다. 동시에, 미국인의 하위 50퍼센트에 의해 보유되는 부 역시 동일한 속도로 떨어졌는데, 1980년에 21퍼센트에서 현재 약 13퍼센트로 내려갔다. 이것을 유럽의 상황과 비교해 볼 수 있는데, 그곳에서는 상위 1퍼센트가 지속적으로 약 12퍼센트의 부를 가지고 있고, 반면 하위 50퍼센트가 22퍼센트 정도의 부를 지니고 있다.

전문가들은 미국에서 증가하는 부의 분배가 국가의 사회적 긴장을 계속해서 악화시킬 것과 손을 쓰지 않는다면 어쩌면 대규모의 사회적 격동을 일으킬지도 모른다는 것을 걱정하고 있다. 게다가 여러 연구는 경제적 불평등이 주로 10대 임신, 비만, 술이나 약물 중독, 정신 질환, 폭력, 구금, 살인을 포함하는 사회적 문제를 야기한다는 것을 밝힌다. 그러므로 이러한 경제적 격차를 해결하기 위해서는 정부 차원에서의 조치가 취해져야 하는 것이다.

34 Q: 오늘날 미국과 유럽의 상위 1퍼센트가 차지하고 있는 부는 몇 퍼센트인가?

(a) 20퍼센트와 13퍼센트
(b) 20퍼센트와 12퍼센트
(c) 11퍼센트와 22퍼센트
(d) 11퍼센트와 13퍼센트

35 Q: 뉴스 기사로부터 추론할 수 있는 것은 무엇인가?

(a) 소득 불평등의 비율은 유럽에서보다 미국에서 더 빠르게 늘어나고 있다.
(b) 유럽의 소득 불평등은 미국 전문가들의 우려를 증가시키고 있다.
(c) 미국의 하위 50퍼센트는 상위 1퍼센트보다 더 많은 돈을 가지고 있다.
(d) 시간이 지나면서 부자들은 더 부유해지고, 가난한 사람들은 더 가난해지기에 소득 불평등은 자연히 증가한다.

해설 34 오늘날 미국과 유럽의 상위 1퍼센트가 차지하고 있는 부가 몇 퍼센트인지 묻는 문제이다. 숫자는 첫 번째 문단에 나와 있으므로 이를 유의하여 보면 미국 부유층은 20퍼센트, 유럽 부유층은 12퍼센트의 부를 차지하고 있음을 알 수 있다. 정답은 (b)이다.

35 첫 번째 문단에 소득 불평등의 구체적인 수치가 나와 있다. 미국은 1980년에 비해 부유층은 11퍼센트에서 20퍼센트로, 저소득층은 21퍼센트에서 13퍼센트로 빠르게 소득 불평등이 커지고 있으나, 유럽은 그 수치가 부유층 12퍼센트, 저소득층 22퍼센트로 유지되고 있다. 따라서 (a)가 정답이다. (b) 미국

전문가들은 미국의 소득 불평등을 우려하고 있고, (c) 현재 미국의 상위 1퍼센트가 하위 50퍼센트보다 7퍼센트나 더 많은 돈을 가지고 있다. (d) 유럽의 경우를 보면, 소득 불평등이 시간이 지나면서 자연히 증가하는 것은 아님을 알 수 있다.

어휘 dysfunction 역기능   proportion 비율; 균형
dramatically 극적으로   asset 자산, 재산
astonishing 놀라운, 믿기 힘든   rate 속도; 비율
contrast ~ with... ~을 ...과 대조하다, 대비시키다
consistently 지속적으로   exacerbate 악화시키다
tension 긴장   upheaval 격변
unchecked 억제하지 않은, 손을 쓰지 않은
reveal 밝히다, 드러내다   addiction 중독
imprisonment 투옥, 구금   measures (pl.) 방법, 조치
deal with 해결하다, 다루다   disparity (불공평한) 차이

Actual Test 02

1	(d)	2	(c)	3	(b)	4	(a)	5	(b)
6	(d)	7	(a)	8	(c)	9	(c)	10	(b)
11	(c)	12	(d)	13	(b)	14	(d)	15	(a)
16	(a)	17	(b)	18	(c)	19	(b)	20	(b)
21	(d)	22	(c)	23	(c)	24	(b)	25	(c)
26	(a)	27	(c)	28	(b)	29	(d)	30	(a)
31	(b)	32	(d)	33	(c)	34	(d)	35	(a)

1 (d)

해석 멕시코시티는 세계 최악의 스모그 문제를 겪는 도시이다. 이 중 상당량은 교통체증으로 막힌 도로와 연관이 있는데, 그곳에는 거의 하루 종일 _____. 더군다나, 많은 오염 유발 공장들이 도시 및 교외에서 가동된다. 하지만 가장 큰 문제는 지형이다. 그 도시는 계곡에 세워져서, 스모그가 빠져나가는 데 문제가 있고, 바람이 계곡으로 많이 불어 들어오지 않는다. 다시 말해, 공기 오염이 빠져 나가는 데 추가적인 장벽이 존재하는 것이다.

(a) 사방이 자전거로 가득 차 있다
(b) 더러운 건물과 사무실로 덮여있다
(c) 수백만의 사람들이 그곳에서 담배를 피거나 요리를 하고 있다
(d) 승용차, 트럭, 버스 등으로 꽉 차 있다

해설 빈칸의 문장이 관계대명사 which로 앞 문장을 보충 설명하고 있으므로 교통체증으로 막힌 도로와 관련된 내용이 와야 한다. 따라서 정답은 (d)이다. (a) 자전거는 지문의 큰 주제인 스모그와는 반대된다.

어휘 be related to ~와 관련이 있다
congested (사람이나 교통 등이) 붐비는, 혼잡한
operate 가동되다, 작동되다   outskirt 변두리, 교외
geography 지리(학)
have trouble ~ing ~하는 데 문제가 있다, ~하는 데 어려움을 겪다
barrier 장벽   air pollution 공기 오염
be jammed with ~로 꽉 차다, ~로 붐비다

2 (c)

해석 직장 내 안전 수칙은 직원들을 부상이나 사망으로부터 보호하기 위해 고안된 것이다. 잠재적 위험성을 가진 작업장에 있을 때, 직원들은 안전모나 안전 작업 부츠 및 장갑을 착용해야 한다. 만약 매우 높은 구조물에서 일하는 경우, 그들은 추락을 방지하기 위해 안전 벨트 또한 반드시 착용해야 한다. 이러한 경고에도 불구하고 많은 수의 직원들이 매년 일터에서 부상을 입거나 사망한다. 이러한 사건에 대한 조사는 종종 경영진과 직원들이 적절한 작업장 _____을 제대로 따르지 않았다는 것을 드러낸다.

(a) 구조
(b) 보상 노력
(c) 안전 기준
(d) 장비

해설 직장 내 안전 수칙과 이를 지키지 못한 사례에 관한 글로, 직원들이 부상을 입거나 사망한 이유는 안전 기준을 따르지 않아서라는 (c)가 가장 적절하다. (a), (b) 언급되지 않은 내용이고, (d) 안전 장비를 의미하는 것으로 볼 수 있으나 동사 follow와 어울리지 않는다.

어휘 **be designed to** ~하도록 고안되다   **injury** 부상
potentially 잠재적으로   **hardhat** 안전모
structure 구조, 구조물   **harness** (사람 몸에 매는) 벨트
precaution 예방 조치   **investigation** 수사, 조사
incident 사건   **compensation** 보상

3 (b)

해석 오랫동안 거위 깃털로 만든 깃펜이 주요 필기구로 사용되었다. 그러나 깃펜은 자주 잉크병에 담가야 하고, 쉽게 닳아 효율적이지 못했다. 철로 된 촉이 달린 펜은 _____, 역시나 잉크에 담가야 했다. 마침내, 헝가리의 한 신문 편집자인 Lazlo Biro가 1940년대 초에 볼펜을 발명했다. 이는 펜 끝에 볼을 사용해 모세관 작용으로 내부 잉크 공급이 적절히 흘러가는 것을 가능하도록 했다.

(a) 깃펜보다 비쌌지만
(b) 마모되는 문제를 해결했지만
(c) 깃펜 이전에 나왔지만
(d) 인기를 전혀 끌지 못했지만

해설 빈칸 뒤에 but으로 철로 된 촉이 달린 펜에 여전히 한계가 있다는 내용이 나온다. 따라서 but 앞의 빈칸에는 한계와 반대되는 장점이 나와야 하므로 깃펜의 쉽게 닳는 문제를 해결했다는 (b)가 가장 적절하다. (a), (d) 단점에 해당하는 설명이고, (c) 시간 순서에 맞지 않는다.

어휘 **instrument** 도구   **quill** 깃털, 깃펜   **dip in** 담그다
wear out 마모되다, 닳다   **editor** 편집자
ballpoint pen 볼펜   **capillary action** 모세관 작용
internal 내부의   **catch on** 유행하다, 인기를 얻다

4 (a)

해석 _____은 시와 산문이라는 두 가지 종류로 나뉠 수 있다. 시는 운문 형태로 쓰인 문학 작품이며, 이에 반해 산문은 그 외 모든 형태의 글을 말한다. 시와 산문 모두 수많은 양식이 존재한다. 시에는 소네트, 하이쿠, 서사시, 송가 등 기타 많은 종류가 있다. 반면, 산문은 다양한 글을 포괄한다. 모든 산문은 픽션과 논픽션 작품으로 한 단계 더 세분화된다. 픽션은 본질적으로 사실이 아닌 글이다. 한편 논픽션은 전기, 역사, 과학 관련 작품과 같이 사실에 입각한 성격을 지닌 글이다.

(a) 모든 형태의 글
(b) 몇 가지 문학작품
(c) 논픽션과 픽션
(d) 위대한 작가들의 글

해설 빈칸을 시와 산문으로 나눈 후, 각각의 종류별 특성과 그 하위 범주에 관해 설명하는 글이다. 따라서 시와 산문을 모두 포함하는 (a)가 정답이다. (b), (c) 시와 산문을 포함하기에는 범위가 너무 작고, (d) 위대한 작가들의 글로 한정시키지도 않았다.

어휘 **poetry** 시   **prose** 산문   **verse** 운문
sonnet 14행시, 소네트   **haiku** 하이쿠 (일본의 정형시)
epic 서사시   **ode** (누군가에게 부치는) 송가
encompass ~을 둘러싸다; ~을 포함하다
subdivide 다시 (더 작게) 나누다, 세분화하다
factual 사실의, 사실에 입각한   **biography** 전기

5 (b)

해석 일반적으로 속편은 본편만큼 좋은 작품이 되기 힘들다. 이는 책과 영화에 모두에 있어 사실이다. 이러한 이유 중 하나는 속편에서의 작가나 감독의 창의성이 첫 작품 어느 수준에도 미치지 못하기 때문이다. 다시 말해, 한번 독창적이었던 것은 더 이상 그럴 수 없다는 것이다. 하지만 많은 경우, 상당한 수익을 보장받기 때문에 작품의 원저자는 속편을 집필하거나 제작하는 데 동의한다. 이는 경제적으로는 성공적일지 몰라도, _____ 못한다.

(a) 저자가 기억될 만한 것이 되지
(b) 독창적인 천재의 작품이 되지
(c) 많은 팬들이 따를 것을 보장하지
(d) 흥미로운 사업이 되지

해설 경제적으로 성공적이라는 내용 이후에 but으로 빈칸을 시작하고 있으므로 속편이 가지는 한계에 대한 내용이 와야 한다. 그러나 선택지가 모두 부정적인 내용이므로 빈칸 이전의 문맥을 파악해야 한다. 주로 창의성이나 독창성에 대해 언급하고 있으므로 정답은 (b)이다. (a) 저자에 대한 인지도나 (c) 팬에 관한 내용은 없었고, (d) 흥미로운 사업이 되는지의 여부도 알 수 없다.

어휘 **as a general rule** 일반적으로   **sequel** 속편
director 감독   **in other words** 즉, 다시 말해서
lucrative 수익성이 좋은   **payout** 지불금
originator 창작자   **financially** 재정적으로, 금전적으로
guarantee 보증하다

6 (d)

해석 미국 대학 미식축구에는 다른 스포츠 경기와 같은 플레이오프 제도가 없다. 우승팀은 볼 챔피언십 시리즈(BCS)에 의해 정해진다. 다양한 스포츠 기자들의 투표와 컴퓨

터 시스템을 사용하여, BCS는 어떤 두 팀이 그 해의 결승전을 치를지 결정한다. 우승팀은 챔피언으로 선언된다. 이 제도는 논란이 많은데, 1999년 이 제도의 도입 후 거의 매년 몇몇 훌륭한 팀이 결승에서 제외되어 왔기 때문이다. _____, 논란은 계속될 듯하다.

(a) 현재 완벽한 시스템이 있으므로
(b) 챔피언이 정해지기 전에
(c) 더 나은 시스템이 생겨나면
(d) 정규 플레이오프 시스템이 고안될 때까지

해설 빈칸 이후에 논란이 계속될 것이라고 했으므로 빈칸 이전의 내용으로 그 이유를 유추해 봐야 한다. 미국 대학 미식축구에 공식 플레이오프 제도가 없어 문제를 일으켜 왔다는 내용이므로 (d)가 정답이다. (a), (c) 완벽한 시스템이나 더 나은 시스템은 논란을 계속되게 하지 않을 것이고, (b) 현 시스템으로는 챔피언이 정해진 이후에도 논란이 계속될 것이다.

어휘 **playoff** 플레이오프, 우승 결정전 **poll** 여론조사
declare 선언하다 **controversial** 논란의 여지가 있는
inception 시작, 개시 **leave out** 제외하다
controversy 논란 **devise** 고안하다

7 (a)

해설 침팬지에 대한(대해) _____은 Jane Goodall이다. 1960년대부터 그녀는 침팬지에 대한 몇 가지 획기적인 연구를 했다. 그녀의 연구 대부분이 현장, 주로 아프리카의 탄자니아에서 이루어졌다. 그녀는 자연 서식지에 있는 침팬지를 관찰하는 것을 선호했다. 그녀는 자신의 연구 결과로 많은 이들을 놀라게 했는데, 바로 그녀가 침팬지들이 인간과 유전적으로 연관성이 있을 뿐 아니라 종종 사람과 매우 유사하게 행동한다고 주장했기 때문이다. Goodall은 침팬지가 도구를 만들거나 사용할 수 있을지도 모른다고 언급했다. 손을 잡거나 키스를 하거나 포옹을 하는 것을 포함하는 침팬지의 사회화 방법 또한 사람이 선호하는 행동과 유사했다. 오늘날, Goodall은 침팬지에 대한 연구뿐 아니라 동물 복지와 자연 보호 운동가로서도 유명하다.

(a) 세계 최고의 전문가 중 한 사람
(b) 한때 책을 썼던 사람
(c) 최초로 발견한 여성
(d) 권리를 지지한 사람

해설 빈칸은 Jane Goodall이 어떤 인물인지 설명하고 있다. 지문은 Jane Goodall이 침팬지에 관한 획기적인 연구를 했으며 놀라운 결과를 밝혀냈다는 글이므로 정답은 (a)이다. (b), (c) 언급되지 않은 내용이고, (d) 마지막 문장에 동물 복지와 자연 보호 운동가로 유명하다는 내용이 있지만 그것이 지문에 나타난 Jane Goodall을 전부 설명하지는 않는다.

어휘 **chimpanzee (chimp)** 침팬지 **groundbreaking** 획기적인
natural habitat 자연 서식지 **genetically** 유전적으로
related to ~와 관련 있는 **socialize** 사회화하다
be noted for ~로 유명하다 **proponent** 지지자
welfare 복지 **nature conservation** 자연 보호
foremost 최우선의, 가장 중요한

8 (c)

해설 공동 프로젝트에서 함께 일하면서, 사람들은 일반적으로 협동의 가치와 중요성을 배운다. 이는 특히 매우 다른 성격을 가진 개개인이 성공하기 위해 함께 협력해야 하는 환경 속으로 함께 내몰릴 때 그러하다. 어느 한 그룹의 일원은 반드시 개별 일원에게 그들의 강점과 약점에 맞는 다양한 책임을 부여할 수 있어야 한다. 이러한 상황에서는, 힘 있는 지도자가 꼭 필요하다. 이 사람은 모두가 함께 일하여 _____ 수 있도록 해야 한다.

(a) 서로 잘 지낼
(b) 프로젝트를 가능한 한 빨리 끝마칠
(c) 자신들의 능력 최대치로 일을 수행할
(d) 지도자가 멋지게 보이게 만들

해설 빈칸은 지도자에 대해 설명하는 문장이므로 모두 함께 각자의 최대 능력으로 일하게 만들어야 한다는 (c)가 정답이다. (a) 서로 잘 지내기 위해, 혹은 (b) 프로젝트를 빨리 끝내기 위해 함께 일하는 것은 아니다.

어휘 **typically** 전형적으로, 일반적으로 **cooperation** 협력, 협조
particularly 특히 **personality** 성격
thrust 밀다, 밀치다 **assign** 할당하다
according to ~에 따라 **necessity** 꼭 필요한 것
to the best of ~의 최선으로, ~하는 한

9 (c)

해설 법정에서 유죄 판결을 받은 사람들은 반드시 어떤 유형의 처벌을 받는다. 많은 경우, _____ 피해 당사자가 금전적으로 손해를 입으면, 가해자 측은 벌금을 내야 할 것이다. 벌금은 아주 작은 액수에서부터 수백만 달러에 이른다. 만약 어떤 사람이 살인, 절도, 또는 폭행과 같은 중범죄에 대해 유죄 판결을 받으면, 그 사람은 징역을 살아야 할 수도 있다.

(a) 때문에
(b) 그러나
(c) 만약
(d) 때문에

해설 연결사 문제의 경우 빈칸 앞뒤 문장의 관계를 파악해야 한다. 빈칸 앞 문장에서는 유죄 판결을 받은 사람들이 처벌을 받는다고 했고, 뒤 문장에서는 금전적 손해를 끼친 경우를 설명하고 있다. 따라서 '만약 금전적 손해를 입으면'으로 연결하는 것이 가장 자연스럽다. 정답은 (c)이다.

어휘 **be found guilty of** (~의 죄에 대해) 유죄 판결 받다
a court of law 법정 **punishment** 처벌
injured party 피해자 **guilty party** 피고
pay a fine 벌금을 물다
range ~ from ... ~에서 ...까지 이르다
assault 폭행 **jail** 교도소, 감옥

10 (b)

해설

Amy에게,

난 친구를 통해 네가 Mark랑 약혼했다는 것을 알게 되었어. 이 중대한 일에 축하 인사를 전하고 싶어. _____

난 Mark랑 몇 번 만나보지 못했지만, 그 사람에 대해 긍정적인 평을 많이 들어왔어. 만약 시간을 내준다면, 한번 너랑 만나고 싶어. 내 연락처 알고 있지?

너의 친구 Linda가

(a) 왜냐하면
(b) 비록
(c) ~할 때
(d) 그러나

해석 빈칸 앞 문장에서는 약혼 축하 인사를 전하고 싶다고 했고, 뒤 문장에서는 약혼자에 대해 설명하고 있다. 따라서 '비록 그를 몇 번 만나보지 못했지만' 긍정적인 평을 많이 들었다며 칭찬하는 (c)가 가장 자연스럽다.

어휘 get engaged to ~와 약혼하다   momentous 중요한, 중대한   get in touch with ~와 연락하다

---

11 (c)

해석 세 가지 가장 흔한 도시 문제는 빈곤, 범죄, 실업이다. 흥미롭게도, 이 세 가지는 모두 상호 연관되어 있다. (a) 실업은 가난을 낳고, 이는 결국 높은 범죄율로 이어진다. (b) 이러한 문제점에 대한 해결책은 다양하지만, 그것들 모두가 일자리를 창출하는 데 우선적으로 초점을 맞춘다. **(c) 몇몇 사람들은 동네를 청소하는 것이 문제를 해결할 수 있다고 믿는다.** (d) 사람들이 돈이 되는 일자리를 얻게 되면, 한 지역의 가난과 범죄율이 급격히 감소한다.

해석 도시의 세 가지 문제를 해결하기 위한 일자리의 중요성을 강조하는 글이다. 보기 중에서 (c)만 실업이나 일자리와는 관련 없는 내용을 담고 있으므로 흐름상 어색하다.

어휘 urban 도시의   unemployment 실업, 실직   interrelate 밀접한 연관을 갖다   lead to ~로 이어지다   vary (서로) 다르다   focus on ~에 집중하다   gainful 이익이 되는, 돈벌이가 되는   dramatically 극적으로

---

12 (d)

해석 학교에서 좋은 점수를 얻는 것은 학습 습관과 관련이 있다. (a) 많은 학생들이 과제 마감 전날 밤이 되어서야 이를 시작하고, 결국 이는 과제 제출일이 다가오면서 엉성한 과제와 혼란 상태로 이어지게 된다. (b) 일찍 시작해서 한 번에 조금씩 하는 게 나은데, 하루는 도서관에서 조사를 하고, 다음날에는 서론을 작성하고, 그 다음날에는 본문을 쓰는 식으로 말이다. (c) 이렇게 하면, 마지막 날이 다가올 때 대부분의 과제가 이미 마무리되어 있으므로 혼란스러워질 필요가 없다. **(d) 게다가 시험을 치르기 전에 커피를 너무 많이 마시지 않아야 하는데, 커피가 신경과민을 가져오기 때문이다.**

해석 좋은 점수를 얻는 학습 습관에 대한 글이다. 마감 시간에 임박해 허겁지겁 하는 것이 아니라 조금씩 하라는 나머지 문장과 달리 (d)는 시험 전에 커피를 너무 많이 마시지 말라는 내용을 담고 있으므로 흐름상 어색하다.

어휘 achieve 달성하다, 이루다   be related to ~와 관련이 있다   due ~하기로 되어 있는, 기한이 된   sloppy 엉성한, 대충하는

---

panic 당황한, 혼란스러운   approach 다가오다   introduction 서문, 머리말   main body 본문

---

13 (b)

해석 애국심은 자신의 나라에 대한 사랑으로 정의된다. 애국심은 여러 가지 이유로 어렸을 때부터 국민들에게 강조된다. 첫 번째로, 애국심은 국가를 단결시키는 데 도움이 된다. 사람들은 종종 자기 나라에 사는 다른 사람들과 일체감을 느끼기 위해 민족성이나 공용어 이외의 다른 이유가 필요하다. 또한, 많은 사람들이 애국심 때문에 공직에 출마하거나 군복무를 한다. 애국심이 없으면, 많은 중요한 직업이나 임무가 채워지지 않을 것이고, 이는 국가 경영 자체를 어려운 모험으로 만들 것이다.

Q: 지문은 주로 무엇에 관한 것인가?

(a) 어떤 유형의 사람들이 애국적인가
(b) 애국심의 중요성
(c) 애국심의 정의는 무엇인가
(d) 애국자가 종종 갖는 대표적인 직업들

해석 애국심이 국가에서 강조되는 이유에 대한 글로, 애국심이 없으면 국가 경영 자체가 어려워진다는 마지막 부분의 내용으로 보아 (b)가 가장 적절하다. (a) 애국심 있는 사람이나 (d) 그러한 사람들이 갖는 직업에 대한 언급은 없었고, (c) 첫 문장에 애국심의 정의가 나왔지만 세부 내용에 그친다.

어휘 patriotism 애국심   emphasize 강조하다   ethnicity 민족성   common language 공용어   sense of togetherness 일체감   run for ~에 출마하다   political office 공직   serve in the military 군복무를 하다   unstaffed 직원이 없는   venture 모험, 모험적 사업

---

14 (d)

해석

라이트 에이드 사는 현 상황을 어떻게 다루는가

자신의 두 주요 경쟁사와 맞붙으려는 시도로, 국내에서 세 번째로 큰 약국 체인점인 라이트 에이드 사는 그 다음으로 큰 에커드 사를 40억 달러의 현금과 주식을 받는 거래로 인수했다. 본 거래는 동부 해안에서 이미 강했던 라이트 에이드의 존재감을 확장시키는 동시에 서부 해안에 그 이름을 소개할 것이다. 그러나 몇몇 분석가들은 라이트 에이드 사의 많은 실적을 못 내는 매장에 지불된 비용을 비난해 왔다. 그럼에도 불구하고, 본 거래는 2017년 거의 파산 위기에 처한 이후로 해당 브랜드의 새로운 시장성을 나타낸다.

Q: 라이트 에이드에 대해 주로 보도되고 있는 것은 무엇인가?

(a) 어떻게 폐업하게 되었는지
(b) 어떻게 새로운 보상 제도를 시작하게 되었는지
(c) 왜 실적을 못 내고 있는지
(d) 왜 다른 약국 체인점을 샀는지

해석 자신의 경쟁사와 맞붙기 위해 다른 약국 체인점을 사서 서부 해안까지 자신의 존재감을 확장시키려는 라이트 에이드에 대해 보도하는 뉴스 기사로 (d)가 가장 적절하다.

어휘 deal with ~을 처리하다, 다루다

in an attempt to ~하기 위하여, ~하려는 시도로
competitor 경쟁자, 경쟁사
drugstore 약국, 드럭스토어 (화장품 등 다른 품목도 취급)
expand 확장하다   presence 존재   analyst 분석가
underperform 실적을 못 내다   marketability 시장성
bankruptcy 파업   go out of business 폐업하다

15 (a)

해설 ▶ 무언가가 유명해지면 곧 모두가 이에 동참하고 싶어 하는 듯하다. 이는 어떤 스타일의 옷을 입거나, 새로 생긴 멋진 식당에서 식사를 하거나, 혹은 특정 장르의 음악을 듣는 것과 같이 거의 어느 것이든 될 수 있다. 사람들로 하여금 이러한 유행을 따르게 하는 것은 한 집단의 일원으로 보이고자 하고, 제외되지 않고자 하는 욕망이다. 아동기부터 사람들은 더 큰 집단에 순응하고 그 일부가 되도록 길들여져 왔다. 다른 사람들과 다른 방식으로 행동하는 것은 아웃사이더가 된다는 의미이다. 사회는 종종 아웃사이더들을 이상하게 여기고, 그런 일이 일어나는 것을 원하는 사람들은 거의 없다.

Q: 필자의 요지는 무엇인가?

(a) 대부분의 사람들은 집단에 소속되어 있다고 느끼길 원한다.
(b) 개인주의는 집단주의보다 더욱 가치 있다.
(c) 사람들이 다른 이들과 비슷하게 행동하는 것이 이상적이다.
(d) 사람들이 비슷하게 행동하는 것이 최신 유행이다.

해설 ▶ 유행을 따르고자 하는 사람들의 심리를 설명하는 지문에 의하면, 사람들은 집단에 속하도록 길러 왔고 아웃사이더가 되는 것을 원하지 않기 때문에 유행을 따른다. 따라서 정답은 (a)이다. (b) 개인주의와 집단주의의 가치를 비교하지 않았고, (c) 사람들이 다른 이들과 비슷하게 행동하는 것이 이상적이라고도 하지 않았다. (d) 최신 유행에 대해 설명한 글이 아니라, 사람들의 전반적인 심리에 대해 설명한 글이다.

어휘 ▶ fashionable 유행하는, 최신식의
drive 내몰다, ~하게 하다   leave out 빼다, 제외하다
be conditioned to do ~하도록 길들여지다
conform 순응하다   regard ~ as ... ~을 ...로 간주하다
outsider (집단에 속하지 못한) 아웃사이더, 외부인
collectivism 집단주의

16 (a)

해설 ▶ 국제연합의 평화유지 임무는 무력 분쟁의 평화적 해결을 가져오기 위해 활용된다. 1956년 중동에서 처음 활용된 평화유지군은 전 세계적으로 교전 중인 국가 간의 중립적인 완충제이자, 절박한 상태에 처한 지역에 인도적 지원을 가져다주는 단체로서의 역할을 수행해오고 있다. 그러나 모든 임무가 평화적인 것은 아니다. 평화유지군은 많은 곳에서 죽거나 다치고, 때로는 무장 공격으로부터 자신을 방어해야 한다.

Q: 지문에 따르면 평화유지 임무의 목적은 무엇인가?

(a) 분쟁을 끝내고 어려운 상황에 처한 사람들을 돕는 것
(b) 교전 중인 세력을 무찌르고 그들의 땅에 평화를 가져다주는 것
(c) 전쟁을 시작하는 다양한 국가들을 정복하는 것
(d) 분쟁에서 편을 짜서 이를 끝내기로 결심하는 것

해설 ▶ 첫 문장에서 평화유지군의 임무가 무력 분쟁의 해결이라고 언급했으며, 중간 부분에서 이들이 절박한 상태에 처한 지역에 인도적 지원을 해준다는 내용이 나와 있다. 따라서 (a)가 정답이다. 평화유지군은 평화적 해결을 목적으로 하므로 (b) 어떤 세력을 무찌르거나, (c) 정복하지 않는다. (d) 평화유지군은 국가 간의 중립적인 완충제로 편을 짜서 행동하지 않는다.

어휘 ▶ United Nations 국제연합 (UN)   mission 임무
armed conflicts 무력 분쟁   neutral 중립적인
buffer 완충 장치   warring 교전 중인
humanitarian aid 인도적 지원
in desperate need 절박한 어려움에 처한
be forced to ~하도록 강요받다, ~해야 한다
armed attack 무장공격   faction 세력, 파벌
conquer 정복하다   resolve 해결하다; 결심하다

17 (d)

해설 ▶ 이제 여러분은 글로벌 북 코퍼레이션이 간행한 종합 온라인 백과사전에 접속하실 수 있습니다. 저희는 50년 넘게 백과사전 사업에 종사했으며, 이는 심지어 인터넷이 발명되기 전부터였습니다. 저희의 온라인 백과사전은 5백만 개 이상의 항목을 10개 국어로 수록하고 있습니다. 다양한 분야의 전문가들이 모든 항목을 작성했고, 저희의 수준 높은 교육을 받은 직원들이 정확성을 위해 검토 및 재검토를 거쳤습니다. 구독은 월 단위, 6개월 단위, 연 단위로 가능합니다.

Q: 광고에서 주로 홍보되고 있는 것은 무엇인가?

(a) 출판사
(b) 전문 직원
(c) 인쇄된 서적 세트
(d) 어떤 참고 자료

해설 ▶ 백과사전 전문 업체의 온라인 백과사전에 관한 광고문이다. 비록 online이라는 단어는 언급되지 않았지만 온라인이나 오프라인의 자료를 설명하는 데 두루 쓰이는 material이라는 표현을 사용한 (d)가 가장 적절하다. (c) 백과사전이라는 인쇄된 서적 세트를 팔아 온 (a) 출판사 글로벌 북 코퍼레이션이 (b) 전문 직원을 통해 온라인 백과사전을 마련한 것은 사실이지만, 각각은 현재 홍보되고 있는 것이 아니다.

어휘 ▶ have access to ~에 접근할 수 있다, ~에 접속할 수 있다
comprehensive 포괄적인, 종합적인
encyclopedia 백과사전   publish 발행하다, 출판하다
entry 기재, 기입; (사전) 표제어   expert 전문가
accuracy 정확, 확실   subscription 신청, 구독
reference material 참고 자료

18 (c)

해설 ▶ **다음의 규칙을 언제든지 준수해야 함을 명심해 주십시오.**

어떤 종류의 무기도 반입 불가합니다. 카메라, 디지털 카메라, 카메라가 장착된 휴대폰, 또는 기타 어떤 종류의 사진 장비 및 녹음기도 보안문을 통과할 수 없습니다. 이는 근무 중인 경비원에게 맡겨두셔야 합니다만, 여러분이 건물을 떠나는 즉시 돌려받으실 것입니다.

손님은 방문자용 통행증을 항상 착용하셔야 하며, 초대하신 분과 항상 동반하셔야 합니다. 건물 내에서 혼자 계신 것이 발견된 어떤 손님이든지 즉각 구내에서 추방되실 것입니다.

Northwest 미술관

Q: 안내문에 따르면 다음 중 옳은 것은 무엇인가?

(a) 건물 내에서 사진을 찍어도 된다.
(b) 손님은 홀로 건물 복도를 배회해도 된다.
(c) 방문객은 언제든지 동반인이 없어서는 안 된다.
(d) 건물의 보안 경비는 무장을 하고 있다.

해설 옳은 사실을 찾는 문제는 지문과 선택지를 비교, 대조하며 읽어 나가는 것이 좋다. (a) 두 번째 문장에서 사진 장비 및 기록 장비 모두 반입이 불가능하다고 했으며, (b), (c) 두 번째 문단에서 손님은 항상 초대한 사람과 동반해야 한다고 했다. 따라서 정답은 (c)이다. (d) 언급되지 않는 내용이다.

어휘 at all times 항상, 언제나
allow 허용하다, 허락하다 (permit)
recording 녹음, 녹화 device 장치, 기기
past ~을 지나서서, ~옆을 지나서 on duty 근무 중인
immediately 즉시 (promptly) departure 출발, 떠남
be accompanied by ~와 동반하다
premises (pl.) 건물, 구내 wander 돌아다니다

19 (b)

해설 왕따는 전 세계 학교의 공통된 문제이다. 왕따는 나이 많고, 힘센 아이가 어리고 약한 아이를 괴롭히거나, 놀리고, 욕하면서 발생한다. 때로는 한 명 이상의 아이가 희생자를 괴롭히는 일에 연루되기도 한다. 괴롭히는 애들은 아이들의 옷차림이나 외모를 놀리고, 때리기도 하고, 가끔은 돈을 달라거나 자신들의 숙제 같은 일을 해주도록 강요한다. 부모와 교사는 종종 괴롭힘에 대해 모르는데, 이는 당하는 아이가 말하는 것을 두려워하기 때문이다. 극단적인 경우, 피해자가 자살하거나, 괴롭히는 아이에게 욕설을 하거나, 공격하고, 심지어는 죽이려 하기도 한다.

Q: 아동들은 괴롭히는 아이들에게 때때로 어떻게 반응하는가?

(a) 당하는 아이들 스스로가 괴롭히는 아이가 된다.
(b) 자살하려고 하기도 한다.
(c) 교사에게 자신들의 문제에 관해 말한다.
(d) 괴롭히는 애들을 피하려고 한다.

해설 마지막 문장에 왕따 피해자가 자살하는 극단적인 경우도 있다는 내용이 나오므로 (b)가 정답이다. (a), (d) 언급되지 않은 내용이며, (c) 부모와 교사는 종종 왕따 사실을 모르는데, 이는 피해 아동이 이를 말하기 두려워하기 때문이다.

어휘 bullying 약자를 괴롭히기, 왕따시키기
pick on ~을 괴롭히다 tease 괴롭히다, 놀리다
abuse 학대하다; 욕하다
be involved in ~에 관여하다, ~에 연루되다
bully 약자를 괴롭히는 사람 make fun of ~을 놀리다
appearance 외모, 겉모습

---

force ~ to ... ~가 ...하도록 강요하다
commit suicide 자살하다 lash out 비난을 퍼붓다, 욕설하다

20 (b)

해설
뉴욕 필하모닉 오케스트라

로체스터 오디토리움은 9월 3일 저녁 8시부터 10시까지 다가오는 뉴욕 필하모닉 오케스트라의 공연을 알려 드리게 되어 기쁘게 생각합니다.

• 표는 매표소와 저희 홈페이지에서 구입 가능합니다.
• 가격은 성인은 25달러, 12세 이하는 15달러, 노인은 18달러입니다. (10명 이상의 단체는 특별가로 가능합니다.)

뉴욕 필하모닉은 세계에서 가장 저명한 오케스트라 중 하나로 유명하기에, 콘서트에서 연주자들을 보는 것은 놓쳐서는 안 될 드문 기회입니다.

로체스터 오디토리움

Q: 안내문에 따르면 뉴욕 필하모닉 오케스트라에 대해 다음 중 옳은 것은 무엇인가?

(a) 공연을 드물게 연다.
(b) 클래식 음악 공연을 한다.
(c) 9월 3일 뉴욕 로체스터 오디토리움에서 연주한다.
(d) 세계에서 가장 유명한 오케스트라이다.

해설 마지막 문단에서 뉴욕 필하모닉을 세계에서 가장 저명한 오케스트라로 설명하고 있으므로 이들은 클래식 음악을 공연할 것이다. 따라서 정답은 (b)이다. (a) 그 다음 문장에 드문 기회라고 나와 있지만 이것이 뉴욕 필하모닉 자체가 드물게 공연한다는 말은 아니다. (c) 로체스터 오디토리움이 어디 있는지 알 수 없고, 안내문의 흐름상 뉴욕 필하모닉 오케스트라를 초청한 것으로 보이므로 다른 지역에 있을 것이다. (d) 세계에서 가장 유명한 오케스트라 중 하나라고 했지, 가장 유명한 오케스트라라고 하지는 않았다. everyone, all, 최상급과 같은 단정적인 표현은 오답일 가능성이 크다.

어휘 philharmonic 교향악단 auditorium 강당
be pleased to ~하게 되어 기쁘게 생각하다
announce 알리다, 공지하다 upcoming 다가오는, 곧 있을
performance 공연 box office 매표소
special rate 특별요금 renowned 유명한
put on (연극, 공연을) 무대에 올리다

21 (d)

해설 1776년 7월 4일, 한 무리의 미국 식민지 주민들이 독립선언서에 서명하고 13개 주가 영국의 지배로부터 자유롭다고 선언했다. 그러나, 그 당시 대부분의 미국인들은 영국의 신민이 되는 것에 사실 반대하지 않았다. 그들이 반대하던 것은 정부에 대표가 없다는 것이었다. 그들의 수가 상당히 많았음에도 식민지 주민들은 영국 의회에 대표가 없었고, 그래서 그들은 자신에게 부과되는 세금에 대해 아무 발언권이 없었다. 사실, 식민지 주민들이 실제로 영국에 정치적 대표가 있었다면, 그들은 애초에 독립을 선언하지도 않았을 것이고, 따라서 미국

혁명도 없었을 것이다.

Q: 지문에 의해 다음 중 지지를 받는 문장은 무엇인가?

(a) 영국의 세율이 지나치게 높았다.
(b) 미국인들은 영국 정치에 관심이 없었다.
(c) 미국인들은 1776년 7월 4일에 대통령을 선출했다.
(d) 미국 독립혁명은 피해갈 수 있었다.

해설 가정법으로 쓰인 마지막 문장은 미국 식민지 사람들에게 영국 본토에 의회 대표가 있었더라면 독립 선언도 없었고 혁명도 일어나지 않았을 것이라 말한다. 따라서 미국 독립혁명은 피해갈 수 있었던 것이라는 (d)가 가장 적절하다. (a), (b) 언급되지 않은 내용이고, (c) 1776년 7월 4일에는 독립을 선언했다.

어휘 colonist 식민지 주민
the Declaration of Independence (미국의) 독립선언(서)
rule 지배, 통치 be opposed to ~에 반대하다
subject (군주 국가의) 국민, 신민
representation 대표, 대표단 sizable 상당한
parliament 의회, 국회 levy on (세금 등을) ~에 부과하다
tax rate 세율 avoidable 피할 수 있는

22 (a)

해석

> 나카무라 씨께,
>
> 고객님께서 최근 몇 권의 책을 주문해 주셨습니다. 불행히도 그 중 한 권인 '신화의 백과사전'이라는 책이 현재 재고가 없고, 다음 달에도 재고가 없을 예정입니다. 따라서 고객님께는 두 가지 선택권이 있습니다. 저희는 단순히 책값 32달러 99센트를 환불해 드릴 수도 있고, 아니면 계정에 동일한 금액을 적립해 드릴 테니 다른 상품을 구매하실 때 적립금으로 사용하셔도 됩니다. 시간이 되실 때 고객님의 의향을 알려주시면 감사하겠습니다. 책을 구매하시는 데 저희 베스트 북을 이용해 주심에 감사드립니다. 궁금하신 점이 있으시면 (02) 312-4123으로 저에게 연락 부탁드립니다.
>
> 베스트 북 Sonia Falconi 드림

Q: 이메일에 따르면 다음 중 옳은 것은 무엇인가?

(a) 베스트 북은 나카무라 씨에게 그의 주문대로 보내줄 수 없었다.
(b) Sonia Falconi는 한 회사로부터 몇 권의 책을 주문했다.
(c) 신화의 백과사전은 32달러 99센트에 판매 중이다.
(d) 나카무라 씨는 환불 받기를 원한다.

해설 이메일의 처음 부분을 보면 나카무라 씨가 주문한 책 중 한 권인 신화의 백과사전의 재고가 없다는 것을 알 수 있다. 따라서 정답은 (a)이다. (b) Sonia Falconi는 책 주문을 받은 회사의 직원이고, (c) 책 가격은 32달러 99센트가 맞지만 현재 판매 중이 아니다. (d) 나카무라 씨의 의견은 아직 알 수 없다.

어휘 place an order 주문하다 entitled ~라는 제목의
encyclopedia 백과사전 mythology 신화
out of stock 재고가 바닥난, 품절된 refund 환불하다
account (서비스 이용에 관련된) 계정 credit 잔고
inform ~ of ... ~에게 ...을 알려주다 intention 의도
fulfill 이행하다; 충족시키다

23 (c)

해석 1991년 소련의 붕괴는 국민들에게 심각한 결과를 가져왔다. 경제적으로, 그 국가는 거의 10년간 붕괴 위험에 처해 있었다. 사람들의 저축은 없어져버렸고, 봉급은 줄어들어 구매력이 거의 없었고, 실업률도 높았다. 이러한 상황은 2000년이 되어서야 호전되었는데, 이때 Vladimir Putin이 대통령이 되어 일련의 경제 개혁을 시작했다. 그의 새로운 정책 중 선두에 있던 것은 러시아가 보유한 광대한 석유 및 천연가스를 적극적으로 수출하는 것과 러시아인들의 삶의 모든 영역에 있던 부패를 제거하는 것이었다.

Q: 지문에 따르면 다음 중 옳은 것은 무엇인가?

(a) 러시아는 세계 최대의 원유 및 천연가스 수출국이다.
(b) Putin은 소련의 붕괴에 책임이 있다.
(c) 부패는 러시아 경제의 근심거리 중 일부였다.
(d) 러시아인들은 소련 붕괴에 의해 그저 약간의 영향만을 받았다.

해설 마지막 문장에서 Putin의 주요 정책 중 하나가 부패를 척결하는 것이라는 내용이 나오므로, 부패가 러시아 경제의 근심거리 중 일부였음을 알 수 있다. 따라서 정답은 (c)이다. (a) 석유 및 천연가스를 적극적으로 수출하는 것 또한 Putin의 주요 정책이었지만, 러시아가 세계 1위의 수출국이라는 언급은 없었다. everyone, all, 최상급과 같은 단정적인 표현은 오답일 가능성이 크다. (b) Putin은 소련이 붕괴되고 9년 후에야 대통령이 되었다. (d) 글의 첫 부분을 보면 소련의 붕괴가 국민들에게 심각한 결과를 가져왔음을 알 수 있다.

어휘 collapse 붕괴 Soviet Union 소비에트 연방, 소련
teeter on the brink of ~의 위험이 닥치다
wipe out 닦아내다; 없애다 rate of unemployment 실업률
turn around (경기, 경제 등이) 호전되다
initiate 시작하다, 착수하다 a series of 일련의 reform 개혁
at the forefront of ~의 최전선에서, ~의 선두에서
export 수출하다 reserves (pl.) (석유, 천연가스 등의) 매장량
eliminate 제거하다, 없애다 corruption 부패

24 (b)

해석

> ### 개점 축하 세일!
>
> 웨이크필즈는 로빈슨로에 새 지점을 연다는 것을 알리게 되어 기쁘게 생각합니다.
>
> • 이 지점은 5월 1일에 개점하며, 웨이크필즈의 모든 남성복 제품을 취급할 것입니다.
> • 이번 일을 축하하기 위해, 웨이크필즈는 5월 1일과 2일 양간간 구매하신 모든 의류에 25% 할인을 해 드릴 것입니다.
>
> 남성복 쇼핑이 웨이크필즈 덕에 이처럼 간편해진 적이 없습니다. 상점에 방문하셔서 남성 캐주얼 및 정장의 최신 스타일을 구매하십시오.
>
> **웨이크필즈**

Q: 웨이크필즈에 대해 추론할 수 있는 것은 무엇인가?

(a) 웨이크필즈는 조직을 구조 조정할 계획이다.

(b) 웨이크필즈는 새로운 남성 쇼핑 매장을 열었다.

(c) 할인 행사는 이틀 넘게 지속될 것이다.

(d) 웨이크필즈는 판매 활동을 강화해야 한다.

> **해설** 웨이크필즈가 새로운 매장을 열었으며, 여기서 모든 남성복 제품을 취급한다고 했으므로 (b)가 정답이다. (a), (d) 언급되지 않은 내용이고, (c) 할인 행사는 이틀 간 진행된다.

> **어휘** **branch store** 지점 **carry** (가게에서 품목을) 취급하다 **complete** 완전한; 완벽한 **line** (상품의) 품목, 라인 **occasion** 때, 경우 **restructure** 구조 조정하다 **intensify** 강화하다 **promotion** 홍보, 판촉

25 (c)

> **해석**
> ### 지역 편의점을 전소시킨 화재
> 어제 저녁 파인로 93번지에서 발생한 화재는 12구역 소방대에 의해 진압되었다. 소방차 4대가 화재에 대응해야 했으며, 불은 두 시간 이상 화재와 싸운 소방관들의 노고로 인근 건물에 번지지 않았다. 동네 편의점이었던 해당 건물은 화재로 전소되었다. 소방국장은 화재의 원인이 무엇인지 확신하지 못하고 있지만, 현재로써는 방화로 추정되지는 않는다고 주장했다. 하지만, 가능한 한 빨리 원인을 파악할 것이라고 단언했다.

Q: 뉴스 기사로부터 화재에 대해 추론할 수 있는 것은 무엇인가?

(a) 대응이 빠르지 않았다.

(b) 고의로 발생했다.

(c) 더 이상 불에 타고 있지 않다.

(d) 인근 건물에 위협이 되고 있다

> **해설** (a) 소방차 4대가 화재에 대응했으며, (d) 두 시간 이상 싸워 인근 건물로 번지지 않았다고 했으므로 (c) 현재는 불이 꺼졌음을 알 수 있다. 정답은 (c)이다. (b) 소방국장은 화재의 원인이 방화로 추정되지는 않는다고 했다.

> **어휘** **convenience store** 편의점 **put out** (불을) 끄다 **spread** 퍼지다, 확산되다 **neighboring** 인근의 **fire marshal** 소방국장, 소방대장 **arson** 방화 **suspect** 의심하다, 혐의를 두다 **vow** 서약하다; 단언하다 **determine** 알아내다, 밝히다; 결정하다 **intentionally** 의도적으로 **threat** 위협, 협박

26-27 (a), (c)

> **해석**
> ### 지역 학생들에게 영향을 미치는 신종플루
> Eugene Young
>
> 당국은 킹스턴 초등학교에서 열 번째 학생이 신종플루에 걸렸다는 것을 발표했다. 그는 고열, 심한 기침, 목 아픔, 그리고 몸살로 괴로워했다. 이는 보통의 독감 증상처럼 보이지만, 모두 그의 생명을 위협할 정도로 심각했다. 결국, 이 발표는 그 학교 수업의 즉각적인 취소를 야기했고 전교생은 즉시 집으로 돌려보내졌다.
>
> 의학 전문가들은 지난 10년간 지역 동물원에 조류 독

감이나 돼지 독감과 같은 경우가 몇몇 있었기에 최근 그곳으로 간 현장학습이 병의 원인일 수도 있다고 추정했지만, 확신하지는 못했다. 동시에 지역 병원은 병이 더 있을까 철저히 경계 중이고, 부모들은 아무리 사소해 보이더라도 어떤 질병이든지 가정의에게 보고하도록 권장 받았다. 한 지역 의사가 이번 독감종이 특히 걱정되는 이유는 그것이 질병에 매우 취약한 어린 아이들이 가장 많이 감염되는 것으로 보이기 때문이라고 언급했다. 병의 징후를 보이는 아이들에게, 병원 방문은 삶과 죽음의 차이를 만들수 있는 것이다.

26 Q: 뉴스 기사에서 주로 보도되고 있는 것은 무엇인가?

(a) 어린이들에게 위험한 신종플루

(b) 많은 어린이들을 감염시키는 원인이 되는 동물원 소풍

(c) 병 때문에 문을 닫은 지역 학교

(d) 잠재적으로 치명적일 수 있는 신종플루

27 Q: 뉴스 기사에 따르면 다음 중 옳은 것은 무엇인가?

(a) 어린이들은 동물원에서 멀리 떨어지도록 권고 받는다.

(b) 킹스턴 초등학교는 독감에 무심하다.

(c) 아이들은 이번 독감종에 가장 취약하다.

(d) 킹스턴 초등학교는 아이들에게 위험하다.

> **해설** 26 뉴스 기사는 첫 문단에서 최근 발발한 어린이 신종플루 환자를 보도하고, 이후 두 번째 문단에서 해당 신종플루가 아이들에게 특히 위험함을 강조하고 있다. 따라서 (a)가 정답이다. (b) 동물원 소풍은 신종플루의 원인 중 하나로 추정될 뿐이고, (c) 킹스턴 초등학교는 수업을 취소한 것이다. (d) 기사에서 설명하는 신종플루는 즉각적인 위험성을 보인다.

> 27 기사의 마지막 부분에 보면 아이들이 이번 신종플루에 가장 취약하여, 병원 방문이 삶과 죽음의 차이까지 가져올 수 있다고 하였으므로 정답은 (c)이다. (a) 동물원에 관한 권고사항은 언급되지 않았고, (b) 킹스턴 초등학교는 수업 취소와 전교생 하교 조치라는 즉각적인 반응을 보였다. (d) 킹스턴 초등학교가 위험한 것은 아니다.

> **어휘** **come down with** ~의 병에 걸리다 **exotic** 이국적인 **strain** 종족; 품종, 변종 **body aches** 몸살 **threaten** 위협하다 **prompt** 자극하다, 촉발하다 **cancellation** 취소 **suspect** 의심하다 **swine** 돼지 **in the meantime** 그 동안, 그 사이에 **be on full alert** 만반의 준비를 하다, 철저히 경계하다 **family doctor** (전문의가 아닌) 가정의 **comment** 언급하다 **infect** ~을 감염시키다 **vulnerable** 취약한 **responsible for** ~에 책임이 있는, 원인이 있는

28-29 (b), (d)

> **해석**
> ### 시드니 오페라 하우스
> 만일 누군가 호주 시드니로 여행을 간다면, 그는 거의 확실히 시드니 오페라 하우스에 방문할 것이다. 오페라 하우스는 당연히 다양한 오페라와 콘서트, 그리고 페스티벌을 개최하지만, 건물 그 자체도 많은 건축적 의미를 가지고 있다. 이는 세계에서 가장 유명한 건물 중 하나이며 종종

호주의 상징으로 여겨진다.

1956년, 오페라 하우스를 위한 디자인 공모전이 있었고, 총 233개의 출품작 중 덴마크 건축가인 Jorn Utzon이 우승자로 떠올라 5,000파운드를 받았다. 그는 건물을 설계하였고 1959년 시작된 초기 공사를 감독하였다. 하지만 그 설계는 당시 공학 기술 수준보다 앞서 있었고 여러 추가 비용 문제 및 지연과 함께 논쟁도 많았다. 이는 1966년 오페라 하우스가 완공되기 전에 Utzon을 사임하게 만들었다. 1973년 Elizabeth 여왕이 개관식을 할 때 Utzon은 이 행사에 초대받지도 못했고, 심지어 이 설계의 공로도 인정받지 못했다. 하지만 1990년대에 호주와 Utzon 사이에 화해가 이루어졌고, 2008년 사망하기 전 그는 오페라 하우스의 리모델링 설계 일부를 맡았다.

28 Q: 지문에 따르면 Utzon을 사임으로 이끈 것은 무엇인가?

(a) Elizabeth 여왕의 그를 싫어하는 개인적인 감정
(b) 논쟁으로 이어진 공학 문제
(c) 그의 설계가 그다지 혁신적이지 않다는 사실
(d) 오페라 하우스 건설 기금의 부족

29 Q: 지문에 따르면 다음 중 옳은 것은 무엇인가?

(a) 시드니 오페라 하우스는 계획보다 더 이전에 완공되었다.
(b) Utzon은 호주에서 유명 건축가가 되었다.
(c) Utzon은 시드니 오페라 하우스를 방문하지도 못한 채 사망했다.
(d) Utzon은 결국 호주와의 관계를 개선할 수 있었다.

해설 28 Utzon과 호주 정부가 갈등을 겪은 이유는 당시 공학 기술이 Utzon의 설계를 감당할 수 없었고, 이로 인해 비용 및 지연과 관련된 논쟁이 심해졌기 때문이었다. 따라서 정답은 (b)이다. (a) Utzon이 Elizabeth 여왕의 개관식에 초대받지 못한 것은 사실이지만, 이것이 여왕의 개인적인 감정에서 비롯된 것인지는 알 수 없고, (c) 설계는 공학 기술 수준을 넘어설 정도로 혁신적이었다. (d) 건설 비용의 문제가 나오긴 했지만 부수적인 요인으로 주된 이유는 아니다.

29 마지막 문장에 Utzon이 결국 호주와 화해했다는 내용이 나오므로 (d)가 정답이다. (a) 시드니 오페라 하우스는 지연 문제가 있었으므로 계획보다 더 이후에 완공되었을 것이다. (b) Utzon의 인지도는 언급되지 않았고, (c) Utzon은 오페라 하우스의 리모델링 설계 일부를 맡았으므로 이를 방문했을 것이다.

어휘 **a wide variety of** 다양한   **architectural** 건축학의
recognizable 유명한, 알아볼 수 있는   **entry** 출품작
architect 건축가   **emerge** 나오다, (모습을) 드러내다
oversee 감독하다   **construction** 건설, 공사
disagreement 의견 충돌, 논쟁
lead to ~로 이어지다, ~을 초래하다
resign 사임하다   **ceremony** 의식, 식
credit ~ with ...를 ~의 공으로 생각하다
reconciliation 화해   **take part in** ~에 참여하다
fund 자금, 기금   **celebrity** 유명인사, 연예인
repair 수리하다; 바로잡다

30-31 (a), (b)

해설
공지

모든 에이펙스 직원분들께 알립니다. 최근 몇 주간, 우리 사무실에서 절도 사건이 빈번하게 일어나고 있습니다. 개인 및 회사 물품들 모두 분실되어 왔습니다. 지난 8월, 몇 개의 A4 용지 박스가 도난당했고, 일주일 뒤, 마케팅 부 Parker 씨의 지갑이 점심시간에 서랍에서 도난당했습니다. 절도범들은 회사의 기밀 정보나 아이디어를 노리고 있지는 않은 듯 보이지만, 그럼에도 조치를 취해야 할 것입니다.

추가적인 절도 사건이 일어나는 것을 방지하기 위해, 저희는 우선 여러분이 항상 소지품에 주의를 기울일 것을 다시 한 번 알려드립니다. 더불어 저희는 모든 문에 새 잠금 장치를 설치하려고 합니다. 이 새 잠금 장치는 열기 위해 키 카드를 필요로 하므로, 모든 직원분들께서는 항상 자신의 키 카드를 소지하셔야 합니다. 이러한 절도 사건이 발생하여 유감이며, 절도범을 잡기 위해 경찰과 긴밀하게 협조하고 있습니다. 저희는 이번 문제에 관해 얻게 되는 좋은 소식이든 나쁜 소식이든 새로운 소식이 있으면 건물 내에 계시는 모든 분들께 계속 알려드리도록 하겠습니다.

보안팀

30 Q: 안내문의 목적은 무엇인가?

(a) 예방 행동 방침을 설명하기 위해
(b) 직원들이 키 카드를 가지고 다니도록 권고하기 위해
(c) 회사 정책의 변경 사항을 소개하기 위해
(d) 직원들에게 자신의 개인 소지품을 등록할 것을 알려주기 위해

31 Q: 안내문에 따르면 다음 중 옳은 것은 무엇인가?

(a) 건물의 보안 조치는 최근 개선되었다.
(b) 빌딩 내에서 많은 절도 사건이 일어나 왔다.
(c) 절도범들은 막 경찰에 체포되었다.
(d) 건물 관리인은 몇몇 직원들을 절도범으로 의심하고 있다.

해설 30 첫 문단에 최근 도난 사건이 있었음을 알리고, 이후 두 번째 문단에서 어떤 예방 조치를 취해야 하는지 설명하고 있다. 따라서 (a)가 정답이다. (b) 키 카드를 가지고 다니는 것은 예방 조치의 일부이다. (c) 회사 정책이 변경된 것은 아니고, (d) 소지품을 등록하라는 언급은 없었다.

31 첫 문단에서 최근 빌딩 내 많은 도난 사건이 있었음을 예시를 들어가며 알리고 있으므로 (b)가 가장 적절하다. (a) 건물 보안 조치는 개선될 예정이고, (c) 절도범들은 아직 체포되지 않았다. (d) 어떤 사람들이 절도범으로 의심을 받고 있는지는 언급되지 않았다.

어휘 **a rash of** ~의 빈발, 많음   **occur** 일어나다, 발생하다
drawer 서랍   **confidential** 비밀의, 기밀의
take a step 조치를 취하다   **prevent** 막다, 예방하다
remind 상기시키다; 다시 알려주다
pay attention 관심을 갖다; 주의를 기울이다
belongings (pl.) 소지품   **install** 설치하다
regret 후회하다; 유감스럽게 생각하다   **robbery** 강도(사건)

apprehend 체포하다 (arrest)
responsible for ~에 책임이 있는
a course of action 행동 방침   preventative 예방의
register 등록하다   measures (pl.) 방법, 조치

32-33 (d), (c)

해석

나는 이번 새로운 일을 시작하고 나서야 비로소 집의 편안함에 대해 진정으로 감사하기 시작했다. 내가 집에 있을 때, 내 방은 나의 안식처로, 내게 매일의 삶 속 부담감으로부터 매우 필요한 휴식을 제공해 준다. 이는 중학교 교사로 새로 일자리를 얻으면서 아주 명확해지기 시작했다. 교생 실습을 겪는 대학생으로서, 나는 교사가 되는 것을 나의 지식을 새로운 세대에게 전파하고, 그들에게 지적 호기심을 불어넣는 것으로 그려왔다. 그 대신 나는 학부모로부터의 지지가 존재하지 않고, 시스템이 교사들에게 권한을 부여하기보다 방해하도록 되어있는 혼란스러운 환경을 발견했다.

학생들은 선생님을 존경하지 않고, 그저 시험 치는 기술을 가르쳐 주거나 자신이 하고 싶은 것을 하도록 놔두기를 원한다. 다른 과목을 공부하든지, 음악을 듣든지, 아니면 그냥 잠을 자든 말이다. 그들은 배우려는 욕심도 없고, 자신들이 바라는 바를 알리려 하지 않는다. 나는 이러한 환경에서 계속해서 일할 수 없고, 얼마나 더 이를 지속할 수 있을지 모르겠다. 아마 나는 그저 몇 주고, 몇 달이고 집에서 쉬고 싶은 것 같다.

32 Q: 필자는 교사로 일하는 것에 대해 어떻게 생각하는가?

(a) 교사에게 권한을 부여하고 있다.
(b) 교사로 하여금 그들의 지식을 전파하게 한다.
(c) 평화로운 환경을 제공한다.
(d) 오랫동안 하기에 너무 스트레스 받는 일이다.

33 Q: 필자가 가장 동의할 것 같은 문장은 무엇인가?

(a) 학부모들은 교사들이 자신의 아이들을 가르치기 때문에 그들에 대해 매우 지지적이다.
(b) 오늘날의 학생들은 공부하고 싶어하지 않고, 그저 불평만 한다.
(c) 교사들은 자신이 최고라고 생각하는 방식으로 수업을 가르칠 자유가 있어야 한다.
(d) 중학생을 가르치는 것은 필자의 집에서의 삶을 더 편안하게 만들었다.

해설 32 필자는 교사로 일하는 것이 자신이 꿈꿔오던 것과는 달리 굉장히 스트레스 받는 일이라고 말하며, 더 이상 하고 싶지 않다고 일기를 마무리하고 있다. 따라서 (d)가 정답이다. (a) 필자는 현 시스템이 교사에게 권한을 부여하기보다 방해한다고 했고, (b) 교사가 지식을 전파하는 사람이라 생각했지만 그렇지 않음을 깨달았다. (c) 집에서 쉬는 것이 평화로운 환경을 제공한다.

33 필자는 첫 문단에서 교사로서의 구조적 문제를 언급하고, 이후 두 번째 문단에서 학생과의 문제를 언급한다. 첫 문단 마지막 문장에 시스템이 교사들에게 권한을 부여하기보다 방해한다는 내용이 나오므로 필자는 교사가 생각하는 방식으로 수업을 가르쳐야 한다는 (c)에 가장 동의할 것이다. (a) 학부모들

은 교사를 지지하지 않고, (b) 공부하고 싶어하지 않는 학생들이 있는 것으로 보이지만 불평하는 학생들에 대한 언급은 없었다. (d) 중학생을 가르치는 것이 집에서의 삶을 직접적으로 편안하게 만든 것은 아니다.

어휘 appreciate 감사하다   comfort 안락, 편안
sanctuary 피난처, 안식처   much-needed 매우 필요한
respite 휴식; 중단; 연기   strain 부담, 압박감
position (일)자리   instructor 교사, 강사
undergo 겪다, 받다   envision 마음속에 그리다, 상상하다
generation 세대   instill ~에게 (서서히) 불어넣다
chaotic 혼란스러운   nonexistent 존재하지 않는
be designed to ~하도록 고안되다   hamstring 방해하다
empower 권한을 부여하다   supportive 지지적인

34-35 (d), (a)

해석

컴퓨터 프로그래머 모집

만일 당신이 역동적이고, 흥미롭고, 경력 중심적인 일자리를 찾고 있다면, 더 이상 찾아보지 않아도 됩니다. 피플넷은 국내에서 가장 빠르게 성장하는 보안 소셜 미디어 회사 중 하나로, 매일 2억 명이 넘는 활발한 사용자들을 지니고 있습니다. 저희는 저희 직원으로 들어올 재능 있고 헌신적인 컴퓨터 프로그래머를 찾고 있습니다. 여러분의 직무는 다음과 같습니다.

- 기능 분석, 기술 설명서 개발, 코딩, 테스트, 배포, 및 사용자 지원을 포함하는 소프트웨어 개발 라이프 사이클의 모든 단계에 참여하기
- 웹사이트를 타사 응용 프로그램이나 다른 툴로 통합시키기
- 존재하는 소스 코드를 검토하거나 디버깅하기
- 요청 시 독립적으로 일하기

지원자들은 반드시 자바스크립트, 파이썬, PHP, 루비에서의 코딩 경험이 있어야 합니다. 물론, MS 워드나 엑셀, 파워포인트 능력 또한 요구됩니다. 컴퓨터 공학에서의 4년제 학사 학위 혹은 동급의 경력이 필요하며, 문제 해결 기술, 외국어 능력, 관련 업무 경험이 선호됩니다.

지원하기 위해서는 작업 샘플을 이력서와 함께 jobs@people.net으로 11월 1일까지 보내주십시오. 질문이 있으시면 인사팀 Anne Collins에게 이메일로 연락해 주세요. 여러분의 지원을 기다리고 있겠습니다!

피플넷

34 Q: 어떤 지원자가 가장 해당 일자리를 얻을 것 같은가?

(a) 컴퓨터 공학에서 박사 학위로 막 졸업한 사람
(b) 석사 학위를 가진 마이크로소프트 오피스와 윈도우에 능한 사람
(c) 재능 있는 해커나 프로그래밍하는 방법을 스스로 배운 사람
(d) 컴퓨터 공학에서의 학위와 인턴 경험이 있는 사람

35 Q: 구인 광고로부터 추론할 수 있는 것은 무엇인가?

(a) 지원자는 하루 종일 컴퓨터로 작업하도록 요구 받을 것이다.

(b) 지원자는 자신의 집에서 일을 할 수 있을 것이다.
(c) 학위가 없는 사람들은 해당 일자리에 지원할 수 없다.
(d) 해당 일자리는 컴퓨터 게임을 좋아하는 사람들이 즐거워할 일이다.

해설 34 업무 설명 이후에 지원자가 갖추어야 할 능력이 서술되어 있다. 컴퓨터 공학에서의 4년제 학사 학위나 동급의 경력이 필요하다고 했으므로 정답은 (d)이다. (a), (b) 학사 학위면 충분할 것이고, (b)의 경우 윈도우는 언급되지 않았다. (c) 해킹에 관한 언급 또한 없었다.

35 직무 설명 부분에 의하면, 지원자는 소프트웨어 개발 참여, 웹사이트 통합, 소스 코드 검토 및 디버깅을 할 것이므로 하루 종일 컴퓨터로 작업하게 될 것이다. 따라서 (a)가 가장 적절하다. (b) 재택근무에 관한 언급은 없었고, (c) 학위가 없어도 4년제 학사 학위와 동등한 경력이 있으면 지원 가능하다. (d) 컴퓨터 게임을 좋아하는 사람이 좋아할 업무라고 추론하기는 어렵다.

어휘 -oriented ~ 중심적인, 지향적인
talented 재능이 있는 (gifted)   dedicated 헌신적인
participate in ~에 참여하다
functional analysis 기능 분석
technical specification 기술 설명서, 기술 규격서
deployment 배포; 배치   integrate 통합시키다
third party 제3자; 타사
debug 디버그하다 (컴퓨터 프로그램의 오류를 검출하여 제거하는 것)
independently 독립적으로   applicant 지원자
a college degree 학사 학위   equivalent 동등한
forward 보내다; 전달하다   résumé 이력서
human resources 인사부   Ph.D. 박사 학위
a master's degree 석사 학위

Actual Test 03

1 (a)	2 (d)	3 (c)	4 (a)	5 (d)
6 (a)	7 (c)	8 (d)	9 (d)	10 (b)
11 (b)	12 (a)	13 (a)	14 (d)	15 (c)
16 (a)	17 (b)	18 (d)	19 (b)	20 (a)
21 (b)	22 (c)	23 (b)	24 (d)	25 (a)
26 (d)	27 (c)	28 (a)	29 (b)	30 (c)
31 (c)	32 (d)	33 (b)	34 (a)	35 (d)

1   (a)

해석 그 시장은 대인 관계에 탁월하다. 그녀는 누군가와 말할 때 어떠한 접근 방식을 취해야 할지 정확히 알고 있다. 이 때문에, 그녀는 시의회나 일반 대중을 상대할 때 문제에 처하는 경우가 거의 없다. 그녀는 각각 어떤 상황에든지 무엇을 말해야 할지, 그리고 언제 어떻게 그것을 말해야 할지 잘 알고 있다. 그녀와 이야기하고 나면, 모두들 그녀가 _____ 최고의 방법을 알고 있다고 말한다.

(a) 사람들을 다루는

(b) 선거에 이기는
(c) 법안을 통과시키는
(d) 기금을 마련하는

해설 첫 문장에 시장이 대인 관계에 탁월하다는 주제 문장이 제시되고, 이를 마지막 문장에서 다시 한번 강조하는 구성을 취하고 있으므로 시장이 사람들을 다루는 방법을 잘 알고 있다고 해야 할 것이다. (a)가 정답이다. (b), (c), (d) 모두 탁월한 대인 관계를 통해 얻을 수 있는 부수적인 것이다.

어휘 excel at ~에 뛰어나다, 탁월하다
public relations 홍보 활동; 대인 관계
approach 접근법   run into ~에 (우연히) 맞닥뜨리다
city council 시 의회   handle 다루다   election 선거
legislation 법안   raise funds 기금을 모으다

2   (d)

해석 비즈니스 세계에 있는 사람들은 재빠르게 인맥형성에 관한 모든 것을 배운다. 인맥형성을 통해, 사람들은 다른 상황에서라면 함께 이야기할 기회를 얻지 못했을 다른 사람들과 만나서 관계를 형성할 수 있게 된다. 아는 사람이 적은 사업가들은 자연히 사업을 수행하는 능력에 제약을 받게 된다. 영업직에 있는 사람들은 특히 자신의 인맥형성 기술을 향상시키고자 열심이다. 이렇게 함으로써, 그들은 더 많은 판매를 이룰 _____, 결국 더 많은 돈을 번다.

(a) 논의에 참여하고
(b) 가능성을 논의하고
(c) 가능성을 낮추고
(d) 가능성을 높이고

해설 마지막 문장은 비즈니스 세계에 있는 사람들이 인맥형성을 통해 얻을 수 있는 결과를 설명하고 있다. 빈칸 앞의 by doing so가 인맥형성을 일컫는 것이므로, 이로써 판매 가능성을 높이고, 더 많은 돈을 벌게 된다는 (d)가 정답이다. (a), (b) 단순히 판매에 관한 논의로는 더 많은 돈을 벌기 어렵고, (c) 판매 가능성을 낮추면 더 적은 돈을 벌 것이다.

어휘 network (사람 간의) 망, 관계   otherwise 그렇지 않으면
opportunity 기회   inhibit ~을 억제하다, 방해하다
conduct 수행하다   particularly 특히
be keen on ~에 열심이다, ~에 열중하다
likelihood 가능성, 있음직함

3   (c)

해석

직원 안내문

본 안내문은 다음 주에 다가오는 당사의 개인 재정 관리 세미나를 알려드리기 위한 것입니다. 올해는 당신에게 _____을 줄 재무 설계사와 1대 1로 만날 수 있는 기회가 있을 것입니다. 당신이 처음으로 저축을 시작하려 하든지, 은퇴에 대한 조언을 원하든지, 세미나의 전문가들이 당신으로 하여금 현명한 재무 결정을 하도록 도울 것입니다. 세미나에 대해 더 알고 싶다면, 8층 인사부 사무실에 들러 주십시오.

선진 그룹

(a) 휴가 기간에 방문할 장소에 대한 아이디어
(b) 경력 개발에 도움을 줄 수 있는 방법에 대한 제안
(c) 재정 상황에 대한 조언
(d) 돈을 사용하는 법에 대한 권고

해설 빈칸 이후에 저축, 은퇴 관련 조언 등 재무 설계사가 상담해 줄 수 있는 내용이 구체적으로 나오고 있으므로 재정 상황에 대한 조언을 얻을 수 있다는 (c)가 정답이다. (a), (b) 휴가나 경력 개발에 관한 내용은 언급되지 않았고, (d) 돈을 사용하는 방법은 소비에만 초점을 맞춘 내용이다.

어휘 remind 상기시키다, 알려주다　finance 재정, 재무
saving 저축　retirement 은퇴, 퇴직
stop by ~에 (잠깐) 들르다　suggestion 제안, 제시
develop 개발시키다　recommendation 권고 (사항)

4　(a)

해설 르네상스 미술로 알려진 _____은 1400년경에 이탈리아에서 시작되어 200년 이상 지속되었다. 이 미술학파는 중세 미술과 근대 미술 사이에 발생했다. 이 학파에 몸담은 화가들은 주로 이탈리아와 유럽 북부에 살았다. 이전 시기 예술에 흔하던 종교적 상징을 여전히 사용하면서도, 르네상스 미술은 보다 실제적인 인간의 형상을 미술에 표현하는 방향으로 나아갔다. 르네상스 미술가들은 또한 이전 예술 작품에서는 볼 수 없었던 농도의 영역을 그들 작품에 표현하는 다양한 기교에 의존했다.

(a) 미술양식
(b) 학파
(c) 예술 철학
(d) 짧은 기간

해설 르네상스 미술에 대해 설명하고 있는 글로, 당대의 화가, 표현 방식, 기교 등 미술양식에 관해 전반적으로 설명하고 있다. 따라서 정답은 (a)이다. (b), (c) 학파나 예술 철학은 좀 더 이론적인 내용을 담아야 하므로 오답이다.

어휘 medieval 중세의
subscribe to ~을 구독하다; ~을 지지하다
religious 종교적인　represent 나타내다, 표현하다
rely on ~에 의지하다　depth (빛깔의) 짙기, 농도
philosophy 철학

5　(d)

해설 인도의 미조람 주에는 50년에 한 번 꽃이 피고 열매가 열리는 대나무가 있다. 이 지역에 사는 사람들은 그 시기를 두려워하는데, 이는 그것이 쥐떼를 몰고 오기 때문이다. 수백만 마리의 쥐떼가 열매에 이끌려 먹으러 온다. 열매를 다 먹으면, 쥐떼는 그 지역의 곡물에 눈을 돌리고, 먹을 수 있는 모든 것을 먹어 치운다. 다행히 작년에 _____, 재난구호 활동이 미조람 사람들의 고통을 덜어주는 데 도움이 되었다.

(a) 그 대나무는 전혀 꽃이 피지 않았고
(b) 농부들이 어떤 대나무 심기도 거부했고
(c) 대나무에 꽃이 폈지만 쥐들이 그 지역을 피해갔고
(d) 인도는 가장 최근의 발발에 준비가 되어 있었고

해설 빈칸 이후에 재난구호 활동이 미조람 주 주민들을 도왔다는 내용이 나오므로 작년에는 인도가 미조람 주의 쥐떼에 대비하고 있었다는 (d)가 가장 적절하다. (a), (c) 재난구호 활동은 주로 피해를 복구하는 것이므로 꽃이 전혀 피지 않았다거나, 쥐떼가 오지 않았던 것은 아니다. (b) 알 수 없는 내용이다.

어휘 species 종(種)　yield ~을 산출하다, 생산하다
dread 두려워하다　plague (해충, 동물 따위의) 떼
vermin 해로운 작은 생물　relief effort 구호 활동
ease 덜어 주다, 완화시키다
outbreak (전쟁, 유행병 따위의) 발발, 발생

6　(a)

해설 역사상 최악의 원전 사고는 1986년 4월 26일 러시아의 체르노빌 원자력 발전소에서 발생했다. 원자로의 시스템을 테스트하는 과정에서, 기술자들이 치명적인 실수를 저질러 원자로 노심이 녹아버렸고, 뜨거운 노심이 냉각수에 닿는 순간 대규모의 증기 폭발을 일으켰다. 원자로가 있는 건물의 천장이 폭발로 날아가면서 _____이 주변 지역에 방출되었고, 결국 스웨덴이나 노르웨이와 같이 멀리 떨어진 곳에서도 높은 수준의 방사능이 감지기에 기록될 정도로 많이 퍼졌다.

(a) 상당한 양의 방사능 물질
(b) 증기와 물로 이루어진 엄청난 구름
(c) 내부에서 일하던 모든 사람들
(d) 많은 양의 전기 에너지

해설 지문 중간에 빈칸이 있으므로 앞뒤 문맥으로 답을 찾으면 된다. 원자로가 있는 건물 천장이 폭발로 날아가 스웨덴, 노르웨이와 같은 먼 곳에서도 방사능이 기록되었다고 했으므로 방사능 물질이 방출된 것이다. 정답은 (a)이다. (b), (c), (d) 구름, 사람, 전기 에너지 모두 방사능과 관련이 없다.

어휘 nuclear power plant 원자력 발전소　reactor 원자로
fatal 치명적인　core 노심　massive 대규모의, 대량의
steam explosion 증기 폭발　coolant water 냉각수
blow off 날려 버리다　release 방출하다, 내뿜다
immediate 즉시의; 가까운
radioactive material 방사능 물질

7　(c)

해설 제2차 세계대전이 끝나고, 승리한 연합군은 독일을 4개 지역으로 나누었으며, 그 중 세 지역은 서독이 되었다. 러시아의 구역이었던 네 번째 지역은 동독이 되었고, 공산 정부가 들어섰다. 그러나 수도 베를린은 동독의 중심에 있었고, 이는 절반이 민주적인 서독의 일부로 이루어진 분단 도시였다. 많은 동독인들은 그 후 압제적인 국가에서 도망쳐 서쪽의 베를린으로 피난처를 찾아갔다. 10년 이상 이를 용인해 오던의 1961년 어느 날 밤, 동독 사람들은 베를린 장벽을 세웠다. _____ 냉전으로 알려진 동서방간 팽팽한 대치상태의 상징이 되었다.

(a) 총격전은 여기서 시작되지 않았고
(b) 독일인들은 서둘러 일했고
(c) 이는 도시를 나누었고

(d) 사람들은 장벽을 오르려고 했고

해설 제2차 세계대전 이후 독일의 분단과 베를린 장벽에 대한 글이다. 빈칸 이후에 냉전 중 대치상태의 상징이 되었다는 내용이 나오므로 장벽의 건설이 도시를 둘로 나누었다는 (c)가 가장 적절하다. (a), (b), (d) 대치상태의 상징으로는 적절하지 않다.

어휘 the Allies (제1, 2차 세계대전의) 연합국
communist 공산주의자   democratic 민주주의의
subsequently 그 후에   flee 달아나다, 도망하다
oppressive 억압적인   refuge 피난처
tolerate 용인하다, 참다   tense 팽팽한, 긴장한
standoff 교착 상태, 대치 상태   the Cold War 냉전

8   (d)

해석
Amanda Barnes에게,

가을학기 이학 석사 대학원 과정에 입학한 것을 축하하고 싶다네. 자네는 우리가 2년 과정 동안 학비 전액 및 생활비를 포함하는 전액 장학금을 제공할 것임을 알게 되면 기쁠 것이네. 대신, 자네는 신입생들을 대상으로 한 나의 생물학 개론 강좌에서 조교 역할을 해야 하네. 자네는 실험실 보조를 하거나 시험지 채점을 하며 나와 일하게 될 거야. _____ 고대하겠네.

J.T. Littleton 교수가

(a) 자네의 신청서 읽기를
(b) 자네의 교수경험에 대해 듣기를
(c) 자네의 요청을 고려하기를
(d) 가을에 만나길

해설 가을학기 이학 석사 대학원에 입학하는 Amanda Barnes에게 보내는 편지이다. 학비와 생활비를 제공하는 대신 조교로 함께 일해야 한다는 내용이므로 가을에 만나자는 (d)가 정답이다. (a) 신청서에 대한 언급은 없었고, (b) Amanda Barnes는 교수가 아닌 대학원생이다. (c) 요청은 편지를 보내는 교수가 하고 있다.

어휘 acceptance 받아들임; 허가   master of science 이학 석사
scholarship 장학금   tuition 학비   living cost 생활비
teaching assistant 조교   introduction 입문서, 개론
laboratory 실험실   grade 성적을 매기다, 채점하다
application 신청서

9   (d)

해설 화폐 위조는 한 국가의 통화를 부정하게 복제하는 것이다. 과거에, 위조범은 지금보다 더 쉽게 돈을 복제할 수 있었다. 컴퓨터나 뛰어난 인쇄 장치의 사용 가능성_____. 오늘날 돈을 위조하는 것은 매우 어렵다. 몇몇 국가의 조폐국에서는 돈을 만들기 위해 플라스틱 합성물을 사용하고, 다른 국가들은 복제하기를 극도로 어렵게 만드는 보이지 않는 워터마크와 홀로그램을 지폐에 사용한다.

(a) 대신
(b) 에도 불구하고
(c) 조차도

(d) 에도 불구하고

해설 연결사 문제의 경우 빈칸 앞뒤 문장의 관계를 파악해야 한다. 빈칸 앞 문장에서는 돈을 복제하는 것이 과거에는 쉬웠다고 했고, 뒤 문장에서는 이것이 오늘날 어렵다고 했다. 따라서 '컴퓨터나 인쇄 장치에도 불구하고'로 연결하는 것이 가장 자연스럽다. 정답은 (d)이다. (b) although의 의미는 despite와 같으나 이는 주어와 동사를 이끄는 접속사이므로 오답이다.

어휘 counterfeiting 화폐 위조   fraudulent 사기의, 부정의
duplicate 복사하다   device 장치, 기기
mint 화폐 주조소, 조폐국   compound 혼합물, 합성물
watermark (종이의) 워터마크, 투명무늬
extremely 극도로, 매우

10   (b)

해설 휘발유를 태워서 생기는 이산화탄소는 대기오염의 주 원인 중 하나이다. 승용차와 소형트럭은 이산화탄소 배출의 가장 큰 주범이다. 연구는 모든 사람들이 일주일에 20마일을 덜 운전하면 이산화탄소 배출이 9% 감소할 것이라고 밝힌다. _____. 만약 자동차 제조업체들이 1갤런에 단 5마일 정도만 자동차 엔진의 연비 효율성을 개선할 수 있다면, 승용차나 소형트럭의 이산화탄소 배출이 20% 줄 수 있을 것이다.

(a) 반대로
(b) 게다가
(c) 이와 상관없이
(d) 불행히도

해설 빈칸 앞 문장에서는 운전 빈도를 줄이면 이산화탄소 배출이 감소할 것이라고 했고, 뒤 문장에서는 연비 효율성을 개선하면 이산화탄소 배출이 감소할 것이라고 했다. 이산화탄소 배출 감소에 대한 내용을 한 번 더 이야기하고 있으므로 '게다가'로 연결하는 (d)가 가장 자연스럽다.

어휘 carbon dioxide 이산화탄소   gasoline 휘발유
light truck 소형트럭   emission 배출
manufacturer 제조업자, 제조업체
improve 향상시키다, 개선시키다
gas mileage efficiency 연비 효율성   opposition 반대

11   (b)

해석 만약 누군가 외국으로 여행하고 싶다면, 그는 반드시 비자를 받아야 한다. (a) 이것은 작은 문서로 이 사람이 어떤 국가에 입국할 수 있는 허가를 받았다는 것을 보여준다. (b) 만약 외국인이 해외에서 직장을 얻거나 공부를 하려면 특수 비자가 필요하다. (c) 비자를 받으려면 일반적으로 그 국가의 영사관이나 대사관에 가야 한다. (d) 그곳에 가면, 그는 신청서를 작성하고 필요한 요금을 지불해야 한다.

해설 비자의 정의와 발급 과정에 대한 글이다. 보기 중에서 (b)만 비자의 한 종류인 특수 비자에 대해 이야기하고 있으므로 흐름상 어색하다.

어휘 document 서류   permission 허가   employ 고용하다
consulate 영사관   embassy 대사관
fill out (서류 등을) 작성하다   application form 신청서

fee 수수료, 요금

12 (a)

해석 금은 매우 귀중하게 여겨지기 때문에 몇몇 사람들은 이를 찾기 위해 기꺼이 죽을 만큼 일한다. **(a) 금은 일반적으로 결혼 반지 같은 보석류를 만들기 위해 사용되지만, 몇몇 산업용으로도 활용되기도 한다.** (b) 최근, 세계 시장에서 금 가격이 많이 상승하여 아프리카와 남미 일부 지역에서 일전에 폐광이었던 곳이 다시 운영된다고 한다. (c) 이들 지역의 사람들은 극심한 가난 속에 살고 있으며 낮은 임금을 받고 광산 속에서 매우 힘들게 일한다. (d) 몇몇 경우에, 그들은 광물에서 발견된 금의 일부를 임금으로 받지만, 대체로 이는 거의 돈이 되지 않는다.

해설 금을 캐기 위해 많은 사람들이 가난 속에서 고된 노동을 한다는 글이다. 보기 중에서 (a)만 금의 용도에 관한 내용이므로 흐름상 어색하다. 또한 (c)의 in these areas는 (b)의 parts of Africa and South America를 가리키고, (d)의 they가 (c)의 the people in these areas를 가리키므로 (b), (c), (d)가 서로 연결되어 있음을 파악할 수 있다.

어휘 be willing to 기꺼이 ~하다
work oneself to death 과로사하다. 중노동을 하다
utilize 활용하다   industrial 산업의, 공업의
application 이용, 적용   abandoned mine 폐광
backbreaking 몹시 힘든, 고된   wage 임금   ore 광석; 금석
amount to (액수, 양이) ~에 달하다, ~이 되다

13 (a)

해석 공상 과학 소설은 대부분 먼 미래에 벌어지는 일에 관한 소설이다. 게다가, 이는 일반적으로 미래에 대한 저자의 견해를 묘사한다. 저자가 창조하는 미래세계는 긍정적일 수도 부정적일 수도 있으며, 이는 종종 저자 자신의 인생관에 좌우된다. 많은 저자들이 자신의 견해를 작품에 투영한다는 것을 부정하지만, 특히 공상 과학 소설가들에게 있어서는 분명 그렇지 않다.

Q: 지문의 주제는 무엇인가?

(a) 작가들이 창조한 세계는 왜 긍정적이거나 부정적인가
(b) 공상 과학 소설은 어떻게 더 인기를 얻고 있는가
(c) 작가가 그럴 듯한 대체 세계를 창조하기 위해 반드시 해야 하는 것은 무엇인가
(d) 어떻게 하면 작가가 공상 과학 소설을 창작할 수 있는가

해설 공상 과학 소설에 대한 정의에 이어 그것이 일반적으로 미래에 대한 저자의 견해를 묘사하기에 긍정적일 수도, 부정적일 수도 있다고 이야기하고 있으므로 (a)가 정답이다. (b) 공상 과학 소설의 인기나 (c), (d) 공상 과학 소설, 혹은 그 안의 세계를 창작할 수 있는 방법은 언급되지 않았다.

어휘 science-fiction novel 공상 과학 소설
distant (거리가) 먼, 멀리 떨어져 있는
typically 전형적으로, 일반적으로
portray 그리다, 묘사하다   version 설명, 견해
outlook 전망; 관점, 인생관   bias 편견, 편향
be the case (사실이) 그러하다
plausible 그럴 듯한   alternate 대체 가능한, 대안이 되는

14 (d)

해석
> Jones 씨께,
>
> 저는 이번 기회를 빌려 최근 고객님께서 여행하시는 동안 대우받으신 방식에 대해 회사를 대표하여 사과의 말씀을 드립니다. 예약 담당자가 고객님께서 그렇게 일행이 많다는 것을 알지 못하여 방을 하나만 예약을 했습니다. 고객님의 일행에는 방 2개를 챙겨둬야 했음에도 말이죠. 보상해 드리기 위한 방안으로, 저희는 고객님 및 가족분들이 다음 휴가 때 전 세계의 센테니얼 호텔 어디에서라도 무료로 3박을 체류하실 수 있도록 해드리겠습니다. 저희는 이것이 오해에 대한 보상이 되길 바랍니다.
>
> 센테니얼 호텔 대표 Bill Parsons 올림

Q: Jones 씨에게 보내는 편지의 목적은 무엇인가?

(a) 직원이 왜 그렇게 무례했는지 설명하기 위해
(b) 예약을 확인하기 위해
(c) 다음 숙박 때 할인을 제공하기 위해
(d) 직원이 한 실수를 사과하기 위해

해설 첫 문장에 편지의 목적이 바로 제시되어 있다. 예약 담당자의 잘못으로 피해를 입은 고객에게 사과를 표하고 있으므로 정답은 (d)이다. (a) 직원이 무례했던 것이 아니라 실수를 했던 것이고, (c) 다음 숙박 때는 할인이 아닌 무료 숙박을 제공한다. 선택지가 무료 숙박으로 제시되었다 하더라도 이것이 편지의 목적에 해당하지는 않는다. (b) 관련 없는 내용이다.

어휘 take this opportunity to 이번 기회를 빌려 ~하다
on behalf of ~을 대표하여, ~을 대신하여
treat 다루다, 대우하다   booking agent 예약 담당자
party 단체; 일행   set aside 옆에 두다. 챙겨 놓다
make amends 보상하다   free of charge 무료로
make up for ~에 대해 보상하다   confirmation 확인

15 (c)

해석 사람들은 자주 오염에 대해 말하지만, 대부분 주로 토양 및 수질 오염을 언급한다. 그러나 똑같이 해로운 다른 종류의 오염도 있다. 바로 소음 공해이다. 현대 사회는 소음 공해로 가득하다. 이는 이륙하는 비행기가 내는 굉음일 수도 있고, 누군가가 차 안에서 요란하게 울리는 음악일 수도 있다. 아니면 단순히 혼잡한 고속도로를 쏜살같이 달리는 것일 수 있다. 이것들이 모두 소음공해의 일종이다. 소음공해는 매우 해로울 수 있다. 몇몇 경우에 이는 사람들에게 청력손실 또는 장애를 일으킬 수 있을 뿐 아니라, 사람들의 삶에서 상당한 스트레스를 일으킬 수도 있다.

Q: 지문은 주로 무엇에 관한 것인가?

(a) 소음공해의 종류
(b) 소음 공해가 심한 특정 지역
(c) 소음공해는 무엇이며 왜 심각한 문제인가
(d) 소음공해가 대기오염이나 수질오염보다 얼마나 더 심각한가

해설 환경오염에 대한 언급으로 주의를 환기시킨 뒤, 소음공해라는 주제를 도입하여 그 예와 심각성에 대해 설명하고 있으므

로 (c)가 가장 적절하다. (a), (b), (d) 모두 언급되지 않은 내용이다.

frequently 자주, 빈번히   **refer to** ~을 언급하다
thundering 천둥이 울리는 듯한   **take off** 이륙하다
blast 폭파하다; (음악이) 쾅쾅 울리다
blaze 빛나다, 불을 뿜다   **hearing loss** 청력손실
significant 상당한, 중요한   **severe** 심한

16 (a)

신입직원 오리엔테이션

모든 신입직원들은 오리엔테이션을 위해 늦어도 오전 9시까지 102호로 와야 합니다. 우리 회사의 CEO인 Rick Treska 씨로부터 몇 마디 인사말을 들은 후, 여러분은 입사에 필요한 다양한 양식을 작성하고, 새 일자리에 따른 업무를 배우는 데 남은 하루를 보낼 것입니다. 공책 및 필기구를 가져오시고, 또한 반드시 정시에 도착해 주세요.

IBC 전자

Q: 안내문의 목적은 무엇인가?

(a) 그날 행사의 일정을 제공하기 위해
(b) 새로운 일자리를 얻은 직원들을 축하하기 위해
(c) 펜이나 연필을 가져와야 하는 필요성을 설명하기 위해
(d) 모두에게 회사 CEO의 이름을 알려주기 위해

안내문은 신입사원들에게 오리엔테이션에 관해 알아야 할 사항을 알려주고 있다. 인사말, 양식 작성, 업무 교육 등 그날 있을 일을 열거하고 있으므로 (a)가 가장 적절하다. (b) 신입 직원들에 대한 축하는 나타나지 않았고, (c) 필기구나 (d) 회사 CEO의 이름이 언급되기는 하지만 이를 설명하거나 알려주는 것이 안내문의 목적은 아니다.

report 보고하다; 출근하다, 출두하다
no later than 늦어도 ~까지   **greeting** 인사
fill out (양식 등을) 작성하다, 기입하다
form 양식, 서식   **duty** 의무, 임무   **utensil** 기구, 도구
on time 정시에, 제때에   **schedule** 일정
inform ~ of... ~에게 ...을 알려주다

17 (b)

쿠키를 구울 때 기억해야 할 가장 중요한 점은 오븐 안에 너무 오랫동안 두지 않는 것입니다. 단 2, 3분만에도 그것은 딱딱해지거나 타버립니다. 대부분의 경우, 8분에서 9분이 지나면 오븐에서 쿠키를 꺼내야 합니다. 쟁반에서 즉시 쿠키를 떼어낸 다음 식힘 선반에 올려주십시오. 이러한 간단한 지시를 따르면, 여러분은 맛있고 촉촉한 쿠키를 보장받을 수 있습니다.

Q: 지시에 따르면 다음 중 옳은 것은 무엇인가?

(a) 쿠키를 올바로 굽는 것은 매우 어렵다.
(b) 쿠키는 10분 미만으로 구워야 한다.
(c) 쿠키는 오븐 안에서 3분이 지나면 탄다.
(d) 쿠키를 식힘 선반에 올려놓고 구울 수 있다.

설명 중간 부분에서 딱딱해지거나 타게 하지 않기 위해 8분

에서 9분 정도 지나면 쿠키를 꺼내야 한다고 했으므로 (b)가 정답이다. (a) 단순히 쿠키를 구울 때 주의할 점에 대해 말하고 있으므로, 쿠키를 굽는 것이 매우 어렵다고 보기는 어렵다. (c) 오븐 안에서 3분이 지나면 타는 것이 아니라 적정시간에서 2, 3분만 지나도 탄다는 말이다. (d) 식힘 선반은 쿠키를 구운 뒤 식히기 위한 것이다.

harden 딱딱해지다   **tray** 쟁반   **immediately** 즉시, 곧바로
place 놓다, 두다   **cooling rack** 식힘 선반
instructions (pl.) 설명, 지침 (direction)   **guarantee** 보장하다
moist 촉촉한   **properly** 올바르게

18 (d)

주지사의 깜짝 방문

옥스포드 고등학교 학생들은 Rick Damke 주지사가 오후에 잠시 방문했을 때 뜻밖의 즐거운 대접을 받았다. 스스로가 학교의 졸업생이기도 한 Damke는 한 시간 넘게 학생들에게 이야기를 했다. 그는 프로 농구선수였던 자신의 인생 초반 이야기와, 이후 주지사 시절의 이야기를 하면서 학생들을 즐겁게 해주었다. 학생들에게 꿈을 추구할 것을 장려하면서, Damke는 학생들의 질문에 답하고 사인도 해 주었다. "주지사님이 우리와 이야기를 하러 들르신 것은 멋진 일이었다고 생각해요."라고 10학년 Brian Murray가 말했다.

Q: Rick Damke 주지사에 대해 다음 중 옳은 것은 무엇인가?

(a) 주지사가 되는 것은 그의 오랜 꿈이었다.
(b) 학생들에게 현 정책에 관한 질문을 받았다.
(c) 주지사 출마를 위해 농구계에서 은퇴했다.
(d) 옥스포드 고등학교의 학생이었다.

Rick Damke 주지사 본인이 옥스포드 고등학교의 졸업생이라고 했으므로 (d)가 가장 적절하다. (a), (c) 본래 프로 농구선수였고, 이후 주지사가 되었다는 내용만으로 오랜 꿈이었던 주지사가 되기 위해 농구계를 은퇴했다고 할 수 없고, (b) 학생들에게 어떤 질문을 받았는지 알 수 없다.

governor 주지사   **drop by** 잠깐 들르다   **graduate** 졸업생
regale ~ with... ~에게 ...로 즐기게 하다, 즐겁게 해주다
mansion 대저택; 관저   **pursue** 뒤쫓다, 추구하다
autograph 사인   **quiz** 질문을 하다; 심문하다
retire 은퇴하다   **run for** ~에 출마하다

19 (b)

수술 절차를 밟기 전에, 환자는 수술 전 최소 여덟 시간 동안은 아무 것도 먹거나 마시지 않도록 해야 한다. 이는 수술 중에 마취가 필요한 사람에게 특히 중요하다. 외래 수술을 받는 사람들은 또한 가족이나 친구를 대동하여 자신을 집으로 데려가도록 해야 하는데, 이는 수술을 받고 나서 운전하는 것이 매우 권할 수 없는 일이기 때문이다. 마지막으로, 특정 수술의 높은 비용 때문에, 환자는 수술을 받기 전에 수술비를 어떻게 충당할 것인지 반드시 논의해야 한다.

Q: 지시에 따르면 다음 중 옳은 것은 무엇인가?

(a) 대부분의 수술은 보호자 없이 진행될 수 있다.
(b) 수술 바로 전에 먹는 것은 문제를 일으킬 수 있다.
(c) 많은 수술 절차는 마취를 필요로 한다.
(d) 오늘날 대부분의 수술은 가격이 저렴하다.

해설 첫 문장에 수술 전 최소 여덟 시간 동안 아무 것도 먹거나 마시지 말아야 한다는 내용이 나와 있으므로 수술 전에 먹는 것이 문제를 일으킴을 알 수 있다. 따라서 정답은 (b)이다. (a) 외래 수술 시 보호자가 동행해야 한다고만 언급되어 있고, (d) 몇몇 특정 수술 비용이 비싸다고만 언급되어 있으므로 대부분의 수술에 대해서는 알 수 없다. (c) 언급되지 않은 내용이다.

어휘 **prior to** ~이전에 **surgical procedure** 수술 절차
operation 수술 **anesthesia** 마취; 마취법
outpatient surgery 외래환자 수술
along with ~와 함께 **inadvisable** 권할 만한지 않은
undergo 겪다, 받다 **fee** 요금, 비용 **guardian** 보호자

20 (a)

해석 직장이나 학교에서 긴 시간을 보내고 집에 갔을 때 사랑하는 이가 문에서 당신을 맞이하는 것은 언제나 멋진 일입니다. 이것이야말로 여러분이 펫펫에 방문하셔서 새로운 가족을 얻어야 하는 이유입니다. 저희는 개와 고양이가 전문이지만, 새, 도마뱀, 햄스터, 토끼, 심지어 뱀까지 갖추고 있습니다. 귀여운 개나 고양이, 또는 다른 동물을 안을 수 있다면 정말 좋지 않을까요? 저희는 슈롭셔 몰에 위치하고 있으며 매일 10시부터 7시까지 영업합니다.

Q: 광고에 따르면 다음 중 옳은 것은 무엇인가?

(a) 힘든 하루를 보내고 난 뒤, 사람들은 자신을 사랑하는 사람이나 동물로부터 환영 받고자 한다.
(b) 애완동물 가게는 개, 고양이, 새, 도마뱀, 악어를 판매한다.
(c) 애완동물 가게는 주말에 영업을 하지 않는다.
(d) 애완동물 가게는 이 동네에 잘 알려져 있다.

해설 광고문에서 사람들의 필요를 자극하려면 모두에게 공감을 끌어낼 만한 이야기가 있어야 할 것이다. 첫 문장에서 직장이나 학교에서의 일과를 끝내고 집에 갔을 때 사랑하는 이가 자신을 맞이하는 것은 멋진 일이라고 이야기하고 있으므로 이는 일반적인 서술에 해당할 것이다. 따라서 정답은 (a)이다. (b) 악어를 판매하지는 않고, (d) 잘 알려져 있다는 언급은 없었다. (c) 매일 영업한다.

어휘 **greet** 맞이하다, 환영하다 **addition** 추가, 추가된 것
specialize in ~을 전문으로 하다
cuddle up with ~을 껴안다 **be located in** ~에 위치하다
community 지역 사회, 공동체

21 (b)

해석
경제를 이해하는 것이 왜 그렇게 중요한가

최근 한 설문조사는 대다수의 미국인이 경제가 실제로 어떻게 움직이는지 거의 모른다고 밝혔다. 미시경제나 거시경제 모두에 관한 기본적인 질문을 받으면, 많은 수의 미국 성인들은 정확하게 답하지 못한다. 경제위기의 시기에, 이러한 지식 부족은 이 나라가 마주하고 있는 문제를

악화시킬 수 있는데, 이는 시민들이 과연 정치인들이 추구하는 경제 정책이 타당한지 아닌지의 여부를 알 수 없기 때문이다. 설문조사를 수행한 연구원들은 대중에게 기본적인 경제 문제를 가르치기 위해 더 많은 일이 행해져야 한다고 권고했다.

Q: 경제지식의 부족이 국가에 해를 끼치는 이유는 무엇인가?

(a) 사람들이 돈을 어디에 투자해야 할지 모른다.
(b) 국민들이 경제 문제에 밝지 않은 정치인을 선출할 수 있다.
(c) 사람들이 정치적 결정이 옳은지 아닌지 판단할 수 없다.
(d) 정치인들이 국가 경제를 의도적으로 퇴보시킨다.

해설 글의 중간 부분부터 경제지식 부족의 단점이 드러난다. 경제지식이 부족하다면, 시민들은 정치인들의 경제 정책에 대한 판단을 할 수 없고, 이는 결국 경제 문제에 대해 잘 알지 못하는 정치인까지도 선출할 수 있게 되는 것이다. 따라서 (b)가 정답이다. (a) 투자나 (d) 국가 경제의 퇴보는 언급되지 않은 내용이고, (c) 경제지식 부족으로 사람들은 정치적 결정이 아닌, 경제적 결정이 옳은지 아닌지 판단할 수 없을 것이다.

어휘 **a majority of** 대다수의 **microeconomics** 미시경제학
macroeconomics 거시경제학
in times of ~의 시기에, ~의 시대에 **crisis** 위기 (pl. crises)
exacerbate 악화시키다 **be aware of** ~을 알다
sound 타당한, 건전한 **the populace** 대중, 민중
unversed in ~에 숙달하지 않은, ~에 밝지 않은

22 (c)

해석 케임브리지 스위트 호텔에서는 비즈니스 역학 회의를 2월 10일부터 12일까지 개최합니다. 주요 연사는 스미슨 전자의 전직 CEO인 Jack Smith가 될 것입니다. Smith 씨는 업계의 지도자로서 세계적으로 유명하고, 스미슨 전자가 오늘날 세계 정상급 회사로 성장한 주된 요인으로 여겨지고 있습니다. Smith 씨는 메인 컨퍼런스 룸에서 2월 12일 금요일 저녁 7시에 연설할 예정입니다. 저녁식사 및 와인이 제공될 것이고, 이는 공식 행사입니다. 회의에 참가하는 분들은 초대되셨으니, 회의에 참석하지 않는 분들은 자리가 있을 경우 표를 구매하여 Smith 씨의 연설을 들으실 수 있습니다.

Q: 안내문에 의하면, Jack Smith는 누구인가?

(a) 비즈니스 회의의 주최자
(b) 세계적으로 유명한 회사의 CEO
(c) 곧 있을 회의의 연사
(d) 표를 사기 위해 연락해야 할 사람

해설 곧 있을 비즈니스 역학 회의와 그곳에서의 주요 행사인 Jack Smith의 연설에 대해 설명하는 안내문이다. 따라서 정답은 (c)이다. Jack Smith는 (a) 회의의 주최자가 아니고, (b) 세계적으로 유명한 회사의 '전직' CEO이다. (d) 입장권을 구매하기 위해서 어떻게 해야 하는지는 구체적으로 나와 있지 않다.

어휘 **dynamics** 역학; 역동성 **conference** 회의, 학회
keynote 주안점 **former** 이전의
occasion 때, 경우; 행사 **attend** 참석하다
seating 좌석 **available** 이용 가능한
organizer 주최자, 주최측 **upcoming** 다가오는, 곧 있을

23 (b)

해석 스웨덴 북부에 완전히 얼음으로만 만들어진 독특한 호텔이 있다. 장인들이 매년 11월에 이 호텔을 만들면, 이는 그 다음 해 봄까지 남아 있게 된다. 방에는 얼음덩어리로 만든 침대가 있고, 손님은 모피를 안감에 댄 침낭에서 잔다. 얼음 호텔에는 욕실이나 샤워시설이 없어서, 손님들은 씻으려면 근처의 샬레에 가야 한다. 호텔에는 예배당도 있어서, 1년에 최다 150쌍의 커플들이 거기서 결혼한다. 이곳은 세계에서 가장 특이한 관광명소 중 하나이다.

Q: 지문으로부터 추론할 수 있는 것은 무엇인가?

(a) 호텔비는 비싸다.
(b) 호텔은 봄이 되면 녹는다.
(c) 호텔에 가기는 쉽지 않다.
(d) 호텔에서 결혼하는 국제 커플은 거의 없다.

해설 스웨덴 북부의 특이한 얼음호텔에 대해 설명한 글로, 매년 11월에 만들어져서 그 다음 봄까지 남아 있다고 했으므로 봄이 되면 녹아 없어짐을 추론할 수 있다. 따라서 (b)가 정답이다. (a) 호텔비나 (c) 호텔에 가는 방법은 언급되지 않았고, (d) 1년에 150쌍의 커플들이 결혼한다고만 나와 있지 그 중 국제 커플의 비율이 얼마 정도 되는지는 알 수 없다.

어휘 craftsman 장인   remain 남다, 남아 있다
slab 널빤지, 넓적하고 두꺼운 조각
fur-lined 모피를 안감에 댄   sleeping bag 침낭
chalet 샬레 (산간 지방의 주택)
freshen up (세수·목욕 등을 하여) 상쾌하게 하다
chapel 예배당   tourist attraction 관광명소   melt 녹다

24 (d)

해석 영어권 작가는 일반적으로 많은 다양한 관례를 사용하여 자신의 작품을 더욱 문학적이 되도록 한다. 이와 같은 수사적 표현의 흔한 예로는 직유가 있다. 기본적으로 이는 비교할 때 'as(~처럼)'나 'like(~같은)' 등의 단어를 사용하는 은유의 일종이다. 예를 들어, 어떤 사람은 '그녀는 장미처럼 아름답다'고 할 수 있으며, 또 다른 사람은 '금 목걸이가 태양같이 빛난다'라고 할 수 있다. 본질적으로, 직유는 작가가 작품에 창의적 요소를 더하게 해주며, 만약 그렇지 않더라면 불가능했을 비교를 할 수 있게 해 준다.

Q: 지문으로부터 추론할 수 있는 것은 무엇인가?

(a) 작가들은 항상 직유를 사용해 비교한다.
(b) 직유는 비교할 때 'as'와 'like'를 둘 다 쓸 수 있다.
(c) 직유는 흔히 사람을 언급한다.
(d) 직유 외에 더 많은 수사적 표현이 있다.

해설 첫 문장에 작가가 다양한 방법으로 자신의 작품을 문학적이게 만든다는 내용이 나와 있고, 이어서 그 중 하나의 예시로 직유를 들어 설명하고 있으므로 이 외에 더 많은 수사적 표현이 있음을 알 수 있다. 따라서 (d)가 가장 적절하다. (a) 비교할 때 직유를 사용할 수 있지만, 이를 항상 사용하는 것은 아니다. 선택지에 always, everyone, only와 같은 한정적인 표현이 나오면 오답일 가능성이 크다. (b) as와 like를 설명할 때 or을 사용했으므로 둘 다 쓴다고 볼 수 없다. (c) '금 목걸이가 태양같이 빛난다'라는 예시에서 사물을 언급하는 것을 볼 수 있다.

어휘 commonly 흔히, 보통   convention 관습, 관례
figure of speech 수사적 표현, 비유적 표현   simile 직유
metaphor 은유   comparison 비교
essentially 본질적으로   element 요소, 성분
otherwise 그렇지 않으면   refer to ~을 언급하다

25 (a)

해석

치솟는 대학 등록금

Bill Mason

　　많은 사람들이 높은 대학 등록금에 대해 불평하고 있고, 마땅히 그러하다. 지난 10년간, 대학 교육비는 두 배 이상이 되었다. 오늘날, 4년제 학위의 평균 비용은 5만 달러 이상이다. 이러한 사치스러운 비용의 결과로, 많은 자격이 있는 학생들은 그 대신 상업학교나 공업학교를 포함하는 덜 비싼 교육 대안책을 선택하고 있다. 이러한 학교는 가격이 적당할 뿐만 아니라, 대부분의 대학생들과 달리 사실상 졸업 직후 취직을 할 수 있다는 보장이 되어 있다.

Q: 필자가 가장 동의할 것 같은 문장은 무엇인가?

(a) 대부분의 대학 졸업생들은 빨리 취직하지 못한다.
(b) 대학 교육비용에 대한 불만은 정당하지 않다.
(c) 높은 등록금 때문에 상업학교에 입학하는 학생들이 더 적다.
(d) 상업학교의 등록금은 지난 10년간 일정하게 유지되어 왔다.

해설 마지막 문장에 상업학교나 공업학교의 졸업생들이 대부분의 대학생들과 달리 졸업 직후 취직을 한다는 내용이 나오므로 필자는 대부분의 대학 졸업생들이 빨리 취직하지 못한다는 (a)에 가장 동의할 것이다. (b) 필자는 높은 대학 교육비용에 대한 불만이 마땅하다고 보고 있고, (c) 이로 인해 공업 학교나 상업학교를 선택하는 학생들이 많아지고 있다고 말한다. (d) 상업학교의 등록금은 대학 등록금보다 덜 비싸다고만 언급되어 있다.

어휘 tuition 수업; 수업료, 등록금   skyrocket 급등하다, 치솟다
rightfully 마땅히, 정당하게   double 두 배가 되다
north of (금액이) ~이상인   extravagant 사치스러운
opt for ~을 선택하다   alternative 대안
technical school 공업학교   affordable (가격이) 적당한
guarantee 보증하다, 보장하다   justify 정당화하다

26-27 (d), (c)

해석

사설: 범죄를 다루는 법을 바꾸려는 정부
전체 기사 읽기 ▼

댓글
Jill Daniels, 2월 9일

대도시에 사는 사람들이 가장 두려워하는 것 중 하나는 범죄, 특히 강력 범죄의 두려움이다. 몇몇 지역은 심지어 너무 위험하여 경찰들도 상당한 수가 되지 않으면 그곳에 가기를 꺼려한다. 도시를 안전하게 만드는 한 가지 효과적

인 방법은 어떤 종류의 범죄든 무(無)관용 정책을 취하는 것이다.

뉴욕에서는 1990년대 Rudy Giuliani 시장 시절에 이 방법을 시도했으며, 상당한 효과를 낳았다. 그는 깨진 유리창 이론을 의지했는데, 이는 사소한 범죄나 반사회적 행동이 심각한 범죄로 이어진다고 설명한다. 다시 말해, 만일 사소한 범죄가 심각하게 제한된다면, 사회는 질서 정연해지고, 심각한 범죄의 횟수는 줄어들 것이라는 말이다. 이러한 이론에 따르면, 모든 범죄, 심지어 지하철 개찰구를 뛰어 넘어 통과하거나 벽에 스프레이를 칠하는 사소한 것조차도 기소되어야 한다. 이러한 하찮은 범죄자 대부분이 더 심각한 범죄에도 연루되므로, 이들 개개인을 감옥에 넣는 것이 위험한 범죄자를 거리에서 몰아내는 데 도움이 되었다. 결국 범죄율은 더 낮아졌고, 도시는 더 안전해졌다. 정부가 범죄를 좀 더 세심하게 다루길 원한다면, 이러한 방법을 따르는 것을 고려해 보아야 한다.

26 Q: 어떤 종류의 범죄가 뉴욕의 무관용 정책에서 제외되었는가?

(a) 무단 횡단
(b) 벽에 스프레이 페인트 칠하기
(c) 강도
(d) 위의 어느 것도 아니다

27 Q: Rudy Giuliani에 대해 다음 중 옳은 것은 무엇인가?

(a) 1990년대의 훌륭한 경찰이었다.
(b) 1990년대의 인기 있는 시장이었다.
(c) 1990년대에 뉴욕의 범죄율을 낮췄다.
(d) 어떤 다른 유형의 범죄보다도 강력 범죄에 더 신경을 썼다.

26 두 번째 문단에 뉴욕의 무관용 정책이 자세히 설명되어 있는데, 이는 모든 사소한 범죄까지도 기소되어야 한다고 주장하는 정책이다. 따라서 어떤 예외도 없다고 보는 (d)가 정답이다.

27 Rudy Giuliani는 (a), (b) 1990년대에 활동하던 뉴욕의 시장으로, (d) 모든 범죄를 기소하는 무관용 정책을 실시하여 (c) 범죄율을 낮췄다. 따라서 (c)가 정답이다.

handle (상황을) 다루다　**violent** 폭력적인, 난폭한
hesitant 주저하는, 꺼려하는　**significant** 중요한, 상당한
zero-tolerance policy 무관용 정책　**rely on** ~에 의존하다
minor 작은, 가벼운; 사소한　**anti-social** 반사회적
lead to ~로 이어지다　**offense** 범죄, 위법 행위
restrict 제한하다, 통제하다　**well-ordered** 질서가 잡힌
subway barrier 지하철 개찰구
prosecute 기소하다, 고소하다
be involved in ~에 연루되다　**put ~ in jail** ~을 수감하다
exclude 배제하다　**jaywalk** 무단 횡단하다

28-29 (a), (b)

폰지 사기법

폰지 사기법은 존재하지 않는 사업에 허위 투자를 하는

것을 포함한다. 사기꾼은 향후 정해진 기간까지 투자자금을 크게 늘려준다고 약속하여 사람들이 자신의 돈을 사업에 투자하도록 설득한다. 점점 더 많은 사람들이 투자에 대한 이 약속된 수익에 대해 듣게 되며, 그들 역시 투자를 한다. 투자금 상환일이 돌아오면 사기꾼은 마지막에 투자한 이의 돈을 첫 투자자에게 준다. 더 많은 이들이 이 투자가 진짜라고 믿게 되고 투자를 하기 시작한다. 어느 시점에서 초기 투자자들에게 줄 만큼 마지막 투자자들의 돈이 충분하지 않게 되면, 전체 계획이 무너지게 된다.

이름을 따오게 된 Charles Ponzi는 1920년 뉴욕에서 처음 이 방법을 사용했다. 그는 국제 우편 반신권을 통해 돈을 벌고자 하는 생각을 떠올렸다. 그는 해외로부터 낮은 가격에 이를 구입한 뒤, 미국에서 더 높은 가격에 팔고자 했다. 그는 많은 수의 투자자들을 끌어들이는 데 성공했고, 엄청난 액수의 돈을 벌어들였다. 그러나 그는 반신권을 현금으로 바꾸지 못했고, 새로운 투자자들의 돈을 가로채 초기 투자자들에게 지불하게 되었다.

28 Q: 지문의 주제는 무엇인가?

(a) 한 사기 사업 관행
(b) Charles Ponzi의 천재성
(c) 돈을 투자하는 것의 위험성
(d) 친구들과 가족을 부유하게 만드는 방법

29 Q: 지문으로부터 추론할 수 있는 것은 무엇인가?

(a) 폰지 사기법은 널리 퍼져 있다.
(b) 몇몇 투자자들은 폰지 사기법으로 돈을 번다.
(c) 폰지 사기법은 주로 빨리 무너진다.
(d) 신중한 투자자들 조차도 폰지 사기법에 당할 수 있다.

28 지문은 1920년 뉴욕에서 Charles Ponzi로부터 시작된 폰지 사기법에 대한 글로 (a)가 정답이다.

29 첫 번째 문단 중간 부분에서 사기꾼은 투자금 상환일에 첫 투자자에게 마지막 투자자의 돈을 준다고 했다. 따라서 마지막 투자자를 충분히 끌어들이지 못해 전체 계획이 무너지기 전까지 몇몇 초기 투자자들은 돈을 벌 수 있으므로 (b)가 가장 적절하다. (a) 폰지 사기법이 널리 퍼져 있는지, (c) 그것이 얼마나 빨리 무너지는지, (d) 투자자의 성향과는 어떤 관련이 있는지 모두 언급되지 않았다.

scheme 계획; 책략, 사기　**fraudulent** 사기를 치는
nonexistent 존재하지 않는　**convince** 납득시키다
vastly 막대하게, 엄청나게　**collapse** 무너지다
name after ~을 따서 이름 짓다
come up with ~을 생각해내다, 떠올리다
international reply coupon 국제 우편 반신권
　(수취인이 무료로 받을 수 있는 해외 우편)
intend to ~할 의도이다, ~하려고 생각하다
manage to ~하는 데 (가까스로) 성공하다
be unable to ~할 수 없다　**convert** 전환하다, 바꾸다
practice 관행, 관습　**genius** 천재; 천재성
fall apart 무너지다, 허물어지다　**prudent** 신중한

30-31 (c), (c)

David Simpson의 새로운 삶을 축하합시다!

여러분 모두 David Simpson의 다가오는 은퇴 기념 파티에 초대받으셨다는 점을 기억해 주시기 바랍니다. David는 회사에서 28년간 근무하고 이제 은퇴하여 끝나지 않는 휴가를 가질 시간입니다. 가능한 한 많은 분들께서 행사에 참석해 주시면 감사하겠습니다. 행사의 자세한 사항은 다음과 같습니다.

- 일시: 이번 주 금요일 오후 7시
- 장소: 파인 호텔 대 연회장
- 행사: David의 연설, David의 커리어를 돌아보는 영상, 퀴즈와 게임
- 저녁 식사: 스테이크, 생선 요리, 혹은 채식주의 식단 가능
- 드레스 코드: 단정한 캐주얼

여러분이 파티에 참석하신다는 것을 인사팀의 Shannon Reed에게 늦어도 이번 주 수요일까지 알려주시기 바랍니다. 남편, 아내, 혹은 연인을 데려오셔도 좋습니다만, 아이는 집에 두고 오시길 부탁드립니다. 추가적으로, 정성 어린 선물은 David에게 좋을 것이지만 공개적으로 주시지 마시고 개인적으로 주시기 바랍니다. 선물이 필수는 아니니까요. 늦지 마시고 금요일에 봅시다!

30 Q: 안내문의 목적은 무엇인가?

(a) 직원의 다가오는 은퇴를 알리기 위해
(b) 업무 방침의 새로운 사항을 서술하기 위해
(c) 직원을 위한 행사의 세부 정보를 제공하기 위해
(d) 이전 일정의 수정 사항을 설명하기 위해

31 Q: 파티에 대해 다음 중 옳은 것은 무엇인가?

(a) David Simpson의 자녀 중 한 명의 생일 파티다.
(b) 2주 후에 열릴 것이다.
(c) 참석자들은 손님을 데려오도록 허락된다.
(d) 파티 참석은 의무다.

30 퇴직하는 직원을 위한 은퇴 기념 파티의 일시, 장소, 행사 내용 등 자세한 정보를 제공하고 있으므로 (c)가 정답이다. (a) 은퇴가 아닌 은퇴 기념 파티를 알리는 것이다.

31 마지막 문단에 남편, 아내, 혹은 연인을 데려와도 좋다는 내용이 있으므로 (c)가 가장 적절하다. (a) 퇴직하는 David Simpson을 위한 은퇴 기념 파티이고, (b) 이번 주 금요일에 열릴 것이다. (d) 파티 참석 여부를 Shannon Reed에게 알려달라고 했으므로, 파티 참석이 의무는 아니다.

reminder 상기시키는 것, 알려주는 것　**retirement** 은퇴, 퇴직　**permanent** 영원한, 영구적인　**show up** (모습을) 나타내다　**ballroom** 무도회장; 연회장　**reflect** 재현하다, 나타내다　**vegetarian** 채식주의자　**confirm** 확인하다, 확실히 하다　**attend** 참석하다　**human resources department** 인사부　**no later than** 늦어도 ~까지　**significant other** 배우자, 연인　**thoughtful** 사려 깊은; 정성 어린　**in public** 사람들이 있는 데서　**requirement** 필수, 필요　**outline** (개요를) 서술하다　**update** 최신 정보　**revision** 수정, 정정; 개정　**mandatory** 의무적인

32-33 (d), (b)

해피 마트 편의점 직원 모집

해피 마트 편의점에서는 즉시 일을 시작하실 수 있는 새 직원을 찾고 있습니다. 저희 회사는 오크 카운티에서 15개의 지점을 운영하고 있고, 모든 지점에서 믿을 수 있고 책임감 있는 직원들을 찾고 있습니다. 저희 회사의 직원들에게는, 매년 일주일의 유급휴가, 무료 건강검진, 저희 계열사 중 하나인 델리 식당에서의 2인 식사권이 제공됩니다.

지원자들은 다음과 같아야 합니다.

- 하루 내내 8시간의 교대 근무를 할 수 있어야 함
- 혼자 일하는 것에 익숙해야 함
- 계산대를 다루고, 잔돈을 주고, 신용 카드 거래를 완료하고, 교통 카드를 충전하는 업무가 가능해야 함
- 근무 시간 동안 진열대를 채우고, 가격을 표시하고, 청소하는 등 여러 업무를 끝내야 함
- 범죄자 신원 조회를 거칠 수 있어야 함
- 최소 고등학교 졸업자여야 함
- 18세 이상이어야 함

지원하시려면 단순히 저희 지점 중 하나에 방문하셔서 지원서를 작성하십시오. 바로 심사를 받기 원하시면 저희 홈페이지 happymart.com에 있는 지원서를 작성하십시오.

해피 마트

32 Q: 해당 일자리를 얻을 것 같은 사람은 누구인가?

(a) 고등 교육을 받은 사람
(b) 다른 사람들과 일하는 것을 즐기는 사람
(c) 가게의 제품을 선택할 수 있는 사람
(d) 여러 종류의 일을 할 수 있는 사람

33 Q: 광고로부터 일자리에 대해 추론할 수 있는 것은 무엇인가?

(a) 동료들과 많은 팀 프로젝트를 해야 하는 일이다.
(b) 해당 일은 직원들이 독립적이기를 요구한다.
(c) 편의점은 종종 강도가 들기 때문에 때때로 위험한 일이 될 수 있다.
(d) 편의점을 좋아하는 사람들에게는 즐거운 일이다.

32 세 번째와 네 번째 항목에 보면 직원들은 돈에 관련한 업무는 물론이고 진열대 정리, 가격 표시, 청소 등 기타 업무도 병행해야 하므로 여러 종류의 일을 할 수 있는 사람이 일자리를 얻을 것이다. 따라서 정답은 (d)이다. (a) higher education은 주로 대학 교육 이상을 일컫는 말이므로 적절하지 않고, (b) 두 번째 항목에 혼자 일하는 것에 익숙해야 한다는 내용이 나온다. (c) 관련 없는 내용이다.

33 두 번째 항목에 혼자 일하는 것에 익숙해야 한다는 내용이 있으므로 해당 일이 독립적인 직원들을 원할 것이라 추론하는 (b)가 가장 적절하다. (a) 광고와 반대되는 내용이고, (c) 강도에 대한 언급은 없었다. (d) 편의점을 좋아한다고 해서 일 또한 즐거울 것이라 추론하기는 어렵다.

convenience store 편의점　**operate** 작동하다; 운영하다　**reliable** 믿을 수 있는　**crew** (함께 일하는) 팀

paid vacation 유급 휴가   medical checkup 건강 검진
voucher 상품권   affiliate 계열사   shift 교대 근무
cash register 계산대   transaction 거래, 매매
recharge (재)충전하다   transportation card 교통 카드
restock 다시 채우다   shelf 선반, 진열대
criminal background check 범죄자 신원 조회
diploma 학위, 졸업장   fill out (서류 등을) 작성하다
application form 지원서, 신청서
consideration 고려, 심사숙고

34-35 (a), (d)

해석
새로 발견된 박테리아가 시사하는 것은 무엇인가

수 세기 동안, 인간은 별을 올려다보며 지구 저편에도 생명체가 존재할지 궁금해 했다. 지금, 우리 지구에 대한 최근의 발견은 생명체가 실제로 다른 행성에도 존재할 수 있다는 것을 증명하는지도 모른다. 과학자들은 공기 중의 화학물질만으로 먹고 살 수 있는 박테리아를 발견했다. 지구상의 공기는 78%의 질소와 21%의 산소, 그리고 아르곤, 메탄, 이산화탄소와 같은 다른 성분으로 이루어져 있는데, 이 박테리아는 그 중 수소, 일산화탄소, 그리고 이산화탄소만을 사용하여 생존할 수 있다.

이러한 발견은 중요한데, 이는 그것이 생명체가 이전에 생각했던 것보다 훨씬 더 심한 환경에서도 살아남을 수 있다는 것을 제시하기 때문이다. 마치 그 박테리아가 우리 행성의 가장 혹독한 환경에서도 생존할 수 있는 것처럼 말이다. 이번 발견 이전에, 과학자들은 생명체가 약간의 물, 유기 화합물, 그리고 지열 에너지나 태양 에너지를 필요로 한다고 믿었다. 그러나 이번 발견으로 과학자들은 이전에 사람이 살 수 없다고 생각되었던 행성에 생명체를 유지시킬 수 있는 대기 환경을 지닌 행성에 주목하고 있다. 대기 중에 있는 다양한 화학물질을 사용하여, 행성에 생명체가 존재할지도 모르는 것이다.

34 Q: 뉴스 기사는 주로 무엇에 관한 것인가?

(a) 생명체에 대한 우리의 이해를 바꿀 새로운 발견
(b) 생명체가 생존을 위해 물과 에너지를 필요로 하는 이유
(c) 역사 내내 우주에 있는 생명체를 찾아 온 사람들
(d) 과학자들이 본래 생각했던 것보다 더 강한 종류의 박테리아

35 Q: 뉴스 기사에 따르면 다음 중 옳은 것은 무엇인가?

(a) 과학자들은 생명체가 존재하는 데 어떤 환경이 필요한지 확신하고 있다.
(b) 과학자들은 다른 행성에서 생명체를 발견하기 위해 새로운 종류의 박테리아를 만들고 싶어 한다.
(c) 사람이 살 수 없는 행성은 어떤 종류의 생명체도 유지시킬 수 없다.
(d) 생명체에게 필요한 환경은 과학자들이 본래 생각했던 것처럼 그렇게 엄격하지 않다.

해설 34 새로 발견된 박테리아로 인해 생명체가 본래 생각했던 것과 달리 물이나 유기 화합물, 에너지 없이 공기 중에 있는 성분만으로 생존할 수 있다는 사실이 밝혀지게 되었고, 결국 다른 행성에도 이와 같이 생명체가 존재할지도 모른다는 내용의

기사이다. 따라서 (a)가 정답이다. (b) 새로 발견된 박테리아와 같이 생명체는 물과 에너지 없이도 생존할 수 있으며, (c) 언급되지 않은 내용이다. (d) 공기 중에 있는 화학물질만으로 생존하는 박테리아는 과학자들이 본래 생각했던 바와 다르나, 더 강한 종류인 것은 아니다.

35 과학자들이 본래 생각했던 것과 달리 공기 중에 있는 성분만으로 생명체가 존재하므로 생명체를 위해서는 그다지 엄격한 환경이 필요하지 않다는 (d)가 가장 적절하다. (a) 기존 상식을 뒤집는 발견이 나왔으므로 과학자들은 생명체에 필요한 환경에 대해 그렇게 확신하지 못할 것이고, (b) 새로운 종류의 박테리아를 만들고 싶다는 내용은 언급되지 않았다. (c) 뉴스 기사와 반대되는 내용이다.

어휘 bacterium 박테리아 (pl. bacteria)   prove 입증하다, 증명하다
subsist on ~로 근근이 살아가다, 먹고 살다
consist of 구성되다   nitrogen 질소   component 성분
carbon dioxide 이산화탄소   hydrogen 수소
carbon monoxide 일산화탄소   significant 중요한; 상당한
severe 심한; 가혹한, 혹독한 (harsh)
organic compound 유기 화합물   geothermal 지열의
focus one's attention on ~에 주목하다
atmospheric 대기의   support 지지하다, 지원하다
uninhabitable 사람이 살 수 없는
sustain 살아가게 하다, 존속시키다   strict 엄격한

Actual Test 04

1	(d)	2	(b)	3	(a)	4	(b)	5	(a)
6	(c)	7	(b)	8	(c)	9	(d)	10	(b)
11	(d)	12	(c)	13	(c)	14	(b)	15	(a)
16	(d)	17	(b)	18	(c)	19	(b)	20	(b)
21	(a)	22	(c)	23	(b)	24	(d)	25	(b)
26	(b)	27	(c)	28	(c)	29	(d)	30	(b)
31	(d)	32	(a)	33	(b)	34	(c)	35	(d)

1 (d)

해석 이중 초점 렌즈는 두 가지의 뚜렷하지만 동시에 발생하는 시력 손상을 가진 사람들에게 시력 교정을 제공한다. 멀리 떨어진 물체를 보는 것이 어려운 한편 읽는 것이 흐릿하다는 것을 _____ 된다면 이중초점 렌즈가 필요하다는 것을 보여준다. 이러한 렌즈는 절반으로 나뉘어져 있다. 위아래 부분 모두 각기 다른 처방을 가지고 있는 것이다. 노화, 눈의 긴장 및 수정체 모양이 이러한 손상을 일으키는 세 가지 주요 요인이다.

(a) 동시에 보지 않게
(b) 볼 수 있게
(c) 안경을 쓰고 바라보게
(d) 동시에 발견하게

해설 첫 문장에 이중 초점 렌즈가 두 가지 시력 손상에 교정을 제공한다는 내용이 나와있다. 따라서 멀리 떨어진 물체를 보기 어

렵고, 읽는 것이 흐릿한 증상이 동시에 나타나야 하므로 정답은 (b)이다.

어휘 bifocal 이중 초점의 distinct 뚜렷한, 명료한
simultaneously 동시에, 일제히 impairment 손상, 약화
blurry 흐려진, 희미한 indicate 가리키다, 나타내다
be divided into ~로 나누다 prescription 처방, 처방약
advancing 나이가 들어가는 strain 긴장
lens (안구의) 수정체

2 (b)

해석 캐나다의 앨버타 주 북부, 애서배스카 강을 따라서, 일련의 특이한 지질학적 환경이 역청사암이라 알려진 광대한 석유 지대를 만들어냈다. 석유가 역청이라 불리는 형태로 모래 흙에 섞여 있는 것이다. 흙에서 석유를 분리하는 비용이 비싸기 때문에, 이는 _____만 이익이 남는다. 그 흙은 대규모의 토목 기계로 지형에서 얻어질 수 있고, 그러고 나서 큰 트럭이 역청을 처리 공장으로 실어 나른다.

(a) 만약 많은 회사들이 석유를 입수할 수 있다면
(b) 세계의 석유 가격이 높을 때
(c) 석유가 정제될 때
(d) 만약 많은 직원들이 그곳에서 일한다면

해설 흙에서 역청을 분리해 석유를 얻어 낼 수 있는 역청사암에 관한 내용으로, 분리 비용이 비싼데도 불구하고 이익이 남으려면 석유 가격 자체가 높아야 할 것이다. 따라서 (b)가 정답이다.

어휘 geological 지질, 지질학상의 circumstance 상황, 환경
tar sands 역청사암 bitumen 역청
profitable 이익이 되는 carve 조각하다, 깎아내다
earthmoving 토목 (공사) process 처리하다
refine 정제하다, 불순물을 제거하다

3 (a)

해석 바다의 파도는 해수면 위 바람의 활동으로 생겨난다. 파도는 표면 위 작은 잔물결로 시작된다. 물결이 점차 커지면서, 더 센 바람을 타게 되고, 파도가 점점 더 높이 올라가게 되는 것이다. 깊은 물에 극도로 센 바람이 불면, 선원들은 _____ 파도를 목격한다. 폭풍우로 인해, 세계에서 가장 큰 배 중 하나인 정기선 퀸 메리호는 해수면에서 90피트까지 솟구친 거대한 파도로 유리창이 날아가 버렸다.

(a) 100피트 정도로 높은
(b) 엄청난 속도로 나아가는
(c) 해안에 부딪히는
(d) 폭풍우의 한가운데에서

해설 빈칸 이전에 파도 형성 과정에 대한 내용이 나온다. 물결이 커지며 바람을 더 많이 받고, 그러면 파도가 더 커진다고 했으므로 극도로 센 바람에는 매우 높은 파도가 일 것이다. 빈칸 이후에도 90피트의 파도를 이야기하고 있으므로 정답은 (a)이다.

어휘 ripple 잔물결 catch wind 바람을 타다
observe 목격하다, 관찰하다 liner 정기선
blow out 불어 끄다, 날려버리다 colossal 거대한, 엄청난
tower (탑처럼) 우뚝 솟다 sea level 해수면

4 (b)

해석 Muhammad Ali는 역대 최고의 권투선수 중 한 명이다. 쇼맨십으로 잘 알려진 그의 최고 승리는 1974년 George Foreman과의 시합에서 찾아왔다. Foreman은 그보다 더 젊고 강했으며, 대부분의 사람들이 다가오는 복싱 경기에서 Foreman이 승리할 것으로 생각했다. Ali는 그보다 약했고, 경기 전까지의 준비 기간을 Foreman을 비웃고 자신의 우월한 언어적 능력을 유리하게 활용하며 보냈다. 마침내 경기 당일, Ali는 자신을 방어하면서 기회를 잡을 때까지 Foreman을 지치게 만들었고, 8라운드에서 Foreman을 KO시켰다. 이 승부는 권투 역사상 _____로 유명하다.

(a) 가장 지루했던 경기 중 하나
(b) 최고의 경기 중 하나
(c) 가장 재미있던 논쟁
(d) 가장 스포츠 정신에 위배된 싸움

해설 Muhammad Ali와 George Foreman의 시합에 관한 글이다. 흥미로운 경기의 관전 포인트를 나열하는 것으로 보아 역사상 최고의 경기라는 (b)가 가장 적절하다.

어휘 showmanship 쇼맨십 upcoming 다가오는, 곧 있을
outsmart ~보다 한 수 위다, ~보다 약다
buildup 증강, 강화; 준비 taunt ~을 비웃다, 도발하다
to one's advantage ~에게 유리하게
wear down ~을 지치게 하다; ~을 마모시키다
renowned 유명한 dispute 논쟁, 분쟁
unsportsmanlike 스포츠 정신에 어긋나는

5 (a)

해석
> Sanders 씨께,
>
> 지난 주 회사 파티에서 _____ 이 편지를 씁니다. 제 행동은 변명의 여지가 없었습니다. 몇 개의 책장을 넘어뜨리면서 생긴 피해는 지불하도록 하겠습니다. 또한 당신의 리더십 기술에 관해 제가 한 언급을 철회하고 싶습니다. 지적받았던 것처럼, 저는 부적절한 행동을 했고 바보 같이 굴었습니다. 저는 이 모든 것 때문에 끔찍한 기분이 듭니다. 만약 제 일자리를 다시 돌려주겠다는 생각이 드신다면, 저는 당신께 받은 은혜를 영원히 잊지 않겠습니다.
>
> David Simpson 드림

(a) 제 행동을 사과하기 위해
(b) 무슨 일이 일어났는지 묻고자
(c) 제가 말한 것들을 반복하고자
(d) 사건의 조사를 요청하기 위해

해설 빈칸 이후에 책장을 넘어뜨린 것에 대해 피해보상을 하고, 리더십에 대한 언급을 철회하고 싶다고 했으며, 마지막으로 자신의 잘못을 인정하고 선처를 바란다고 했으므로 사과로 편지를 시작했을 것이다. 따라서 (a)가 정답이다.

어휘 inexcusable 변명의 여지가 없는; 용서할 수 없는
knock over 때려눕히다, 부딪혀 넘어뜨리다
take back 취소하다, 철회하다
with regard to ~에 관해서 point out 지적하다

make a fool of oneself 바보짓을 하다, 웃음거리가 되다
find it in one's heart to ~할 마음이 나다, ~하려 마음먹다
be in one's debt ~에게 빚지고 있다; 은혜를 입고 있다
reiterate 반복하다

6 (c)

농사 문제

9월 말까지 지속될 것으로 예상되는 때 아닌 뜨거운 날씨로 인해, 많은 지역 농부들이 재배 일정을 유지하는 것에 어려움을 느끼고 있다. 주 전역에 있는 대부분의 농부들이 흔치 않은 날씨로부터 이익을 얻고 있는 반면, 클레이턴 카운티의 농부들은 고온으로 심한 손해를 입어 왔다. 그곳에 있는 70퍼센트 이상의 농부들이 대부분의 작물을 실패했다. 결과적으로, 이러한 농부들은 주를 상대로 날씨로부터 야기된 _____에 대하여 청원을 하려고 한다.

(a) 비용이 적게 드는 대안 농작법을 개발시키는 것
(b) 농부들이 문제를 대비할 수 있도록 훨씬 더 미리 일기 예보를 제공하는 것
(c) 수입 손실을 상쇄할 보조금을 제공하는 것
(d) 변화를 알아보기 위해 다른 종류의 작물을 비교하는 것

해설 빈칸 이전에 뜨거운 날씨로 70퍼센트 이상의 농부들이 농작물 수확에 손해를 입었다고 했으므로 청원은 이를 상쇄할 보조금에 대해 진행될 것이다. 따라서 정답은 (c)이다. (a) 대안 농작법이나 (d) 다른 종류의 작물에 관한 내용은 언급되지 않았고, (b) 일기 예보를 미리 제공한다고 해서 고온 현상이 사라지는 것은 아니므로 이에 대해 청원하지는 않을 것이다.

어휘 unseasonably 계절에 맞지 않게, 때 아니게
maintain 유지하다   benefit 혜택을 입다. 이득을 보다
be hard hit (~로) 심한 손해를 입다   crop 농작물
petition 청원하다   alternative 대안이 되는
subsidy 보조금   offset 상쇄하다. 벌충하다

7 (b)

해설 오늘날, 레이더와 소나 같은 현대 기술은 대양에서의 항해를 _____ 만들었다. 레이더와 소나의 개발 이전에 살았던 선원들은 대양에서 항해할 때, 특히 육지 부근에 있을 때 위험이 많은 삶을 살았다. 이것이 등대를 귀중한 건축물로 만들었다. 해안에 위치하여 매우 높게 지어진 등대는 바다 저 멀리까지, 심지어는 어둡거나 폭풍우가 치는 밤에도 멀리 갈 수 있는 강한 빛을 비추었다. 이는 선원들이 육지에 가까이 왔음을 깨닫게 했고, 바위가 많은 장소처럼 배가 쉽게 침몰할 수 있는 위험한 곳을 피하도록 해주었다. 요즘에는 등대가 더 이상 필요하지는 않지만, 많은 등대가 여전히 서 있으며 또한 인기 있는 관광명소이기도 하다.

(a) 어느 때보다도 더 인기 있게
(b) 과거보다 덜 위험하게
(c) 사람들이 이용하기에 훨씬 싸게
(d) 덜 지루하고 덜 매력이 없게

해설 레이더와 소나 같은 현대 기술이 항해를 어떻게 만들었는지는

빈칸 이후에 나와 있다. 뒤 문장에 레이더와 소나 개발 이전의 선원들은 위험이 많은 삶을 살았다고 했으므로 이와 반대되는 (b)가 정답이다. 현대 기술의 (a) 인기나 (c) 비용, (b) 특징은 언급되지 않았다.

어휘 sonar 소나, 수중 음파 탐지기   prior to ~이전에
development 발달   hazardous 위험이 많은, 위험한
lighthouse 등대   be situated on ~에 위치하다
permit 허락하다; 가능하게 하다   tourist attraction 관광지
risky 위험한   affordable (가격이) 알맞은, 적당한
unappealing 매력이 없는

8 (c)

해설 1966년 이전에 미국의 경찰관들은 범죄자들에게 그들의 권리에 대해 알려줄 필요가 없었다. 미란다 사건(Miranda vs. Arizona)에서 내려진 역사적 판결에서, 미 대법원은 경찰이 체포된 피의자에게 묵비권을 행사할 권리가 있다는 것, 모든 발언이 자신에게 불리하게 작용할 수 있다는 사실, 그리고 변호사를 선임할 권리가 있음을 반드시 알려야 한다고 판결했다. 이는 Ernesto Miranda라는 애리조나 주 출신 남성의 이름을 따서 붙여진 것으로, 그는 자신에게 변호사를 선임할 권리가 있다는 사실을 먼저 듣지 못한 채 _____.

(a) 애리조나 주에서 변호사로 일했다
(b) 용의자였으나 심문 받지는 않았다
(c) 체포되어 범죄를 자백했다
(d) 경찰에 의해 석방됐다

해설 미란다 원칙이 새로이 만들어지게 된 것은 누군가가 그로 인해 불리한 상황에 놓이게 되었기 때문일 것이다. 따라서 자신의 권리를 알지 못한 채 체포되어 범죄를 자백했다는 (c)가 가장 적절하다. (b), (d) 범죄자에게 유리한 상황이므로 오답이다.

어휘 inform ~ of... ~에게 ...을 알려주다
landmark 랜드마크, 이정표; 획기적인 사건
Supreme Court 대법원   rule 판결을 내리다
suspect 피의자, 용의자   under arrest 체포된
attorney 변호사   name after ~을 따서 이름 짓다
confess to a crime 자백하다   release 풀어 주다. 석방하다

9 (d)

해설 몇몇 사람들은 자신의 언어에 외국어를 도입하는 것에 반대한다. 이들의 주장에 따르면 이는 자신의 언어에 대한 침입이며 용인되어서는 안 된다. _____ 이들은 사실상 모든 언어가 서로를 차용하고 있음을 종종 인식하지 못하고 있다. 예를 들면, 프랑스어, 스페인어 및 이탈리아어는 모두 라틴어에서 직접 유래되었다. 일본어와 한국어는 둘 다 중국어에서 많은 것을 빌려 왔다. 영어는 라틴어, 그리스어 및 독일어에서 많은 단어를 가져왔다.

(a) ~임에도 불구하고
(b) 결과적으로
(c) 반대로
(d) 그럼에도 불구하고

해설 빈칸 앞 문장에서는 외국어가 도입되면 안 된다고 했고, 뒤 문장에서는 모든 언어가 서로 차용하고 있다고 했다. 따라서 반대되는 의미를 전개하는 '그럼에도 불구하고'로 연결하는 (d)가 가장 자연스럽다. (a) despite의 의미는 nevertheless와 비슷하나 이는 명사를 목적어로 하는 전치사이므로 오답이다.

어휘 introduction 도입; 소개   claim 주장하다   intrusion 침입
tolerate 허용하다, 용인하다   fail to ~하지 못하다
virtually 사실상   consequently 그 결과, 따라서
contrarily 이에 반하여   nevertheless 그럼에도 불구하고

10 (b)

해설 많은 사업가에게 경영학 석사학위인 MBA를 취득하는 것은 업계에서 자신의 모든 목표를 성취하기 위한 필요조건이다. 심지어 자신의 직업에서 수백만 달러를 벌어들이는 자수성가한 사람들조차도 MBA를 희망하는 경우가 많다. 독점적인 MBA 프로그램에 들어가려는 경쟁 또한 매우 심하다. _____ 그에 대한 보상은 크다. 정예 MBA 과정의 졸업생들은 일반적으로 전 세계에서 가장 좋으며 가장 존경 받는 회사 몇 군데에서 큰 돈이 되는 일자리를 제안 받는다.

(a) 따라서
(b) **하지만**
(c) 여전히
(d) 또는

해설 빈칸 앞 문장에서는 MBA 프로그램에 들어가기 어렵다고 했고, 뒤 문장에서는 그에 대한 보상이 크다고 했다. 따라서 '하지만'으로 연결하는 것이 가장 자연스럽다. 정답은 (b)이다.

어휘 a master's (degree) 석사 학위
business administration 경영학
requisite 필수품, 필요조건   accomplish 성취하다, 이루다
self-made 자수성가한   earn 얻다, 벌다
desire 희망하다, 바라다   competition 경쟁
exclusive 독점적인, 유일한   fierce 맹렬한, 격렬한
lucrative 수익성이 좋은

11 (d)

해설 비행기는 여러 요소에 의해 영향을 받는다. (a) 양력, 중력, 추력, 항력이라는 네 가지 주요 원동력이 있다. (b) 비행기가 땅에서 이륙하도록 하는 원동력인 양력은 비행기 날개 위쪽 면의 곡선 형태로 인해 발생한다. (c) 이 곡선의 위쪽 면은 공기가 날개 위쪽에서 더 빨리 움직이도록 하여, 비행기가 공중으로 뜨게 한다. **(d) 특이한 날개 디자인을 쓰면서도 여전히 날 수 있는 비행기가 많다.**

해설 비행기가 뜨는 데 영향을 미치는 요소에 관한 글이다. (a) 어떤 요소가 있으며, (b), (c) 어떻게 작용하여 비행기를 뜨게 하는지 설명하고 있는 나머지 문장과 달리 (d)는 특이한 날개 디자인에 대해 언급하고 있으므로 흐름상 어색하다.

어휘 be influenced by ~에 영향을 받다   lift 양력
thrust 추력Cdrag 항력
enable ~ to... ~가 ...하는 것을 가능하게 하다
get off the ground 이륙하다; (순조롭게) 출발하다
curved 곡선의   lift 들어 올리다

12 (c)

해석 한때 거대한 어장이었던 대서양은 영원히 사라질 위기에 처해 있다. (a) 대구, 해덕 및 기타 식용 물고기 개체수가 줄고 있다는 생물학자들의 보고가 각국 정부로 하여금 일부 지역에서 어장을 폐쇄하는 법을 제정하게 만들었다. (b) 이전에 번창하던 항구 및 어류 가공 공장은 현재 이러한 규제 때문에 조용한 상태이다. **(c) 바닷가재 어장은 여전히 몇몇 지역에서 꽤 수익성이 좋아, 많은 사람들이 이를 통해 계속해서 윤택한 생활을 한다.** (d) 많은 경우, 어부는 가족을 데리고 일자리를 찾아 다른 곳으로 가야만 했다. 하나의 온전한 삶의 방식이 막을 내리고 있으며, 만약 어류 자원이 계속해서 침체된 상태로 남게 된다면, 그러한 삶의 방식은 다시 돌아오지 않을 수 있다.

해설 대서양의 어류관련 산업에 관한 글로, (a) 어족 보호를 위해 법을 제정하자, (b) 이에 따라 항구와 공장이 조용해졌고, (d) 결과적으로 어부들의 삶이 막을 내리고 있다는 나머지 문장과 달리 (c)는 바닷가재 어장이 꽤 돈이 되고 있다는 이야기를 하고 있으므로 흐름상 어색하다.

어휘 dwindling 줄어드는, 감소하는   cod 대구
haddock 해덕 (대구의 일종)   bustling 붐비는, 부산스러운
processing plant 가공(처리) 공장   regulation 규정, 규제
lucrative 돈이 벌리는, 수익성이 좋은
make a good living 윤택한 생활을 하다, 넉넉히 살다
be forced to ~하도록 강요받다
uproot 뿌리 뽑다, (오래 살던 곳을 떠나) 다른 곳으로 가다
depressed 우울한; 침체된

13 (c)

해석 엄청난 수의 관중이 연례 제3회 국제 요리 페스티벌의 개막일에 몰려들었다. 금요일에는 대략 5천 명 정도의 사람들이 참석한 것으로 추정되며, 토요일과 일요일에는 더 많은 사람들이 올 것으로 예상된다. 메인 가에 위치한 시민 센터에서 열린 이 페스티벌은 70개국 이상에서 참가한 부스를 갖추고 있었다. 본 페스티벌에는 요리 전시, 요리 강좌, 그리고 물론 많은 해외 국가의 요리를 특색으로 한다.

Q: 뉴스 보도의 주제는 무엇인가?

(a) 행사의 참가자 수
(b) 컨벤션 참가에 드는 비용
(c) 최근 열린 페스티벌의 세부 사항
(d) 시민 센터에서 열리는 전시회의 유형들

해설 매년 개최되는 국제 요리 페스티벌에 관한 기사로 참석 인원, 개최 위치, 행사 내용 등 세부 사항을 서술하고 있으므로 정답은 (c)이다. (a) 행사 참가자 수가 나타나 있긴 하지만 세부 내용에 그친다. (b), (d) 언급되지 않은 내용이다.

어휘 enormous 거대한, 막대한   flock to ~로 모여 들다
estimate 추정하다, 어림잡다
in the neighborhood of 약, 대략   attend 참석하다
civic 시민의, 시의   booth (전시장의) 부스
feature ~을 특색으로 하다   exhibition 전시(회)
convention 컨벤션; 박람회

14 (b)

해석

인종, 부, 그리고 사회 정책이
미국에서 어떻게 작용하는가

헤드라인은 종종 백인 학생과 소수 인종 학생 간에 존재하는 시험 성취도의 큰 차이를 열렬히 알린다. 하지만 인종이 점수 차이를 설명하지 못할 때, 부의 차이가 해줄 수 있다. 예일 대학의 사회학자 Dalton Conley는 그의 새 책 'Being Black: Living in the Red'에서 만일 같은 정도의 가계 재산을 가진 흑인 학생들의 시험 점수가 백인 학생들의 점수와 비교 된다면, 흑인 학생들과 백인 학생들 사이의 성취도 차이는 사라질 것이라는 사실을 밝혔다. 그는 또한 인종의 자산 차이에 대해 가능한 정책적 해결책에 대해서도 언급하였다.

Q: 시험 점수에 관한 필자의 요지는 무엇인가?

(a) 가계 소득은 인종과 상관없이 시험 점수에 영향을 미치지 않는다.

(b) 가계 소득은 인종과 상관없이 시험 점수에 영향을 미친다.

(c) 흑인 학생들은 가계 소득과 상관없이 항상 낮은 점수를 받을 것이다.

(d) 흑인 학생들은 더 나은 점수를 받기 위해 수업료를 지불할 만한 경제적 여유가 없다.

해설 글의 전반에서 시험 점수에 가계 소득이 인종보다 더 큰 영향을 미친다는 내용이 드러나 있다. 두 번째 문장에서 인종보다는 부의 차이가 학생 간 점수 차이를 설명해 줄 수 있다고 했고, 그 뒤 Being Black: Living in the Red라는 책에서도 같은 정도의 가계 부유함을 가진 학생들이라면 성취도 차이를 나타내지 않을 것이라고 했다. 따라서 (b)가 정답이다.

어휘 **race** 인종 **trumpet** 자랑스럽게 알리다, 열렬히 알리다
gap 차이 (disparity) **minority** 소수 (집단)
achievement 성취 **sociologist** 사회학자
disappear 사라지다 **asset** 자산, 재산
have an effect on ~에 영향을 미치다 (affect)
regardless of ~와 상관없이 **afford** ~할 (경제적) 여유가 있다

15 (a)

해석

지진과 쓰나미

앨라배마 주 모바일 지역 및 인근 거주민들은 어제 저녁 멕시코만에서 일어난 지진에 뒤이은 쓰나미를 경계하고 있었다. 멕시코만은 특별히 지진 활동으로 알려진 곳은 아니지만, 리히터 지진계 5.2로 측정되는 지진으로 흔들렸다. 지진은 모바일 해변에서 겨우 10마일 정도 떨어진 곳에서 발생했으며, 이는 해안경비대가 쓰나미 경보를 발령하도록 만들었다. 다행히 지진 발생 이후 수 시간이 지나도 쓰나미는 발생하지 않았다. 만약 발생했더라도, 겨우 몇 센티미터 정도 높이였을 것인데, 멕시코 만에 위치한 상대적으로 얕은 그 지역의 물 깊이가 쓰나미에 일조하지는 못할 것이기 때문이다.

Q: 뉴스 기사는 주로 무엇에 관한 것인가?

(a) 쓰나미가 해안을 덮칠 가능성

(b) 최근 지진으로 일어난 피해

(c) 해안경비대가 취한 조치

(d) 해안을 덮친 쓰나미의 규모

해설 최근 멕시코만에서 일어난 지진과 그에 뒤따를 쓰나미에 대한 가능성을 분석하는 기사로 (a)가 가장 적절하다. (b) 지진으로 일어난 피해에 대해서는 언급하지 않았고, (c) 지진에 대한 조치로 해안경비대가 쓰나미 경보를 발령하기는 했지만 세부 내용에 그친다. (d) 다행히 쓰나미는 발생하지 않았다.

어휘 **surrounding** 인근의, 주변의
be on the lookout for ~을 살피다. ~에 주의를 기울이다
in the wake of ~의 결과로, ~에 뒤이어 **gulf** 만
seismic activity 지진 활동 **measure** 측정하다, 재다
Richter scale 리히터 지진계 **prompt** 촉구하다
relatively 상대적으로, 비교적으로
shallow 얕은 **be conducive to** ~에 도움이 되다

16 (d)

해설 과거에는, 남들 보는 앞에서 아이를 혼내는 부모를 보는 것이 어려운 일은 아니었다. 이는 흔히 아이를 말로 혼내는 형태를 취하곤 했다. 그러나 부모는 종종 남들 앞에서 아이 엉덩이를 때리는 것도 주저하지 않았다. 요즘은 사회의 기준이 변했기 때문에, 부모가 아이의 엉덩이를 때리려 한다면, 지나가던 사람이 개입하려 하거나 심지어는 경찰에 연락해 그 부모를 아동학대로 고발할지도 모른다.

Q: 지문에 따르면 다음 중 옳은 것은 무엇인가?

(a) 아이의 엉덩이를 때리는 것은 아동학대와 동등하다.

(b) 아이를 꾸짖는 것보다 엉덩이를 때리는 것이 더 낫다.

(c) 다른 사람의 삶에 개입하는 것이 요즈음엔 권장된다.

(d) 오늘날의 부모는 다른 사람들이 보는 앞에서 아이의 엉덩이를 때리지 않는다.

해설 과거에는 부모가 다른 이들 앞에서 아이들을 혼내거나 때리곤 했지만, 시대가 변하면서 이제 이는 아동학대로 신고 당할 수 있는 행위가 되었다는 내용의 글이다. 따라서 오늘날의 부모는 다른 사람들 앞에서 아이의 엉덩이를 때리지 않을 것이라는 (d)가 가장 적절하다. (a) 아이의 엉덩이를 때리는 것은 아동학대로 신고당할 수 있는 일이지 이와 동일한 일이라고 하지는 않았다. (b) 어떤 것이 더 낫다거나, (c) 권장된다는 언급은 없었다.

어휘 **in public** 공공연히, 다른 이들이 보는 앞에서
verbally 말로 **scold** 혼내다, 꾸짖다
hesitate 주저하다 **spank** (체벌로) 엉덩이를 때리다
bystander 구경꾼, 행인 **attempt** 시도하다
interfere 개입하다, 간섭하다
accuse ~ of ... ...을 ...의 이유로 고발하다. 비난하다
child abuse 아동학대
be equivalent to ~와 동등하다, ~에 상당하다
be unlikely to ~할 것 같지 않다, 아마도 ~하지 않다

17 (b)

해석

> ### 사설: 해외여행 전에 당신이 기억해야 할 3가지
>
> 전체 기사 읽기 ▼
>
> 댓글
> Joy Chen, 7월 20일
>
> 외국으로 여행갈 때, 나는 가장 진부하지만 중요하게 기억해야 할 문구 중 하나가 '로마에서는 로마법을 따르라'라고 생각한다. 간단히 말해, 외지를 방문한 사람은 현지인의 특징과 관습을 받아들여야 한다는 의미이다. 외국인으로서 새로운 문화에 적응하는 것은 자신에게 달렸다. 그렇게 하지 못하면 여행객이 주인을 모욕하는 결과를 낳을 수 있고, 어쩌면 심지어는 그 특정 개인과의 관계를 망칠 수도 있다.

Q: 댓글에 따르면 새로운 문화에 적응하지 못한 결과로 가능한 것은 무엇인가?

(a) 그 나라에 머무르는 것이 덜 즐거워질 것이다.
(b) 그 나라의 현지인들이 여행객의 행동에 감정이 상할 수 있다.
(c) 방문객이 그 나라로 다시 가는 것이 추후에 허용되지 않을 것이다.
(d) 그 나라의 문화를 이해하지 못할 것이다.

해설 댓글은 외국으로 여행을 떠난 사람이 현지인의 특징과 관습에 따라 행동하지 않으면 주인을 모욕하게 되거나, 관계를 망치게 되는 무례를 범할 수 있어 주의해야 한다는 내용이다. 따라서 (b)가 가장 적절하다. 여행객이 새로운 문화에 적응하지 못하면 (a) 덜 즐거울 수도 있고, (c) 추후에 다시 방문하지 못할 수도 있으며, (d) 문화를 이해하지 못할 것이라 생각할 수도 있지만 모두 지문에 나오지 않은 오답이다.

어휘 clichéd 진부한, 상투적인 simply put 간단히 말해서
assume 추정하다; (성질, 양상을) 띠다, 취하다
custom 관습 native 원주민, 현지인
adapt to ~에 적응하다 insult 모욕하다 host 주인, 호스트
ruin 망치다 offend 감정을 상하게 하다

18 (c)

해석 많은 동물들은 무리를 지어 다닌다. 이것의 주된 이유는 무리를 지어 다니는 것이 포식자로부터의 보호를 제공하기 때문이다. 물소 같이 포식자의 표적이 되는 동물들은 밀착된 무리를 형성하며, 종종 어린 동물이 중앙에 두고 공격을 막기 위해 함께 움직인다. 때때로, 무리는 공격을 선수 치기 위한 방법으로 포식자를 공격하기도 한다. 사자 같은 포식자 사이에서, 무리는 보호와 먹이사냥을 위해 형성된 사회집단으로의 역할을 한다. 새떼와 같은 다른 경우에, 무리는 일반적으로 먼 거리를 가야 할 때 형성된다.

Q: 포식자들이 무리 지어 함께 다니도록 하는 것은 다음 중 무엇인가?

(a) 새끼들을 무리 속에서 키우려는 욕구
(b) 먼 거리를 함께 여행해야 하는 필요성
(c) 다른 동물들을 함께 사냥하고자 하는 바람
(d) 개체 수를 숨기기 위한 욕구

해설 문제에서 포식자에 대해 물었으므로 이를 중점으로 지문을 읽어야 한다. 끝에서 두 번째 문장에 사자 같은 포식자 사이에서 무리는 보호와 먹이 사냥을 위한 사회집단이라는 내용이 나와 있으므로 (c)가 정답이다. (a), (d) 언급되지 않은 내용이고, (b) 마지막 문장에 나타난 새떼에 관한 설명이다.

어휘 predator 포식자 prevent 막다 occasionally 때때로
herd (소, 말 등의) 떼 preempt 미연에 방지하다, 선수 치다
pack (사냥개, 늑대 등의) 무리 serve as ~의 역할을 하다
prey 먹이 flock (양, 염소, 새 등의) 떼
navigate (바다, 하늘을) 항해하다
camouflage 위장하다, 눈속임하다

19 (b)

해석 큰 대도시 지역은 교통 문제를 대중교통이라는 좀 더 창의적인 방법을 제안함으로써 해결하고 있다. 단순히 어떤 대도시든 모든 가정이 한 대 또는 두 대의 차를 가질 만한 공간이 충분하지 않기에 대량 운송 수단이 필요하게 된다. 이러한 대중교통은 종종 버스나 지하철의 형태로 드러난다. 다른 경우로는 페리나 그 밖의 배편도 있을 수 있는데, 특히 도시가 강이나 바다 혹은 대양 근처에 있을 때 그러하다. 그러나 이러한 도시의 인구가 증가하면, 도시는 빠르고 값싼 대중교통의 더욱 창의적인 방안을 시행할 필요가 있을 것이다.

Q: 대도시 지역에 대해 다음 중 옳은 것은 무엇인가?

(a) 값싼 대중교통이 필요하다.
(b) 모든 가정이 자가용을 보유할 공간이 부족하다.
(c) 도로 체계를 넓히고 개선해야 한다.
(d) 모두 수상 대중교통 서비스 활용을 고려해야 한다.

해설 두 번째 문장에 어떤 대도시든 모든 가정이 차를 가질 공간이 충분하지 않다고 했으므로 (b)가 정답이다. (a) 마지막 문장에 값싼 대중교통을 시행할 필요가 있다는 언급이 있지만, 이는 인구가 증가한다는 가정을 전제로 하고 있기에 오답이고, (c) 도로 체계에 관한 언급 또한 없었다. (d) 수상 대중교통 서비스의 활용은 강이나 바다, 대양 근처의 도시에 국한된 내용이다.

어휘 metropolitan area 대도시 지역
come up with ~을 생각해내다
mass transportation 대중교통 (public transportation)
manifest 나타내다, 드러내다 population 인구
implement 이행하다, 시행하다
vehicle 차량, 탈것 utilize 이용하다, 활용하다
waterborne 물 위에 뜨는, 물에 의해 운반되는

20 (a)

해석 19세기 말부터 페미니즘 운동이 유럽과 북미에서 진행 중에 있다. 여성들은 직업, 교육, 정치 분야에서 남자와 동등함을 얻기 위해 애썼다. 페미니즘 운동의 가장 큰 승리 중 하나는 여성이 투표권을 얻어낸 것이다. 게다가, 더 많은 여성들이 정규직을 갖고 남자와 같은 봉급을 번다. 하지만 이는 여성들로 하여금 결혼을 더 늦게 하고 아이를 적게 낳거나 아예 안 낳도록 이끌었다. 게다가, 많은 여성들은 이혼을 손쉬운 선택으로 생각하는데, 이는 여성들이 자신만의 수입원을 가지고 있기 때문이다.

Q: 지문에 따르면 다음 중 옳은 것은 무엇인가?

(a) 페미니즘으로 인해 이혼하는 부부가 많아졌다.
(b) 페미니즘 운동은 약 200년 전에 시작되었다.
(c) 페미니스트들은 아이 갖기를 거부하고 대신 일하는 것을 선호한다.
(d) 여성과 남성은 이제 같은 종류의 직장에서 일한다.

해석 마지막 문장에 여성들이 이혼을 손쉬운 선택으로 생각한다는 내용이 나와 있으므로 정답은 (a)이다. (b) 페미니즘 운동은 19세기 말, 즉 1900년 즈음 시작되었으므로 약 100년 전에 시작된 것이고, (c) 여성들이 아이 갖기를 거부한다기보다 사회 진출에 따라 아이를 적게 낳거나 안 낳게 된 것이다. (d) 여성과 남성이 같은 봉급을 버는 것이지, 같은 직종에서 일하는 것은 아니다.

어휘 **movement** 운동 **strive** 고군분투하다, 애쓰다
attain 얻다, 획득하다 **work full-time** 정규직으로 일하다
divorce 이혼 **option** 선택 사항 **income** 소득, 수입
refuse 거부하다 **prefer to** ~을 더 선호하다

21 (a)

해석 미국에서 한 개인이 결혼했는지 아닌지 구분할 수 있는 가장 효과적인 방법은 그 사람에게 혼인상태를 물어보는 것이 아니다. 사실 많은 사람들에게, 특히 잘 모르는 사람인 경우, 혼인상태를 묻는 것은 터무니없이 무례한 일일 것이다. 대신 그 사람의 왼손에 결혼반지를 끼고 있는지 보는 것으로 충분하다. 대부분 단순한 금, 은, 또는 백금의 띠로 되어 있는 결혼반지는 새끼손가락 옆 손가락에 끼워진다. 이는 서양 및 미국 문화의 오랜 일부였다.

Q: 지문에 따르면 다음 중 옳은 것은 무엇인가?

(a) 대부분의 결혼반지는 디자인이 복잡하지 않다.
(b) 심지어 이혼한 미국인도 결혼반지를 낀다.
(c) 미국에서는 혼인상태에 관해 묻는 것이 허용된다.
(d) 요즘에 결혼반지를 끼는 미국인이 거의 없다.

해석 지문의 마지막 부분에 결혼반지가 단순한 금이나 은, 백금의 띠로 되어 있다는 내용이 나오므로 결혼반지의 디자인이 대부분 복잡하지 않다는 (a)가 가장 적절하다. (b) 이혼에 관해서는 언급되지 않았고, (c) 글의 도입 부분에 혼인상태를 묻는 것은 무례하다고 나와 있다. (d) 대부분의 미국인이 결혼반지를 끼기에 이러한 구분 방법을 제시하는 것이다.

어휘 **tell** 구분하다 **marital status** 혼인상태
inquire 묻다, 알아보다
incredibly 터무니없이, 믿을 수 없을 정도로
rude 무례한 **wedding ring** 결혼반지
platinum 백금 **pinky** 새끼손가락
uncomplicated 복잡하지 않은 **acceptable** 허용되는

22 (c)

해석 사람들은 때때로 너무 아파서 죽고 싶어질 때가 있다. 만약 자살을 할 수 없는 상황이면, 도움을 요청하기도 한다. 이것을 안락사, 또는 조력 자살이라고 한다. 이것은 매우 논란이 심한 문제이고, 많은 국가들이 이 행위를 금지하고 살인으로 취급하는 엄격한 법을 지니고 있다. 몇 안 되는 국가만 이를 허

용하지만, 시행하는 데 있어 엄격한 규정이 존재한다. 예를 들어, 그 사람은 치료가 불가능한 병을 지녀야 한다. 또한, 그는 약이 자신의 고통을 완화시킬 수 없을 정도의 고통 속에 있어야 한다. 마지막으로, 그 환자는 제정신이며 자신이 무엇을 하는지 알고 있어야 하고, 안락사 행위에 구두 및 서면 동의를 분명히 해야 한다.

Q: 필자가 가장 동의할 것 같은 문장은 무엇인가?

(a) 안락사는 대부분의 선진국에서 합법이다.
(b) 안락사는 꽤 비싸다.
(c) 많은 사람들은 안락사에 동의하지 않는다.
(d) 감기에 걸린 사람은 안락사할 수 있는 자격이 된다.

해석 글의 중간 부분에서 몇 안 되는 국가만이 안락사를 허용하고, 시행한다 하더라도 엄격한 규정이 존재한다는 내용이 나오므로 필자는 많은 사람들이 안락사에 동의하지 않는다는 (c)에 가장 동의할 것이다. (a) 안락사는 대부분 불법이고, (b) 이에 대한 비용은 언급되지 않았다. (d) 안락사의 조건으로는 치료 불가능한 병으로, 약이 그 고통을 완화시킬 수 없어야 하므로 감기는 해당되지 않는다.

어휘 **euthanasia** 안락사 **assisted suicide** 조력 자살
controversial 논쟁의 여지가 있는 **forbid** 금지하다
strict 엄한, 엄격한 **condition** 병, 질환
ease 완화시키다 **lucid** 명쾌한; 의식이 또렷한
consent 동의, 허락 **be eligible for** ~의 자격이 있다

23 (b)

해석

편집자께,

월요일판 신문에서, "새 건축 계획을 승인한 시"라는 제목의 기사에 오류가 있었습니다. 기사에는 시장이 골든 스프링스 지역에 또 다른 쇼핑몰을 짓는 계획에 승인을 내렸다고 나왔습니다. 하지만 그것은 사실을 정확히 반영하지 못하고 있습니다. 그 문제는 여전히 고려 중이고 지금부터 최소 2주가 지나야 결정이 날 것입니다. 이 문제에 대한 정정 보도를 내주시면 감사하겠습니다.

부시장 Gerald Harris 드림

Q: 이메일로부터 추론할 수 있는 것은 무엇인가?

(a) 시장은 골든 스프링스 지역에 거주한다.
(b) 골든 스프링스에는 이미 쇼핑몰이 하나 있다.
(c) 건축계획이 완성되려면 2주가 걸릴 것이다.
(d) 신문은 정정 보도를 내는 것을 거부한다.

해석 신문에 정정 보도를 기재할 것을 요청하는 내용의 이메일로, 두 번째 문장에서 골든 스프링스 지역에 또 다른 쇼핑몰을 짓는 계획을 언급하고 있으므로 이미 쇼핑몰이 하나 더 있음을 알 수 있다. 따라서 정답은 (b)이다. (a) 시장의 거주지는 언급되지 않았고, (c) 건축계획에 승인이 내려지려면 2주가 걸린다는 것이다. (d) 신문사의 답변은 아직 알 수 없다.

어휘 **editor** 편집자 **edition** (출간물의) 판
entitle ~라는 제목을 붙이다 **indicate** 가리키다, 나타내다
approval 승인 **accurate** 정확한
representation 묘사, 표현
under consideration 고려 중인, 생각 중인

run (신문, 잡지에 기사를) 싣다   deputy 부~

24 (d)

공지사항

여러분 중 일부가 알고 계시듯, 저희는 지난 주 컴퓨넷 사무실에서 두 가지 사건이 있었습니다. 한 가지는 노트북 한 대가 사라진 것이고, 다른 경우는 방문객이 보안 등록에 실패한 채 건물에 들어온 것입니다. 두 사건은 연관되어 있을 수 있습니다. 신원 불명의 이 사람은 파악되지 않았고, 노트북 역시 되찾을 수 없었습니다.

노트북은 사내에서만 작동하므로 용의자가 다시 나타날지도 모릅니다. 만일 여러분이 사원증이나 임시 사원증이 없는 사람을 보게 된다면, 보안팀에 그를 즉시 신고하여 주십시오. 저희 모두는 직원들과 회사 자산을 보호하기 위해 협력할 것입니다.

보안팀

Q: 안내문으로부터 추론할 수 있는 것은 무엇인가?

(a) 작컴퓨넷은 이전에 도난당했던 장비가 있었다.
(b) 노트북은 회사에 대한 민감한 정보를 담고 있었다.
(c) 회사 직원들은 보안팀에 수상한 사람들을 거의 신고하지 않는다
(d) 사내 모든 사람들은 사원증을 착용해야 한다.

노트북을 훔친 신원 불명의 사람을 찾기 위해 사원증이 없는 사람을 신고해 달라고 했으므로 사내 모든 사원들은 사원증을 착용하고 다닌다는 것을 알 수 있다. 따라서 정답은 (d)이다. (a) 이전에 겪었던 도난 사건이나, (b) 노트북을 되찾으려는 이유, (c) 신고에 관련한 회사 직원들의 협조 여부 모두 알 수 없다.

incident 일, 사건   go missing 사라지다
register 등록하다   be related 관련이 있다
unidentified 신원 불명의   apprehend 체포하다; 파악하다
recover 회복하다; 되찾다   suspect 용의자
temporary 일시적인   cooperate 협력하다
property 재산, 자산   equipment 장비

25 (b)

주요 항공사로 여행하는 것이 요즘만큼 비쌌던 적이 없었습니다. 항공권 가격이 비쌀 뿐 아니라, 많은 항공사들이 추가 수료 또한 부과합니다. 하지만 페이레스 항공사에서는 높은 가격과 지나치게 많은 수수료를 걱정하실 필요가 없습니다. 저희는 수하물을 부치는 것에 비용을 부과하지 않습니다. 땅콩과 음료도 무료로 제공합니다. 물론 베개와 담요 비용도 받지 않습니다. 페이레스 항공사는 여러분을 정시에, 가능한 한 가장 낮은 가격으로 목적지에 모셔다 드립니다. 페이레스 항공사를 이용해 보십시오. 하늘에서 최고이며 가장 저렴한 선택입니다.

페이레스 항공사

Q: 광고로부터 추론할 수 있는 것은 무엇인가?

(a) 페이레스 항공사는 승객에게 간식을 제공하지 않는다.
(b) 페이레스 항공사보다 싼 항공사는 없다.
(c) 승객들은 페이레스 항공사에 수화물을 맡길 수 없다.
(d) 페이레스 항공사는 다른 항공사들보다 많은 노선을 보유하고 있다.

페이레스 항공사는 가장 저렴한 항공사라고 하였으므로 (b)가 정답이다. (a) 땅콩과 음료가 무료로 제공된다고 하였고, (c) 수화물 또한 무료로 부칠 수 있다. (d) 다양한 노선에 관한 언급은 없었다.

charge (비용을) 부과하다   fee 요금, 수수료
check in (짐, 수하물을) 부치다; 탑승 수속을 밟다
pillow 베개   destination 목적지   on time 제때에, 정시에
option 선택 사항   passenger 승객   route 노선

26-27 (b), (c)

Adolf Hitler와 1936년 베를린 올림픽

1936년 Adolf Hitler의 나치 정권은 노골적으로 인종 차별적인 정책으로 독일을 통치했다. 같은 해에, 하계 올림픽이 베를린에서 열렸다. 총 129 종목이 있었고, 농구와 핸드볼이 그때 처음 정식 올림픽 종목이 되었다. Hitler는 소위 독일 지배 민족의 우월한 신체적 능력을 보여주기 위해 올림픽을 이용하고 싶었다. 대신, 아프리카계 미국 육상 스타인 Jesse Owens가 100미터, 200미터, 멀리뛰기, 400미터 계주, 4개의 육상 경기에서 금메달을 따면서 인기를 가로채 갔다. 세계 기록을 3개 보유한 그는 단거리와 멀리뛰기에 뛰어났고, 스타 운동선수였다.

역사가들은 Hitler가 Owens의 인종 때문에 Owens에게 메달을 수여하거나 그와 악수하기를 거부했다고 기록해 왔다. 하지만, 이것은 대체로 거짓이다. Hitler는 경기 첫날에 직접 몇 개의 메달을 수여했지만, 오로지 독일 수상자에게만 수여했다. 그 뒤 올림픽 위원회는 그에게 모든 우승 선수에게 메달을 수여하든지 아니면 아무에게도 주지 말아야 한다고 얘기했고, 그래서 Hitler가 그렇게 하는 것을 중단하기로 결정한 것이다.

26 Q: Hitler가 Owens에게 메달을 수여하지 않았던 이유는 무엇인가?

(a) 그는 Owens가 승리할 때 참석하지 않았다.
(b) 그는 올림픽 위원회의 규칙을 따르고 싶어 했다.
(c) Owens는 Hitler로부터 메달 받는 것을 거부했다.
(d) Owens와 Hitler는 경기장에 함께 있은 적이 없었다.

27 Q: 지문에 따르면 다음 중 옳은 것은 무엇인가?

(a) Adolf Hitler는 하계 올림픽을 싫어했다.
(b) Jesse Owens와 Adolf Hitler는 후에 친한 친구가 되었을 것이다.
(c) Jesse Owens의 승리는 Hitler의 이상이 틀렸다는 것을 증명했다.
(d) Jesse Owens의 승리는 Hitler의 이상이 대체로 맞았다는 것을 증명했다.

26 Hitler가 Owens에게 메달을 수여하지 않은 이유를 묻고 있으므로 해당 부분을 찾으면 된다. 두 번째 문단에 보면 올림

픽 위원회가 Hitler의 메달 수여 방식에 이의를 제기했고, 이에 그가 아무에게도 메달을 주지 않기로 결정한 것임을 알 수 있다. 따라서 정답은 (b)이다.

27 첫 문단 중간 부분에 보면 Hitler가 독일인의 우월한 신체 능력을 보여주기 위해 올림픽을 이용하고자 했다는 것을 알 수 있다. 그러나 그 다음 문장에서 서술하듯 아프리카계 미국 선수인 Jesse Owens이 무려 4개의 육상 경기에서 금메달을 따갔으므로, Hitler의 이상은 틀린 것이다. 따라서 (c)가 정답이다. (a) Hitler는 올림픽을 이용하려고 했고, (b) Hitler와 Owens이 친구가 되었을지는 알 수 없다. (d) 지문과 반대되는 내용이다.

어휘 **regime** 정권　**explicitly** 분명하게, 명쾌하게
racist 인종 차별주의(자)　**superior** 우수한, 우월한
athletic 운동의; 건강한　**prowess** (뛰어난) 기량, 솜씨
supposed 소위; 추정의　**master race** 지배민족
steal the show 인기를 가로채다, 독차지하다
track–and–field 육상 경기의　**relay** 릴레이 경주, 계주
excel 뛰어나다, 탁월하다　**present** 주다, 수여하다
false 거짓의, 잘못된　**committee** 위원회

28-29 (c), (d)

해석
사설: 터질 것 같은 주택 거품
전체 기사 읽기 ▼

댓글
Samuel Rogers, 7월 30일

당신의 사설에서 우리 지역의 주택 거품을 다뤄주어 기뻤습니다. 주택 가격이 놀라운 속도로 오르고 있는 것은 사실이지만, 제 생각에 당신은 몇 가지 중요한 점을 간과한 것 같습니다. 우리 도시의 인구는 국내 다른 어떤 대도시 권역보다 더 빠르게 늘어나고 있습니다. 2015년에 인구는 525,000명이었죠. 그러나 올해, 거의 650,000명에 이릅니다. 이는 10년도 안 되는 기간 동안 25퍼센트 이상의 증가가 있었음을 나타내는 것이죠. 명백히, 사람들은 집이 지어지는 것보다 더 빨리 들어오고 있습니다. 그러므로 주택 가격은 치솟고 있는 것이죠.

규제의 부족 또한 주요 요인입니다. 시 정부는 사람들이 주택에 얼마를 청구할 수 있는지에 대해 제한을 두는 정책을 제정하는 데 실패했습니다. 그래서 주택 가격이 지난 5년간 거의 세 배가 된 것이죠. 정부는 사람들이 1년에 올릴 수 있는 집 가격에 제한을 둠으로써 이것이 일어나는 것을 막아야 합니다. 그러한 변화는 주택 가격이 더욱 통제가 불가능하게 되는 것을 막는 데 도움이 될 것입니다.

28 Q: Samuel Rogers의 요지는 무엇인가?

(a) 인구가 너무 빠르게 증가하고 있고, 정부는 너무 많은 규제를 시행하고 있다.
(b) 매매 중인 집보다 훨씬 더 많은 집이 건설 중에 있다.
(c) 인구가 너무 빠르게 증가하고 있고, 정부는 문제를 규제하고 있지 않다.
(d) 주택 가격이 너무 빠르게 증가하고 있는 반면 건설의 질은 떨어져왔다.

29 Q: 댓글로부터 추론할 수 있는 것은 무엇인가?

(a) 인구 증가는 세계적으로 문제를 낳고 있다.
(b) 주택 시장은 더 적은 사람들이 있다면 이로울 것이다.
(c) 주택 시장은 붕괴될 때까지 계속해서 더욱 비싸지고 있다.
(d) 정부는 인구 증가와 관련된 문제 중 몇 가지를 해결할 수 있다.

해설 28 Samuel Rogers는 사설이 주택 거품의 주요 요인 두 가지를 놓쳤다고 말하며, 이를 짚어주고 있다. 그는 인구 증가와 규제하지 않은 채 방임하고 있는 정부를 그 두 가지 요인으로 들고 있으므로 (c)가 가장 적절하다. (a) 정부는 규제를 시행하고 있지 않다. (b) 사람들이 집이 지어지는 것보다 빨리 들어온다고는 하였으나, 건설되고 있는 집의 수를 매매 중인 집의 수와 비교하지는 않았다. (d) 언급되지 않은 내용이다.

29 마지막 부분에 정부가 1년에 올릴 수 있는 집 가격에 제한을 둔다면 주택 가격 통제에 도움이 될 것이라는 내용이 나온다. 따라서 정부가 인구 증가와 관련된 문제인 주택 거품을 어느 정도 해결할 수 있을 것이라 추론하는 (d)가 정답이다. (a) 댓글은 Samuel Rogers가 사는 지역에 해당하는 문제고, (b), (c) 주택 시장에 관한 언급은 없었다.

어휘 **housing bubble** 주택 거품
be bound to (반드시) ~할 것이다　**burst** 터지다
address (문제를) 다루다　**rate** 속도; 비율
overlook 넘어가다; 간과하다　**metro area** 도시권
as of ~ 현재　**represent** 나타내다　**skyrocket** 치솟다
regulation 규제, 규정　**enact** 제정하다
charge 부과하다, 청구하다　**triple** 3배가 되다
establish 설립하다; 설정하다
go a long way to ~하는 데 도움이 되다
get out of control 통제할 수 없게 되다
enforce 시행하다, 집행하다　**construction** 건축; 건설, 공사
crash 사고; 폭락, 붕괴

30-31 (b), (d)

해석
당신은 사막에 대해 무엇을 알고 있는가?

사막은 연간 강수량이 10센티미터 이하인 지역이다. 많은 사람들은 이러한 정의에 따라 북극과 남극 지역이 메마른 기후로 인해 사막으로 간주된다는 사실을 알고 놀란다. 그 지역이 두꺼운 얼음으로 덮여있더라도, 초목이 없는 사막인 것이다. 이러한 사막은 대륙 빙하, 빙원, 그리고 만년설을 포함한다.

극지방의 사막을 제외하고, 다른 유형의 사막이 있다. 몇몇 사막은 사하라 사막처럼 모래 언덕이 있지만, 다른 사막은 모래가 거의 없고, 딱딱하고 바위가 많은 표면을 가지고 있다. 일부 사막에는 강한 식물이 자라지만, 다른 사막에는 어떤 식물도 자라지 않는다. 어떤 사막은 적은 강수량을 갖는 반면, 다른 사막은 공기가 너무 뜨거워 빗방울을 떨어지게 하지 못하므로 강수량이 없다.

많은 사막은 미국, 몽골, 호주에 있는 것처럼 습기가 풍부한 해양성 기후 체계와는 거리가 먼 내륙분지에 형성된다. 다른 사막은 산맥 반대편에 형성되는데, 주로 산 때문에

비구름이 그 지역에 도달하지 못하기 때문이다. 하지만 칠레나 서남아프리카 같은 지역에서는, 몇몇 사막이 강우량이 거의 없는 위도에서 해안선을 따라 형성된다.

30 Q: 지문의 주제는 무엇인가?

(a) 사람이 살기에 부적합한 사막
(b) 다양한 지리적 환경 속 사막
(c) 유럽 대륙과 사막 부족
(d) 인간이 사막화의 과정에 어떻게 기여하고 있는가

31 Q: 사막에 대해 다음 중 옳은 것은 무엇인가?

(a) 모래가 없는 사막보다 모래가 있는 사막이 더 많다.
(b) 세계 최대의 사막은 몽골과 호주에서 발견된다.
(c) 몇몇 사막에는 동물이 거의 살지 않는다.
(d) 사막이 공통적으로 가지는 유일한 특징은 강수량이 부족하다는 것이다.

해설 30 첫 문단에서 사막의 정의를 설명하고, 이어서 극지방의 사막과 다른 지역의 다양한 사막을 서술한 뒤, 사막 형성 지역을 부연 설명하고 있다. 따라서 정답은 (b)이다. (a), (d) 언급되지 않은 내용이고, (c) 마지막 문단으로 유럽 대륙에 사막이 부족함을 유추할 수 있으나 세부 내용에 그친다.

31 두 번째 문단 마지막 문장에 약간의 강수량을 갖는 사막에 대해서 나오지만, 첫 번째 문장에 따르면 기본적으로 사막은 연간 강수량이 10센티미터 이하인 지역으로 정의된다. 따라서 (b)가 정답이다. (a) 몇몇 사막에는 모래가 있고 다른 사막에는 거의 없다는 내용이 나오지만, 어느 사막이 더 많이 분포되어 있는지는 알 수 없고, (b) 세계 최대 사막이 어디 있는지 또한 알 수 없다. (c) 몇몇 사막에는 강한 식물이 자란다는 언급만 있을 뿐, 동물에 대한 언급은 없었다.

어휘 **rainfall** 강우량, 강수량 **according to** ~에 따라
Arctic 북극; 북극의 **Antarctic** 남극; 남극의
arid climate 건조 기후 **ice sheet** (육지를 덮는) 대륙 빙하
ice cap 만년설 **polar** 극지방의 **sand dune** 모래 언덕
hardy 강한, 내구력이 강한 **whatsoever** 전혀
interior 내륙의, 내부의 **basin** 분지 **mountain range** 산맥
latitude 위도 **geographical** 지리학의, 지리적인
contribute to ~에 기여하다 **desertification** 사막화

32-33 (a), (b)

해석 테트라 컨설팅 회사는 국제 경영 컨설팅 회사입니다. 우리는 데이터를 분석하고, 긴밀한 관계를 구축하며, 기업에 적절한 비전을 제시함으로써 우리의 경영진 고객에게 조언과 지원을 제공합니다. 동시에, 우리는 우리 내부 직원들을 중요 고객인 것처럼 대우합니다. 이 점을 유의하여 신중하게 인사부 부장으로 지원해주시기 바랍니다.

• 이상적인 지원자는 인사부 부장으로서 몇 년의 경력을 가지고 있고, 역동적이고 빠르게 변화하는 환경에서 일하는 데 능숙해야 할 것입니다.
• 경영학이나 유사 분야에서의 학사 학위가 요구되며, 석사 학위가 선호됩니다.
• 외국어, 특히 스페인어나 독일어에 대한 능숙함은 필수

는 아니지만 이점이 됩니다.
• 성공하신 지원자 분들은 저희의 휴스턴 사무실에서 일할 것이고, 때때로 출장이 요구될 것입니다.
• 연봉과 복지는 매우 경쟁력 있으며 면접에서 논의될 것입니다.

본 일자리에 지원하기 위해서는 이력서를 관련 업무 서류와 함께 Kelly Brook에게 employment@tetracorp.com으로 보내 주십시오. 마감일은 9월 25일 금요일입니다.

테트라 컨설팅 회사

32 Q: 광고는 주로 무엇에 관한 것인가?

(a) 회사의 공석에 관한 안내
(b) 공석에 해당하는 자격 요건 설명
(c) 회사 정책 변경에 대한 설명
(d) 회사의 신입 사원 소개

33 Q: 광고되고 있는 일자리에 대해 다음 중 옳은 것은 무엇인가?

(a) 새로운 일자리이다.
(b) 외국어 회화를 포함할 수도 있다.
(c) 낮은 연봉을 제공할 것이다.
(d) 현재 Kelly Brook이 맡고 있다.

해설 32 인사부 부장 자리에 공석이 나서 새로 모집하는 광고문이므로 (a)가 정답이다. (b) 공석에 필요한 자격 요건이 나오기는 하지만 세부 내용에 그친다. (c), (d) 언급되지 않은 내용이다.

33 자격 요건에 외국어에 대한 능숙함이 이점이 될 수 있다는 내용이 나오므로, 광고되는 일자리는 외국어 회화를 포함할 수도 있을 것이다. 따라서 정답은 (b)이다. (a) 새로운 일자리인지 알 수 없고, (c) 다섯 번째 항목에 의하면 경쟁력 있는 연봉과 복지를 지니고 있다. (d) Kelly Brook이 채용을 담당하고 있으나, 현재 인사부 부장으로 있는 것인지는 알 수 없다.

어휘 **executive** (기업의) 경영진, 중역
establish 설립하다, 세우다 **present** 제시하다, 나타내다
appropriate 적절한 **internal** 내부의
premium 고급의, 상급의 **be aware of** ~을 알다, 인식하다
human resources department 인사부
consideration 고려, 심사숙고 **candidate** 후보자; 지원자
dynamic 역동적인 **fast-paced** 빠르게 진행되는
a bachelor's degree 학사 학위
fluency (외국어의) 능숙도, 유창함
essential 필수적인; 본질적인 **occasional** 가끔의
business trip 출장 **competitive** 경쟁력 있는
résumé 이력서 **relevant** 관련 있는

34-35 (c), (d)

해석

가상화폐공개의 진실

Bill Withers

전 세계 첨단 기술 스타트업 회사가 돈을 모으기 위한 새로운 수단을 가지고 있지만, 이는 몇몇 사람들을 걱정하게 만들고 있다. 그 방법은 ICO라 불리는 가상화폐공개이다.

"책임이 없습니다."라고 한 주식 전문가는 말했다. "거래가 인터넷에서 이루어지기 때문에 어떤 기업이나 투자자든 익명으로 ICO에 참여할 수 있죠. 누구도 사기꾼이 있는지 알 수 없습니다. 알아내기 어렵기 때문에 ICO는 위험한 거죠."

전통적으로 회사는 주식을 팔아 돈을 모은다. 주식은 회사 수익의 일부이다. 투자자들은 회사가 이윤을 내서, 자신의 주식이 더욱 값비싸지길 바란다. 미국은 기업이 반드시 주식의 가치를 향상시키기 위해 일해야 한다는 법을 가지고 있다. 투자자들은 회사의 결정에 대해 약간의 통제권 또한 가지고 있다. ICO는 다르다. 회사의 일부를 사기보다, 투자자들은 디지털로 된 '토큰'을 구입한다. 회사는 투자자들의 돈을 이윤을 내기 위해 사용할 수 있지만, 이는 토큰이 더욱 가치를 얻게 될 것이라는 말은 아니다.

"회사 입장에서, 이것은 훌륭합니다!" 줍코인의 최고 경영자가 말했다. "저희는 어떤 통제권도 주지 않은 채 돈을 모을 수 있습니다."

34 Q: ICO에 대해 다음 중 옳은 것은 무엇인가?

(a) 투자자들에게 회사 일부에 대한 통제권을 준다.
(b) 다양한 산업에서 사용된다.
(c) 사람들로 하여금 본질적인 가치가 없는 것에 투자하게 만든다.
(d) 이윤을 내기 위해 법에 의해 권한이 주어진다.

35 Q: 뉴스 기사로부터 추론할 수 있는 것은 무엇인가?

(a) 첨단 기술 회사는 ICO로만 돈을 모을 수 있다.
(b) ICO에 투자하는 것은 주식에 투자하는 것보다 더 위험하다.
(c) ICO는 기존 투자 방법보다 더 인기를 얻고 있다.
(d) ICO 투자자들은 회사의 사업에 대해 발언권이 없다.

해설 34 세 번째 문단에 ICO에 대한 설명이 나와 있다. ICO는 회사의 일부를 사는 것이 아니라 그저 디지털로 된 토큰을 구입하는 것이므로, 이 토큰이 가치를 얻게 되는 것은 아니다. 따라서 본질적인 가치가 없는 것에 투자하게 된다는 (c)가 가장 적절하다. (a) 마지막 문장에서 회사는 어떤 통제권도 주지 않는다고 나와 있고, (b) 다양한 산업에서 사용되는지, (d) 법에 의해 권한을 부여 받는지는 알 수 없다.

35 마지막 문장에 따르면 회사는 투자자에게 어떤 통제권도 주지 않는다. 바꿔 말하면, 투자자들은 회사의 사업에 대해 어떤 발언권도 갖지 못하는 것이다. 따라서 (d)가 정답이다. (a) ICO는 회사가 사용할 수 있는 여러 자금 조성 방법 중 하나에 불과하고, (b) ICO의 투자 위험성이나 (c) 인기 정도에 관해서는 언급되지 않았다.

어휘 **high-tech** 첨단 기술의
startup 스타트업 (기술이나 아이디어를 보유한 신생기업)
method 방법; 수단　**raise money** 돈을 마련하다, 모으다
accountability 책임, 의무　**stock analyst** 주식 분석가
transaction 거래　**anonymously** 익명으로
take part in ~에 참여하다　**fraudster** 사기꾼 (schemer)
determine 알아내다, 밝히다　**make a profit** 이윤을 내다
improve 향상시키다, 개선하다　**token** 토큰, 교환권
innate 타고난, 본질적인　**mandate** 권한을 부여하다

1	(a)	**2**	(b)	**3**	(a)	**4**	(d)	**5**	(b)
6	(c)	**7**	(d)	**8**	(d)	**9**	(c)	**10**	(a)
11	(a)	**12**	(c)	**13**	(b)	**14**	(c)	**15**	(a)
16	(b)	**17**	(d)	**18**	(b)	**19**	(a)	**20**	(d)
21	(c)	**22**	(a)	**23**	(a)	**24**	(c)	**25**	(c)
26	(a)	**27**	(b)	**28**	(b)	**29**	(a)	**30**	(c)
31	(c)	**32**	(c)	**33**	(a)	**34**	(a)	**35**	(c)

1 (a)

해석 1980년대에 음악 산업은 뮤직비디오의 등장과 함께 극적으로 변모했다. 이는 홍보나 예술적 목적으로 제작된 짧은 영화로, 몇몇 이미지와 음악을 특징으로 한다. MTV라고도 달리 알려진 뮤직 텔레비전, VH1, 그리고 다른 몇몇 다른 채널에서 거의 독점적으로 뮤직비디오를 보여줬다. 이러한 채널들은 수많은 그룹과 가수가 더욱 유명해지는 것을 도왔으며, 이는 결국 _____ 그들 개인의 부가 증가하는 것으로 이어졌다.

(a) 앨범을 더 많이 팔아서
(b) 더 많은 뮤직비디오에 출연하는 것을 거부해서
(c) 콘서트를 일부 취소해서
(d) 사람들에게 더 잘 알려져서

해설 80년대 초반 뮤직비디오 및 음악 전문 채널의 등장으로 인해 어떤 변화가 있었는지 설명하는 글이다. 빈칸 이전에 가수 개인의 부가 증가했다는 내용이 나오므로 전문 채널 덕분에 앨범을 더 많이 팔게 되었다는 (a)가 가장 적절하다. (b), (c) 돈을 많이 벌었다는 내용과 반대되고, (d) 답이 될 수는 있지만 앨범을 판매하는 것이 개인적 부와 더욱 밀접한 관련이 있다.

어휘 **dramatically** 극적으로　**advent** 출현, 등장
produce 제작하다　**promotional** 홍보의
feature ~을 특색으로 하다　**otherwise** 그렇지 않으면; 달리
exclusively 독점적으로; 배타적으로
in turn 차례로; 결과적으로　**lead to** ~로 이어지다
refuse 거부하다　**cancel** 취소하다

2 (b)

해석 대부분의 사람들이 매일 일기예보를 확인하는데, 이는 날씨가 우리가 하는 모든 것, 심지어는 기분에도 영향을 미치기 때문이다. 그러나 일기예보는 정확한 과학으로 보기 힘들고, 예보는 종종 맞지 않는다. 주말 계획이 엉망이 된 많은 사람들이 증명하듯이, 기상학자들은 앞으로 24시간 동안의 날씨를 예측할 때 종종 실수를 한다. 5일에서 10일의 날씨를 미리 예측하는 장기 예보의 경우는 _____ 방식으로는 거의 일어나지 않는다.

(a) 과거에 그랬던
(b) 예측했던
(c) 정해진 패턴을 따르는
(d) 주말에 발생해야 하는

해설 날씨 예측의 어려움에 대해 이야기하고 있으므로 장기 예보의 경우에는 더욱 예측했던 대로 되지 않을 것이다. 따라서 정답은 (b)이다. 일기예보를 할 때 (a) 과거를 기반으로, 혹은 (c) 특정 패턴을 기반으로 한다는 내용은 없었고, (d) 관련 없는 내용이다.

어휘 weather forecast 일기예보   mood 기분
hardly 거의 ~않는   accurate 정확한
frequently 자주, 흔히   ruin 망치다
attest 입증하다, 증명하다   meteorologist 기상학자
long-range 장거리를 가는, 장기간의
in advance 미리, 사전에   predict 예측하다

3 (a)

해설 유럽에서, 결국 세계에서 쓰이는 언어 대부분은 현재 남부 러시아의 원-인도유럽어, 줄여서 PIE로 알려진 언어에서 유래되었다. 비록 PIE의 _____, 언어학자들은 많은 유럽언어의 공통 어근에서 PIE의 일부를 재창조했다. 예를 들어, 숫자 '3'을 의미하는 단어는 러시아어, 영어, 독일어에서 비슷한 소리가 나고, 그러므로 PIE에서 유래되었음이 틀림없다. 게다가, 전문가들은 이러한 공통어근으로부터 사람들의 생활방식에 대하여 약간이나마 알게 되었다.

(a) 기록된 표본이 존재하지 않지만
(b) 몇몇 음성 기록이 존재하지만
(c) 말하는 몇몇 사람이 존재하지만
(d) 묘사가 많이 존재하지만

해설 빈칸이 although로 시작하고 있으므로 이후의 내용과는 반대될 것이다. 빈칸 이후에 PIE의 일부를 재창조했다는 내용과 그 예시인 숫자 '3'이 나오므로 본래 PIE는 명확히 존재하지 않았음을 알 수 있다. 따라서 (a)가 정답이다. (b), (c), (d) PIE가 어떤 형태로든 존재하고 있다는 의미가 되므로 오답이다.

어휘 originate in[from] ~에서 비롯되다, ~에서 유래하다
for short 줄여서, 간단히 말해서   linguistic 언어의
scholar 학자   root word 어근   written 글로 쓰여진
sound recording 음성 기록, 녹음

4 (d)

해설 회사는 자신의 제품이나 서비스를 광고할 수 있는 여러 가지 방법을 가지고 있다. 요즘 한 가지 획기적인 방법으로 버즈 마케팅이 있다. 이는 매우 효과적일 수 있는 입소문 광고의 형태이다. 기본적으로 사람들은 여기저기에서 다른 사람들에게 제품의 좋은 점을 이야기하도록 고용된다. 이러한 버즈 마케터들은 일반적으로 자신이 광고하는 제품을 좋아하며, 이는 그들이 더욱 타당하고 믿을 만하게 보이도록 해 준다. 또한 회사가 여러 명의 버즈 마케터들을 고용한다 할지라도, 주요 신문에 한 페이지 광고를 내는 것보다 비용이 상대적으로 적게 들기 때문에 _____.

(a) 회사가 보다 많은 소비자와 접촉할 수 있도록 한다
(b) 고객들에게 더 많은 할인을 제공한다
(c) 회사의 시장성을 늘린다
(d) 회사의 귀중한 돈을 절약한다

해설 빈칸이 thereby로 시작하고 있으므로 지문의 결론을 서술할 것이다. 회사의 제품이나 서비스를 입소문으로 광고하는 버즈 마케팅에 관한 글로, 빈칸 앞 문장에서 신문 광고보다 비용이 더 적게 든다는 내용이 나오므로 (d)가 정답이다.

어휘 myriad 무수한   advertise 광고하다   novel 새로운
buzz 윙윙거리는 소리   word-of-mouth 입소문, 구전의
typically 일반적으로, 전형적으로   legitimate 타당한
relatively 비교적으로, 상대적으로   take out (신문에 광고를) 내다
thereby 그렇게 함으로써, 그 때문에
marketability 시장성   valuable 귀중한, 소중한

5 (b)

해석
> 아파트 주민 여러분께,
>
> 매주 목요일마다 있던 쓰레기 수거가 이번 주는 목요일이 휴일이기 때문에 이루어지지 않음을 명심하시기 바랍니다. 시에서는 우리에게 수거가 그 다음 목요일에 이루어질 것이라고 알려왔는데, 이는 그들이 보다 빨리 가져갈 수 있을 만큼 트럭을 충분히 보유하고 있지 않기 때문입니다. _____ 위해, 저희는 모든 주민 여러분이 플라스틱 병, 캔, 신문지와 같은 재활용품을 다음 주 목요일 수거일까지 아파트 안에 두실 것을 요청합니다. 쓰레기통이 다 차면 쓰레기 봉지를 쓰레기통 왼쪽에 놔주시기 바랍니다. 감사합니다.
>
> 관리인 드림

(a) 제때에 모든 쓰레기를 처리하기
(b) 밖에 나와 있는 쓰레기의 양을 줄이기
(c) 시의 결정에 항의하기
(d) 휴일에 일하지 않기

해설 글의 중간에 빈칸이 있으므로 앞뒤 문맥으로 답을 찾을 수 있다. 쓰레기 수거가 다음주 목요일로 미뤄져 재활용품을 아파트 안에 두어야 하는데, 이는 밖에 나와 있는 쓰레기의 양을 줄이기 위해서 일 것이다. 따라서 정답은 (b)이다. (a) 현재 쓰레기를 처리할 수 없는 상황이고, (c) 항의를 위해서는 오히려 쓰레기를 밖에 두는 식의 조치를 취할 것이다. (d) 관련 없는 내용이다.

어휘 tenant 세입자; 주민   advise 조언하다; 알리다
garbage collection 쓰레기 수거
following 다음의, 뒤따르는   recyclables 재활용품
container 그릇, 용기   dispose of ~을 처리하다, 없애다
rubbish 쓰레기   in a timely manner 시기적절하게, 제때에
volume 부피, 양   protest 항의하다

6 (c)

해설 구매품을 _____ 원하는 고객님들은 다음 단계를 따르셔야 합니다. 우선 고객께서는 영수증을 소지하셔야 합니다. 만약 구매가 30일도 더 전에 이루어졌다면, 본 지점에서는 어떤 경우라도 고객님의 돈을 돌려드리지 않음을 유의하시기 바랍니다. 또한, 고객님께서는 왜 제품을 환불하기 원하시는지 이유를 말씀하셔야 하며, 해당 제품은 반드시 구매 당시와 같은 상태에 있어야 합니다. 마지막으로, 점장만이 이러한 처리 과정을 승인할 수 있으니 점원을 괴롭히지 마십시오.

대신, 점장에게 말씀하십시오.

(a) 교환하기
(b) 불평하기
(c) 환불하기
(d) 취소하기

해설 첫 문장이 주제 문장이 되고 있으므로 이후에 전개되는 내용으로 빈칸을 유추할 수 있다. 끝까지 다 읽지 않더라도 영수증을 소지하여 30일이라는 기간 내에 이루어져야 돈을 돌려준다는 내용이 있으므로 환불 절차에 관한 설명임을 알 수 있다. 따라서 정답은 (c)이다.

어휘 purchase 구입   receipt 영수증   note 주의하다
under any circumstances 어떤 경우라도
merchandise 상품, 물품   manager 매니저, 점장
approve 승인하다   transaction 거래; 처리 (과정)
salesclerk 점원   get a refund 환불 받다

7 (d)

해석 TV 파일럿 프로그램은 제작사가 만들고 싶어 하는 한 회 분의 예비 TV 프로그램이다. 제작자들은 방송사에 프로그램에 대한 가능성을 보여주고자 아이디어와 첫 회 대본을 제공한다. 만약 방송사에서 그 아이디어를 마음에 들어 하면, 이는 회사에 출연자와 제작진을 고용하고 파일럿이라고 불리는 첫 번째 에피소드를 만들 수 있는 비용을 지불한다. 그러고 나서 스튜디오는 파일럿 프로그램을 보여주어 새 프로그램에 대해 어떻게 생각하는지 알 수 있도록 시청자들을 테스트한다. _____, 방송사는 제작 승인을 내린다. 처음에 방송사는 보통 13개 에피소드를 승인한다. 이러한 13개 에피소드의 TV 시청률이 충분히 높으면, 방송사는 완전한 한 시즌을 채우도록 더 주문한다.

(a) 프로그램 비용이 지불된 이후
(b) 제작자가 성공해 왔기 때문에
(c) 방송사가 반응을 얻으면
(d) 반응이 긍정적이면

해설 예비 TV 프로그램인 파일럿 프로그램은 한 회 분의 에피소드로 시청자들을 테스트하는 용도이다. 빈칸 이후의 내용처럼 방송사가 제작 승인을 내려 13개의 에피소드를 만들려면 시청자들의 반응이 긍정적이어야 할 것이다. 따라서 정답은 (d)이다. (a) 단순히 프로그램 비용을 지불했다거나, (b) 제작자의 명성으로 승인을 내리기는 어렵고, (c) 방송사는 단순한 반응을 얻는 것이 아닌 긍정적인 반응을 얻어야 승인할 것이다.

어휘 television pilot (TV의) 파일럿 프로그램
episode (소설, 방송, 영화의) 한 편
potential 가능성이 있는; 미래의
production company 제작사   script 대본
network 관계망; 방송망   cast 출연자들
crew (한 팀의) 직원   audience 관중, 시청자
green light (사업에 대한) 허가, 승인   ratings (pl.) 시청률

8 (d)

해석 부모는 아이들에게 _____를 어렸을 때 가르쳐야 한다. 이는 많은 것을 필요로 하지 않는다. 아이들은 그

저 다른 사람들에게 '부탁이에요.' '감사합니다,' 혹은 '실례합니다'를 말하는 방법을 배우면 된다. 마찬가지로, 아이들은 다른 사람들에게서 물건을 집어 드는 것이 아니라 물건을 달라고 정중하게 요청해야 함을 알아야 한다. 이는 아이들이 부모에게 뿐만 아니라 다른 사람들에게도 예의 바르게 하기 위해 할 수 있는 기본적인 것들이다. 그렇게 하는 데 실패하는 것은 아이들이 무례하고 예의 없게 자라게 된다는 결과를 가져올 것이다.

(a) 교실에서의 행동
(b) 공통적인 표현
(c) 읽기와 쓰기
(d) 올바른 태도

해설 빈칸 이후에 '부탁이에요,' '감사합니다,' 혹은 '실례합니다'와 같은 예시가 나와 있으므로 올바른 태도를 가르쳐야 한다는 (d)가 가장 적절하다. (a), (c) 관련 없는 내용이고, (b) 위의 예시를 공통적인 표현으로 볼 수 있지만, 마지막 문장에서 무례하고 예의 없게 자랄 수 있다는 내용이 나오므로 태도와 더욱 관련 있는 내용임을 알 수 있다.

어휘 involve ~을 수반하다, 포함하다   grab 잡다
ask for ~을 달라고 하다   politely 예의 바르게
ensure 확실히 ~하게 하다, 보장하다
result in ~의 결과를 낳다   expression 표현
manner 태도

9 (c)

해설 동물원은 수십 년간 관광명소였다. 이러한 이유 중 하나는 동물원이 사람들이 일반적으로 볼 기회가 없는 동물들을 주로 데리고 있기 때문이다. _____, 어떤 사람이 아프리카의 사파리에 가지 않는다면, 동물원을 제외하고는 직접 코끼리나 사자를 볼 방법은 사실상 없는 것이다.

(a) 그러므로
(b) 더군다나
(c) 예를 들어
(d) 게다가

해설 빈칸 앞 문장에서는 동물원이 사람들이 볼 기회가 없는 동물들을 데리고 있다고 했고, 뒤 문장에서는 아프리카 사파리에 가지 않으면 코끼리나 사자를 볼 수 없다고 했다. 따라서 '예를 들어'로 연결하는 것이 가장 자연스럽다. 정답은 (c)이다.

어휘 tourist attraction 관광명소   decade 10년
normally 보통, 일반적으로   virtually 사실상, 실질적으로
in person 직접   except ~을 제외하고

10 (a)

해석 고양이는 애완용이든 야생이든 모두 사냥꾼이다. 그것은 심지어 수천 년 동안의 가축화 이후에도 제거될 수 없는 본능이다. 고양이는 자신을 매우 훌륭한 사냥꾼으로 만들 수 있는 몇 가지 신체적인 특징을 가지고 있다. 그들은 훌륭한 야간 시력, 몰래 움직일 수 있는 부드러운 발, 짧은 거리를 이동하는 눈이 안 보일 정도의 속도를 지니고 있는 것이다. _____, 아프리카에서 가젤을 추격하는 사자든지, 쥐를 쫓는 집고양이든지 간에 고양이는 가공할 만한 사냥

꾼인 것이다.

(a) 모두 합치면
(b) 불행히도
(c) 내면적으로
(d) 그 대신에

해설 빈칸 앞 문장에서는 고양이가 훌륭한 야간 시력, 부드러운 발, 빠른 속도를 가지고 있다고 했고, 뒤 문장에서는 고양이가 가공할 만한 사냥꾼이라고 했다. 따라서 앞 문장의 특징들을 '모두 합치면' 고양이가 가공할 만한 사냥꾼이 된다는 (a)가 가장 자연스럽다.

어휘 **domestic** 국내의; 가정의; 애완용의, 길들여진
instinct 본능 **physical** 신체적인
characteristic 특징, 특성 **vision** 시력
pad 보호대, 완충재를 대다 **stealth** 몰래 하기
blinding 눈이 부신, 눈에 안 보이는
formidable 가공할, 어마어마한

11 (a)

해석 바다에서의 항해는 수세기 동안 힘들었다. **(a) 이는 역사상 가장 훌륭한 항해사였고 나침반의 도움 없이 수많은 태평양 섬을 식민지로 만든 폴리네시아 사람들에게는 사실이 아니었다.** (b) 선원들이 처한 주된 문제는 배가 기준 지점을 벗어났을 때 배의 동서 위치인 경도를 판단할 정확한 계시기가 없는 것이었다. (c) 배의 남북 위치인 위도는 판단하기 쉬웠다. (d) 이는 태양과 지평선의 각도를 파악함으로써 얻어졌다.

해설 과거에는 경도를 판단할 계시기가 없어 목적지로 항해하는 일이 힘들었다는 내용의 글이다. 보기 중에서 (a)만 나침반 없이 쉽게 태평양 섬을 식민지로 만든 폴리네시아 사람에 대해 이야기하고 있으므로 흐름상 어색하다.

어휘 **navigation** 항해 **colonize** ~을 식민지로 만들다
compass 나침반 **lack** 부족, 결핍
timepiece 계시기; (고어) 시계 **longitude** 경도
position 위치 **leave** 떠나다 **latitude** 위도
achieve 성취하다; 얻다, 획득하다 **horizon** 지평선

12 (c)

해석 네바다 주의 라스베이거스는 1940년대 후반 사막 한가운데에 있는 작고 활기 없는 마을이었다. (a) 하지만, 네바다는 도박이 합법인 주였기에 미국에서 보기 드문 장소였다. (b) 몇몇 기업인들이 그곳에 호텔과 카지노를 건설하기로 결정했으나, 결국에는 여러 가지 공사 문제, 지연 및 사소한 금고 도난 사건 등으로 인해 4백만 달러라는 당시로서는 놀랄 만한 비용이 들었다. **(c) 그 프로젝트 투자에 관여한 사람들 대부분은 다양한 뉴욕 범죄 조직의 일원이었다.** (d) 마침내 건물이 개장했고, 그럼으로써 사막의 도시로써 새로운 시대를 시작해 전 세계 모든 사람들을 위한 도박과 오락의 중심지가 되었다.

해설 라스베이거스의 역사에 관한 글로, 라스베이거스는 한때 한적한 도시였지만, (a) 도박이 합법이었고, (b) 호텔과 카지노가 들어오면서 (d) 전 세계 사람들이 찾는 도박과 오락의 중심지가 되었다는 내용이다. 이 중에서 (c)는 호텔과 카지노에 투자한 사람들이 어떤 사람들인지 설명하고 있으므로 흐름상 어색하다.

어휘 **gambling** 도박 **legal** 합법적인
entrepreneur 기업가, 사업가
astounding 놀라운, 믿기 어려운 **construction** 건설, 건축
pilfer 좀도둑질하다 **coffer** 금고 **syndicate** 연합체
spark 활기를 불어 넣다, 자극하다 **Mecca** 메카, 중심지

13 (b)

해석 금성의 대기는 너무 짙어서 금성이라는 행성의 표면은 지구에서 관측된 적이 없다. 게다가, 대기가 매우 유독한데, 96.5%가 이산화탄소이고 3.5%가 질소이며, 다른 많은 화학물질도 미량으로 존재한다. 과학자들은 이러한 구름이 금성에 온실효과를 발생시킨다고 생각한다. 이러한 사실과 태양과의 근접성 때문에, 금성의 표면은 태양계에서 가장 뜨겁다.

Q: 지문의 주제는 무엇인가?

(a) 금성의 대기 중에 있는 높은 수준의 미량 성분
(b) 금성 표면에 있는 두꺼운 구름의 결과
(c) 금성의 대기 중에 있는 성분의 구성
(d) 금성의 위치와 온도

해설 96.5%의 이산화탄소와 3.5%의 질소로 이루어진 금성의 대기가 온실효과를 가져오고 결과적으로 금성의 표면을 태양계에서 가장 뜨겁게 만든다는 글이므로 (b)가 정답이다. (a) 금성의 대기 중에 있는 미량 성분은 낮은 수준으로 존재하고, (c) 이러한 대기 성분이 어떻게 구성되어 있는지는 언급되어 있지만 세부 내용에 불과하다. (d) 금성의 위치가 태양 가까이에 있어 금성의 표면을 뜨겁게 만들지만, 지문에서 이는 부수적인 이유에 불과하다.

어휘 **Venusian** 금성의 **atmosphere** 대기
consist of ~로 구성되다 **carbon dioxide** 이산화탄소
nitrogen 질소 **trace** 소량, 미량
proximity (거리상) 가까움, 근접 **element** 요소, 성분
consequence 결과 **composition** 구성

14 (c)

해석

욕망이라는 이름의 전차

대학의 풋라이츠 드라마 클럽은 프레드릭 대강당에서 Tennessee Williams의 '욕망이라는 이름의 전차'를 공연하게 됨을 알리게 되어 기쁘게 생각합니다.

- 첫 번째 공연은 토요일 오후 8시에, 두 번째는 일요일 동일한 시간에 있을 것입니다.
- 학생 입장료는 2달러, 일반 관객 입장료는 3달러입니다. (모든 수익금은 무대 제작과 의상 구입을 지원하기 위해 드라마 클럽에 전달될 것입니다.)

오셔서 드라마 클럽을 후원해 주시고 훌륭한 연극을 관람하십시오.

풋라이츠 드라마 클럽

Q: 안내문의 목적은 무엇인가?

(a) 드라마 클럽 회원들의 노고를 칭찬하기 위해
(b) 공연의 시간과 장소를 알리기 위해
(c) 곧 있을 연극 공연을 알리기 위해

(d) 모금된 모든 기금이 어떻게 사용될지 언급하기 위해

해설 연극 제목, 공연 장소 및 시간, 입장료 등이 상세하게 나와 있으므로 연극 공연을 알리는 것이 지문의 목적이라는 (c)가 가장 적절하다. (b), (d) 안내문에서 언급된 내용이지만, 주된 목적이 아닌 세부 내용에 불과하다. (a) 언급되지 않은 내용이다.

어휘 production 작품, 저작물; 제작
auditorium 대강의실, 청중석   performance 공연
general public 일반 대중   admission 입장, 입장료
proceeds 수익, 수익금   finance 자금을 공급하다
set 무대, 공연장   costume (연극, 영화 등의) 의상
upcoming 다가오는, 곧 있을   utilize 활용하다

15   (a)

해석 지난 십 년 동안, 아이들과 십대 청소년들의 독서량은 엄청나게 증가했다. 전문가들은 이러한 흐름에 대해 수많은 이유를 제시해 오고 있지만, 다른 모든 이유 중에서 한 가지가 두드러진다. 그것은 바로 J.K. Rowling이 쓴 해리 포터 시리즈다. 비록 문학 비평가들은 그 책에 있는 글의 자질을 종종 비웃지만, Rowling의 책은 수천만 부가 팔렸으며, 이 중 다수는 수백 페이지의 분량에도 불구하고 그 책에 깊이 빠져든 아이들에게 팔렸다. 일단 해리 포터를 다 읽고 나면, 많은 아이들은 독서의 즐거움을 발견하게 되고 결국 다른 작품을 읽게 되는데, 이는 전 세계 부모님, 선생님 및 도서관 직원에게 대단히 기쁜 일이다.

Q: 해리 포터 시리즈에 관한 필자의 요지는 무엇인가?

(a) 해리 포터 책은 많은 사람들이 독서를 시작하도록 한다.
(b) 해리 포터 책은 문학 작품으로 간주되어서는 안 된다.
(c) 비평가들은 해리 포터 책의 자질에 대해 거의 감명받지 않았다.
(d) 해리 포터 책은 전 세계적으로 수백만 부가 팔렸다.

해설 지난 십 년 동안 아이들의 독서량이 상당히 증가했는데, 필자는 그 이유를 해리 포터로 인해 아이들이 독서의 즐거움을 깨달았기 때문이라고 생각한다. 따라서 (a)가 가장 적절하다. (b) 문학 작품이 아니라고까지는 언급되지 않았으며, (c) 올바른 정보이지만 필자가 하고자 하는 말은 아니다. (d) 해리 포터 책은 전 세계적으로 수천만 부가 팔렸다.

어휘 tremendous 엄청난, 굉장한   cite 인용하다, 언급하다
stand out 두드러지다, 눈에 띄다
literary 문학의, 문학적인   critic 비평가
scoff at ~을 비웃다, 조롱하다   prose 산문
copy (책, 신문 등의) 한 부, 한 권   eagerly 열망하여; 열심히
absorb 흡수하다   librarian (도서관의) 사서

16   (b)

해설

당신이 임신을 하게 된다면

의학 전문가들은 임신 기간을 세 개의 시기로 구분한다. 첫 번째 기간에는 태아의 주요 장기, 혈액, 뼈 및 피부가 발달하며, 심장이 뛰기 시작한다. 이 단계에서 여성은 종종 입덧이라고 불리는 메스꺼움을 경험할 수 있다. 두 번째 기간 동안 태아는 계속해서 성장하여, 불룩해진 배로

인해 여성의 임신이 눈에 띄게 된다. 마지막 기간에는 태아가 세상에 나올 준비를 하면서, 여성은 허리 아랫부분에 통증과 불편함이 점차 커지는 것을 경험할 수 있다.

Q: 지문은 주로 무엇에 관한 것인가?

(a) 입덧을 피하는 방법
(b) 임신의 단계들
(c) 태아의 발달
(d) 여성의 임신 관련 문제

해설 지문은 임신 기간 동안의 태아와 산모의 변화를 세 시기로 나누어 설명하고 있으므로 임신의 단계에 관한 글이라는 (b)가 가장 적절하다. (a) 언급되지 않은 내용이다. (c) 태아의 발달이나 (d) 여성의 임신 관련 문제가 나오기는 하지만 글 전체를 포괄하는 주제로 보기는 어렵고, (b)가 좀 더 정확한 설명을 제시한다.

어휘 get pregnant 임신하다   professional 전문가; 프로
trimester 3개월의 기간, 3학기 중 한 학기
organ 기관, 장기   beat (심장이) 고동치다
nausea 메스꺼움   morning sickness 입덧
noticeable 뚜렷한, 두드러진   bulge 볼록함
discomfort 불쾌, 불편

17   (d)

해석

교차로에서 추돌한 차

어제 아침 7시 20분경 이스턴가와 헨리로가 만나는 교차로에서 4중 추돌사고가 있었다. 두 명이 부상을 입었으며 그 중 한 명만 중상으로 보도되었다. 두 사람 모두 구급차로 센트럴 병원에 후송되었으며 한 명은 중환자실에 남아 있다. 당국은 두 사람의 신원을 아직 밝히지 않았다. 경찰에 따르면, 사고는 8시경 사고 차량이 도로에서 치워질 때까지 약 15분간 교통 지연을 야기했다고 한다.

Q: 뉴스 기사에 따르면 사고에 대해 다음 중 옳은 것은 무엇인가?

(a) 두 사람이 중상을 입었다.
(b) 한 도로 상에서만 일어났다.
(c) 아침 8시경 일어났다.
(d) 여러 차량이 연루되었다.

해설 첫 문장에 쓰인 a four-car accident라는 표현을 통해 4대의 차가 연루되었음을 알 수 있으므로 (d)가 정답이다. (a) 두 사람이 다쳤고, 그 중 한 명만 중상이다. (b) 교차로에서 발생했으므로 두 도로 상에서 일어난 사고로 볼 수 있다. (c) 아침 7시 20분경에 일어났다.

어휘 crash 충돌하다; (충돌) 사고   approximately 대략
injury 부상   intensive care 집중 치료실, 중환자실
authorities (pl.) 당국, 관계자   have yet to 아직 ~하지 않다
release 공개하다, 발표하다   result in ~의 결과를 낳다
stretch (길게 뻗은) 지역, 구간   involve 관련시키다, 연루시키다
multiple 여러 개의

18 (b)

해석 빅 알 사무용품 전문점은 비즈니스에 필요한 모든 것을 판매하고 있습니다. 저희는 여러분이 문구점에서 기대할 만한 종이, 펜, 연필, 스테이플러 등 모든 종류의 제품을 갖추고 있습니다. 또한 탁상용 컴퓨터 및 노트북 컴퓨터 모두를 위한 완벽한 구성을 최신 소프트웨어와 함께 취급하고 있습니다. 책상, 의자, 책장을 비롯하여 온갖 종류의 사무용 가구 역시 보유하고 있습니다. 빅 알은 이 도시에서 최저 가격을 보장합니다. 여러분이 빅 알의 제품보다 더 싼 가격으로 판매하는 다른 곳을 발견한다면, 저희가 차액만큼 환불해드릴 것입니다.

Q: 다른 가게에서 동일한 물건을 더 싸게 판매한다면 빅 알은 어떻게 할 것인가?

(a) 총액으로 물건을 환불해 줄 것이다.
(b) 고객에게 일정 금액을 돌려줄 것이다.
(c) 고객이 물건을 교환할 수 있도록 할 것이다.
(d) 고객에게 물건의 전체 가격을 지불할 것이다.

해설 마지막 문장에서 빅 알보다 더 싼 가격으로 판매하는 곳을 발견한다면 그 차액만큼 환불해 준다고 했으므로 고객에게 일정 금액을 돌려준다는 (b)가 가장 적절하다.

어휘 **stationery** 문구류, 문방구 **line** (상품의) 품목, 라인
desktop 탁상용 컴퓨터 **along with** ~와 함께
bookshelf 책장 **in stock** 재고가 있는
guarantee 보증하다, 보장하다
available 이용할 수 있는, 구할 수 있는 **refund** 환불해 주다
difference 차이; 차액 **value** 가치; 값

19 (a)

해석 귀하께,

우리 도서관에서 빌려 가신 세 권의 책이 아직 반납되지 않았음을 상기시켜 드리기 위해 이 글을 씁니다. 반납 예정일은 이달 16일이었습니다. 도서 반납이 연체된 각 하루마다 책 한 권당 25센트의 연체료가 있습니다. 책은 업무 시간 동안에는 도서관 지점 어느 곳이든 반납하실 수 있으며, 도서관 문이 닫혀 있을 경우에는 각 지점에 위치한 반납함에 하실 수 있습니다. 모든 연체료는 도서나 자료를 추가로 대출하시기 전에 완납되어야 합니다. 해당 도서가 이달 30일까지 반납되지 않았을 경우 대출 자격을 무기한으로 취소하게 될 것입니다.

도서관장 Josephine Hall 드림

Q: 이메일에 따르면 다음 중 옳은 것은 무엇인가?

(a) 책은 도서관이 문을 닫은 경우에도 반납할 수 있다.
(b) 도서관은 이달 16일 그 남자의 카드를 취소할 것이다.
(c) 책을 대출한 사람은 연체된 도서들에 대해 25센트를 지불해야 한다.
(d) 도서관은 그 도시에 단 하나의 지점만 가지고 있다.

해설 이메일의 중간 부분을 보면, 도서관이 문을 닫았을 경우에는 반납함에 반납할 수 있으므로 (a)가 정답이다. (b) 이달 16일은 반납 예정일이었으며, (c) 연체된 도서 한 권당 하루에 25센트가 부과되는 것이다. (d) 책을 어느 지점에서든지 반납할

수 있다고 했으므로 여러 지점을 보유하고 있다는 것을 알 수 있다.

어휘 **remind** 상기시키다, 생각나게 하다 **due date** 만기일, 마감일
overdue 기한이 지난, 연체된 **branch** 지점
operating hour 운영시간
pay in full 전액을 지불하다, 완납하다
be forced to ~하도록 강요받다, ~할 수밖에 없다
privilege 특권 **indefinitely** 무기한으로 **owe** 빚지다

20 (d)

해석 쌍둥이에는 이란성과 일란성의 두 종류가 있다. 이란성 쌍둥이는 동일한 성별이거나 반대의 성별일 수 있는 반면, 일란성 쌍둥이는 언제나 성별이 같다. 이란성 쌍둥이는 외모가 비슷하지 않으며, 공통적인 특징이 거의 없을 수 있다. 반면, 일란성 쌍둥이는 다른 쌍둥이가 거울에 비친 이미지와 같고, 심지어 동일한 DNA 구조를 가지고 있다. 많은 연구는 일란성 쌍둥이가 서로에게 심리적인 유대감 또한 가지고 있어, 상대가 아프거나 외롭거나 행복할 때 느낄 수 있다고 한다.

Q: 지문에 따르면 다음 중 옳은 것은 무엇인가?

(a) 이란성 쌍둥이는 서로의 감정을 느낄 수 있다.
(b) 일란성 쌍둥이는 반드시 서로 비슷하게 생기지는 않는다.
(c) 이란성 쌍둥이는 완전히 동일한 DNA 구조를 갖는다.
(d) 일란성 쌍둥이 중 한 명이 여성이라면 다른 한 명도 여성이다.

해설 두 번째 문장의 while 이하를 보면, 일란성 쌍둥이는 언제나 성별이 같음을 알 수 있다. 따라서 쌍둥이 중 한 명이 여성이라면 다른 한 명도 여성일 것이라는 (d)가 가장 적절하다. (a) 서로의 감정을 느낄 수 있고, (c) 동일한 DNA 구조를 가지고 있는 것은 일란성 쌍둥이이고, (b) 반드시 서로 비슷하게 생기지 않은 것은 이란성 쌍둥이이다.

어휘 **twin** 쌍둥이 **fraternal** 이란성의 **identical** 일란성의
opposite 반대의, 다른 편의 **look alike** 닮다
in common 공동으로, 마찬가지로
mirror image 거울에 비친 상 **profile** 옆얼굴; 개요
psychological 심리학의, 심리적인 **bond** 유대(감)
sense 느끼다, 감지하다

21 (c)

해석 흔히 위대한 문학적 자질을 갖춘 작품이 아니라고 비난 받음에도, 동화는 가장 인기 있는 문학 장르 중 하나다. 동화는 전통적으로 말하는 동물, 괴물, 마법 및 마술에 의존하여 사실상 무슨 일이든지 일어날 수 있는 상상의 상황을 설정한다. 게다가, 이야기의 줄거리는 대부분 선과 악의 근본적인 충돌로 귀결되어 이를 재미있으면서도 동시에 교육적이 되도록 만든다. 그렇기에 동화가 종종 어린이들의 이야기로 분류되는 것이다. 그러나 오늘날 동화는 많은 어른들에게도 인기를 얻고 있는데, 이는 그것이 어느 정도 현실로부터의 도피처를 제공하기 때문이다.

Q: 지문에 따르면 다음 중 옳은 것은 무엇인가?

(a) 동화는 가장 인기 있는 문학 장르이다.
(b) 동화에는 종종 나쁜 마법사가 등장한다.

(c) 다양한 연령대의 사람들이 종종 동화 읽기를 즐긴다.
(d) 선과 악의 줄거리는 동화의 주된 매력 요소이다.

해설 재미있으면서도 교육적인 동화는 아이들에게 주로 읽히지만, 오늘날 어른들에게도 도피처를 제공하며 인기를 얻고 있다. 따라서 다양한 연령대의 사람들이 동화 읽는 것을 즐긴다는 (c)가 가장 적절하다. (a) 동화가 인기 있는 문학 장르 중 하나이지, 가장 인기 있는 장르라는 것은 아니다. (b) 마술, 마법이 주된 요소 중 하나로 언급되지만 그 중 나쁜 마법사가 주로 등장하는지는 알 수 없고, (d) 허구적인 요소, 선과 악의 줄거리, 도피처로서의 역할 중 어떤 것이 동화의 주된 매력 요소인지 또한 알 수 없다.

어휘 disparage 폄하하다, 경시하다   fairy tale 동화
reliance 의지, 의존   enchantment 마법
fanciful 상상의   virtually 사실상
come down to 결국 ~이 되다
fundamental 근본적인, 본질적인   clash 충돌
categorize 분류하다   attraction 매력, 매력적인 것

22 (a)

해석
인터넷은 무엇인가?

인터넷은 40년도 더 전에 두 대의 컴퓨터를 연결하는 것이 목표였던 간단한 프로젝트로 시작되었다. 이제 그것은 사회의 많은 부분을 지배하고 있다. 사람들은 더 이상 편지를 쓰지 않고 이메일을 보내거나 온라인으로 채팅을 한다. 실제 책을 갖춘 도서관은 사람들이 정보를 찾기 위해 인터넷을 이용하게 되면서 언젠가 쓸모없게 될 수 있다. 인터넷은 TV 프로그램과 영화의 줄거리에 등장하며, 너무 보편적인 것이 되어 인터넷에 연결되지 않는 사람은 이상해 보일 수 있다. 게다가, 많은 사람들이 너무 많은 시간을 인터넷을 사용하거나 사이버 공간에서 사람들과 상호작용하며 보내서 실제 사람들과 진정으로 사회생활을 할 시간이 없다. 이들은 인터넷에서 이용 가능한 메신저로 이야기하기를 선호하는 것이다.

Q: 지문에 의해 인터넷에 대해 다음 중 지지를 받는 문장은 무엇인가?

(a) 사람들은 서로 온라인으로 채팅하는 것을 더 선호한다.
(b) 사람들은 인터넷을 끊임없이 참조한다.
(c) 인터넷을 사용하지 않는 사람들만이 이상한 사람들이다.
(d) 일부 사람들은 인터넷으로 인해 그들 삶의 다양한 요소를 무시한다.

해설 지문의 마지막 문장을 보면 사람들이 실제 사람들과 이야기하기보다는 인터넷 메신저로 이야기하는 것을 선호한다고 나와 있다. 따라서 사람들이 온라인 채팅을 선호한다는 (a)가 가장 지지를 받을 것이다. (b) 사람들이 정보를 찾을 때 도서관에 가기보다 인터넷을 이용하기는 하지만, 끊임없이 인터넷을 참조한다는 서술과는 거리가 있다. (c) 인터넷에 연결되지 않은 사람이 이상해 보일 수 있다는 내용이 나오지만, 그렇다고 이들만이 이상한 사람들이라는 의미는 아니다. (d) 일부 사람들이 인터넷으로 인해 사회생활을 하지 않는 것은 사실이지만 그렇다고 이들이 삶의 요소를 무시하는 것은 아니다.

어휘 dominate 지배하다   physical 물리적인

obsolete 쓸모없는   interact 상호작용하다
cyberspace 사이버공간   social life 사교 생활, 사회생활
prefer to ~을 선호하다   instant messenger 메신저
make a reference to ~을 참조하다   neglect 무시하다

23 (a)

해석
지역 리틀 리그 야구에 가입하세요!

지역 리틀 리그 야구 기구는 7월 2일 토요일 페어뷰 야구장에서 어린이들의 가입을 받습니다. 7월 2일자로 8세에서 11세 사이의 어떤 어린이든 올해 여름 리틀 리그 야구에서 뛰기 위해 가입할 수 있습니다. 각각의 어린이들은 개인 야구 글로브와 적합한 운동화를 준비해야 합니다. 등록이 끝난 후에 만약 충분한 수의 아이들이 모이면, 코치들이 이들을 6개 팀으로 나눌 것입니다.

Q: 안내문으로부터 추론할 수 있는 것은 무엇인가?

(a) 7월 1일로 12세가 된 아이는 경기할 수 없다.
(b) 남자아이들만 야구팀에 가입이 허용된다.
(c) 리그는 여름과 가을에 경기를 할 것이다.
(d) 부모가 아이를 등록시킬 때는 반드시 등록비를 지불해야 한다.

해설 두 번째 문장에 7월 2일자로 8세에서 11세 사이에 해당하는 아이만 참가할 수 있다고 했으므로 그 전날 이미 12세가 되어버린 아이는 참가할 수 없을 것이다. 따라서 정답은 (a)이다. (b) 성별에 제한을 두지는 않았고, (c) 리그는 여름에 진행된다. (d) 등록비에 대한 언급은 없었다.

어휘 organization 단체, 조직   sign up 참가하다, 가입하다
be required to ~하도록 요구되다, ~해야 한다
proper 적합한, 적절한   footwear 신발(류)
register 등록하다   divide ~ into ... ~을 ...로 나누다
turn (나이가) ~이 되다   fee 요금, 수수료

24 (d)

해설 토네이도가 어제 저녁 해지기 약 30분 전에 미주리 주 그린버그 부근을 덮쳤다. 이 토네이도는 약 5분간 지상에 머무르면서 마을 가장자리를 강타했다. 대부분의 시민들은 대피소로 갈 만한 충분한 경고시간이 있었지만, 몇몇은 부상을 입었고, 심하게 다친 사람은 없었다. 대략 열 채의 집과 가게에 토네이도가 불어 닥쳤으며, 관계자들은 이러한 건물에 상당한 피해가 있음을 보고했다. 목격자들은 몇 대의 자동차가 전복되었고, 최소 두 채의 집이 완전히 파괴되었다고 했다. 토네이도는 어제 해당 주를 휩쓴 일련의 폭풍으로 인해 형성되었다.

Q: 뉴스 보도로부터 추론할 수 있는 것은 무엇인가?

(a) 토네이도가 도시를 덮쳤을 때 아무도 운전하고 있지 않았다.
(b) 몇몇 사람들은 토네이도가 지나간 후에 중태에 빠졌다.
(c) 토네이도가 도시의 전기를 나가게 했다.
(d) 토네이도는 중심가를 지나지 않았다.

해설 두 번째 문장에 토네이도가 마을 가장자리를 강타했다는 내용이 나오므로 중심가는 지나지 않았을 것으로 추론할 수 있다. 따라서 (d)가 정답이다. (a) 마을사람들의 운전 여부나 (c)

전기에 관해서는 언급되지 않았고, (b) 심하게 다친 사람은 없다고 했다.

어휘 **touch down** 착륙하다, 내려앉다
twister 토네이도, 회오리바람　**edge** 가장자리
shelter 피난처, 대피소　**injure** 부상을 입히다
official 관계자, 공무원　**extensive** 광범위한, 광대한
witness 목격자　**flip over** 홱 뒤집다
sweep through 휩쓸고 지나가다
be in critical condition 위험에 처해 있다; 위독하다

25 (c)

해석 실크로드는 중국에서 중동에 이르는 전설적인 길로, 거의 천 년 동안 두 지역 사이의 주된 교역로로 사용되었다. 다양한 샛길과 경로가 있는 일련의 작은 도로 및 오솔길이 있었다. 주된 방향은 중앙아시아를 가로질러 중동으로 가는 것이었다. 대부분의 교역로는 지독하게 더운 사막, 높은 산, 약탈하려는 도적들로 인해 위험했다. 중국에서 중동에 이르는 여정은 끝내는 데 1년이나 걸리는 경우도 많았다. 그럼에도, 대상들은 15세기 말까지 계속해서 꾸준히 걸어 다녔다.

Q: 지문으로부터 추론할 수 있는 것은 무엇인가?

(a) 실크로드를 건너는 것이 신뢰할 수 없는 일은 아니었다.
(b) 실크로드는 교역로로만 사용되었다.
(c) 실크로드에서는 예측하지 못한 상황이 종종 발생했다.
(d) 실크로드는 관광명소로 널리 알려져 있다.

해설 지문 후반부에 뜨거운 태양, 고산지대, 도적과 같이 실크로드를 지나는 데 위험이 있음을 서술하고 있으므로 예기치 못한 상황이 종종 발생했을 것으로 추론할 수 있다. 정답은 (c)이다. (a) 실크로드를 건너는 것은 신뢰할 수 없는 일이고, (b) 교역로로만 사용되었는지, (d) 관광명소로 널리 알려져 있는지는 알 수 없다.

어휘 **fabled** 전설적인　**passage** 통로; 길
trail 오솔길, 산길 (pathway)
scorching 타는 듯한, 지독하게 더운
maraud 약탈하다, 습격하다　**bandit** (도로의) 강도
caravan (사막을 건너는) 대상　**plod** 터벅터벅 걷다
treacherous 신뢰할 수 없는, 의심스러운
tourist attraction 관광명소

26-27 (a), (b)

해석
미국에서 가장 큰 샌드위치 가게인 슈퍼 서브는 사업을 확장하고 있고, 마침내 댄포스 몰에 새로운 지점을 내게 되었습니다! 이는 지역에서 가장 큰 쇼핑몰이며, 새 지점은 많은 손님을 받을 것으로 예상됩니다. 그러므로 저희는 우리 직원으로 합류할 헌신적인 사람을 신중하게 찾고 있습니다.

- 오픈 조는 샌드위치 만드는 사람, 계산하는 사람, 청소하는 사람의 자리를 포함합니다.
- 시급은 8.25$부터 시작하며, 매 6개월마다 인센티브 차원의 인상이 있습니다.
- 일주일에 40시간까지인 풀타임과 파트 타임을 모집합니다.

- 풀타임 직원은 다른 풀타임 직원들과 일정을 조율하여 일주일에 이틀 정도 휴일을 가집니다.
- 풀타임 직원은 최소 18세 이상으로 고등학교 졸업자여야 합니다.
- 댄포스 몰이 항상 관광객으로 붐비기 때문에 외국어에 능숙한 지원자들이 선호됩니다.

지원하시려면 홈페이지에 있는 지원서를 작성하시거나 파인로 점에 와서 직접 매니저 Jeff Howard와 이야기하십시오. 오후 2시부터 4시까지, 월요일부터 금요일 사이에 방문해 주십시오. 많은 지원 기대하겠습니다!

슈퍼 서브

26 Q: 광고의 목적은 무엇인가?

(a) 몇 명의 가능한 일자리를 홍보하기 위해
(b) 일자리에 대해 더 많은 정보를 요청하기 위해
(c) 일자리에 지원하는 여러 방법을 설명하기 위해
(d) 새로운 식당의 개업을 알리기 위해

27 Q: 광고에 따르면 다음 중 옳은 것은 무엇인가?

(a) 가게는 6명의 새 직원을 찾고 있다.
(b) 슈퍼 서브의 직원들은 6개월 후 더 많은 돈을 벌 수 있다.
(c) 쇼핑몰이 새로운 직원을 구하는 광고를 하고 있다.
(d) 슈퍼 서브의 직원들은 하루 종일 일할 것으로 예상된다.

해설 26 슈퍼 서브의 직원으로 일할 사람을 모집하는 광고로 새 지점에서 일할 여러 명의 사람을 모집하고 있으므로 (a)가 가장 적절하다. (b) 일자리에 대한 정보를 제공하고 있다. (c) 지원하는 방법 두 가지를 설명하고 있고, (d) 새로운 식당의 개업을 알리고는 있지만 광고의 주된 목적은 아니다.

27 두 번째 항목에 의하면, 매 6개월마다 인센티브 차원의 시급 인상이 있으므로 슈퍼 서브의 직원들은 6개월 후 더 많은 돈을 벌 수도 있을 것이다. 따라서 (b)가 정답이다. (a) 총 몇 명의 직원인지 정확히 알 수 없고, (c) 쇼핑몰에 있는 샌드위치 가게가 광고를 하고 있다. (d) 풀타임 직원이라 하더라도 일주일에 40시간 근무이므로 하루 종일 일하지는 않을 것이다.

어휘 **expand** (사업을) 확장하다　**expect** 예상하다, 예측하다
customer 손님　**dedicated** 헌신적인　**hourly pay** 시급
incentive 인센티브, 장려금　**raise** 임금 인상
a couple of 두어 개의　**adjust** 조절하다, 조정하다
diploma 졸업장　**fluent** (언어에) 능숙한
fill out (서류 등을) 작성하다　**application** 지원서, 신청서
look forward to ~ing ~하기를 기대하다, 고대하다
promote 홍보하다

28-29 (b), (a)

해석
삼중 캐노피
다수가 중앙아메리카에 위치한 정글은 세계의 열대 지역에서 발견되며 다양한 동식물 종에 서식지를 제공한다. 그 이유는 열대 지역의 많은 강수량과 높은 기온이 식물 성장에 이상적이기 때문이다. 정글은 다양한 범위의 식생을 가지고 있는데, 이는 꽃이나 덤불, 나무뿐만 아니라 덩굴, 이끼, 양치류까지 포함한다. 이러한 밀집된 식생은 종

종 '삼중 캐노피'라고 불리는 것을 자라게 한다.

삼중 캐노피 정글은 캄캄하고 어두운 지역으로, 사람이 길을 찾거나 생존하기 힘든 곳이다. 이곳은 세 가지 층의 식물로 구성된다. 지면과 가까운 곳은 이끼와 지의류, 키 작은 관목, 덤불이 자란다. 이들의 성장은 받아들이는 햇빛이 제한되기 때문에 저해된다. 더 위로 가면, 키 작은 나무가 자라지만, 이 또한 적은 양의 햇빛으로 인해 성장에 한계를 가지고 있다. 마지막으로, 가장 높은 층의 나무는 햇빛을 가장 많이 받고, 당연히 가장 높이 자란다. 정글이 호랑이, 코끼리, 물소, 원숭이, 독수리 등 다양한 종류의 동물 또한 지니고 있기에, 이러한 삼층의 구조는 각 종에게 적합한 서식지를 제공한다.

28 Q: 삼중 캐노피 정글에 대해 다음 중 옳은 것은 무엇인가?

(a) 지구의 많은 기후에서 찾아볼 수 있다.
(b) 다양한 층은 다른 양의 빛을 받아들인다.
(c) 중간층은 관목과 덤불로 이루어진다.
(d) 맨 꼭대기의 나무는 크기에 어느 정도 제약을 받는다.

29 Q: 지문으로부터 추론할 수 있는 것은 무엇인가?

(a) 햇빛에의 접근성은 식물이 높이 자라는 것을 돕는다.
(b) 몇몇 식물은 햇빛을 피하기 위해 낮게 자란다.
(c) 동물은 정글에 쉽게 살 수 없다.
(d) 정글은 지구 생태계에 있어 중요한 일부이다.

해설 28 삼중 캐노피는 햇빛에 따라 성장에 차이가 나는 구조를 지니고 있으므로 각 층이 다른 양의 빛을 받아들인다는 (b)가 가장 적절하다. (a) 열대 지역의 정글에서 찾아볼 수 있으며, (c) 중간층은 키 작은 나무로 이루어진다. (d) 맨 꼭대기의 나무는 가장 높이 자란다.

29 아래층에서 중간층, 중간층에서 꼭대기 층으로 갈수록 나무의 높이가 점점 높아지므로 햇빛에의 접근성이 식물을 높게 자라게 한다는 것을 알 수 있다. 따라서 (a)가 정답이다. (b) 햇빛을 피하기 위해 낮게 자라는 식물은 언급되지 않았고, (c) 정글은 다양한 식물뿐만 아니라 동물에게도 적합한 서식지를 제공한다. (d) 정글과 생태계의 관련성은 언급되지 않았다.

어휘 **triple** 3개로 이루어진 **tropical** 열대의 **habitat** 서식지 **species** 종(種) **rainfall** 강우량, 강수량 **vegetation** (식물의) 식생 **vine** 포도나무; 덩굴 **moss** 이끼 **fern** 양치식물 **dense** 밀집한, 빽빽한 **navigate** 항해하다, 나아가다 **consist of** ~로 이루어져 있다 **lichen** 지의류, 이끼 **shrub** 관목 (낮은 나무) **stunt** (성장을) 방해하다 **topmost** 맨 꼭대기의, 가장 높은 **structure** 구조 **climate** 기후 **vary** 다르다, 다양하다 **ecosystem** 생태계

30-31 (c), (c)

해석
Jessica, 안녕.

휴가는 어때? 거의 끝나가는구나. 난 항상 중앙아메리카에 가는 꿈을 꿨었는데, 나 대신 네가 이뤘네. 아무튼 난 네가 Sharon과 내가 신혼여행으로 갈 만한 장소 추천을 좀 해줬으면 좋겠어. 우리 결혼식은 벌써 한 달 뒤이고, 나

는 평화롭고 로맨틱하면서도 너무 멀거나 비싸지 않은 곳을 찾고 싶어.

네가 다시 도시로 돌아오면 빨리 만나고 싶어. 다 같이 저녁이나 먹자.

安녕, Andrew.

맞아, 나는 휴가 동안 정말 좋은 시간을 보내오고 있어. 중앙아메리카는 정말 멋진 곳이야! 많은 나라와 섬이 있지만, 나는 케이먼 제도를 정말 좋아해. 너는 바다 바로 옆에 있는 리조트에서 방을 빌릴 수 있고, 그건 마치 너 개인의 해변을 가진 듯한 기분이야. 관광객들을 위한 유람선도 많아서, 적당한 가격에 로맨틱하고 고급스러운 저녁을 즐길 수 있을 거야. 나는 네가 그곳에 가면 좋은 시간을 보낼 수 있을 거라 확신해. 하지만 가장 적절한 가격에 얻으려면 일찍 예약해야 해. 그리고 좋아, 너와 Sharon이랑 함께 하는 저녁은 좋을 거야. 3주쯤 뒤면 돌아갈 거 같아. 그럼 그때 메시지 보낼게.

잘 지내!

30 Q: Andrew가 Jessica에게 바라는 것은 무엇인가?

(a) Andrew는 Sharon과 Jessica가 함께 여행 계획을 짜기를 원한다.
(b) Andrew는 Jessica와 케이먼 제도에 가길 원한다.
(c) Andrew는 휴가지에 대한 조언을 원한다.
(d) Andrew는 신혼여행을 위한 고급 리조트를 찾길 원한다.

31 Q: 메시지로부터 Andrew와 Jessica의 관계에 대해 추론할 수 있는 것은 무엇인가?

(a) Jessica는 Andrew의 누나이다.
(b) Andrew와 Jessica는 사귀는 사이였다.
(c) Andrew와 Jessica는 친한 친구이다.
(d) Sharon과 Jessica는 친한 친구이다.

해설 30 Andrew의 메시지 중간에 보면 신혼여행 장소 추천을 요청하고 있는 것을 쉽게 알 수 있다. 신혼여행도 하나의 휴가이므로 (c)가 가장 적절하다. (d) Andrew의 메시지 끝 부분을 보면 너무 멀거나 비싸지 않은 곳을 찾고 싶다는 내용이 나오므로 고급 리조트를 원하지는 않을 것이다.

31 Jessica에게 신혼여행 장소 추천을 부탁하고, 그녀가 돌아오면 저녁을 먹자고 하는 것으로 보아 둘은 친한 친구 사이임을 알 수 있다. 따라서 정답은 (c)이다. (d) Andrew와 Jessica가 Sharon을 스스럼없이 언급하는 것으로 보아 Sharon과 Jessica가 아는 사이라고는 추론할 수 있으나 친한 친구 사이인지는 알 수 없다.

어휘 **honeymoon** 신혼여행 **peaceful** 평화로운 **can't wait to** 빨리 ~하고 싶다 **grab** 붙잡다; 잠깐 ~하다 **rent** 빌리다 **private** 사적인, 개인적인 **luxurious** 호화로운 **reasonable** (가격이) 적당한 **get a good deal** (좋은 조건에) 잘 사다 **Take care!** 잘 지내! 몸 건강해!

32-33 (d), (a)

> **가장 깨끗한 도시 에지필드**
>
> 시장은 한동안 에지필드 시내를 아름답게 하겠다던 그의 공약을 홍보해 오고 있다. 그는 더 많은 환경 미화원을 고용하고, 쓰레기를 버리는 사람들을 잡기 위한 CCTV 카메라를 설치하고, 그밖에 다른 비용이 많이 드는 해결책을 제안해 왔다. 이러한 방법들은 길에 있는 쓰레기를 치우기 좋을 것이지만, 누군가 어떤 문제를 다루려고 할 때 그 사람은 무엇이 그 문제를 가져왔는지 살펴보려 할 것이다. 결국 내 관점으로는, 시장이 모든 것 중 가장 싸고, 가장 간단한 방법인 시내에 더 많은 쓰레기통을 설치하는 것을 간과하고 있는 것 같다.
>
> 쓰레기를 넣을 곳이 충분하지 않다는 간단한 사실 때문에 쓰레기 문제가 있어 왔다. 그 대신, 사람들은 그저 다른 쓰레기가 있는 곳을 보면 어디든지 쓰레기 더미를 쌓는 것으로 끝이 나는 것이다. 사람들에게 그들이 원하는 쓰레기통을 주라. 쓰레기통을 설치하는 것은 적어도 몇 년간 한 번의 비용이면 족하고, 비용이 그렇게 많이 들지도 않지만 거의 확실히 효과가 있다. 그러므로 나는 시장에게 최고의 해결책은 종종 가장 단순한 것임을 상기시켜주고 싶다. 사람들에게 그들의 쓰레기를 버릴 장소를 더 많이 주면, 그렇게 할 것이다.

32 Q: 신문 사설의 필자가 쓰레기통을 설치하는 것에 관해 제시하는 것은 무엇인가?

(a) 사람들로 하여금 더 많은 쓰레기 더미를 만들게 할 것이다.

(b) 쓰레기통을 비워야 하므로 많은 일이 될 것이다.

(c) 환경 미화원을 더 고용하거나 CCTV를 설치하는 것과 다를 게 없다.

(d) 쓰레기 처리 문제에 대한 가장 쉽고 단순한 해결책이다.

33 Q: 필자가 가장 동의할 것 같은 문장은 무엇인가?

(a) 사람들은 쓰레기를 버리고 싶어 하지 않고, 도시가 깨끗했으면 한다.

(b) 몇몇 사람들은 나쁜 사람들이기 때문에 쓰레기를 버린다.

(c) 정부는 쓰레기 투기를 막기 위해서 더 많은 경찰을 필요로 한다.

(d) 쓰레기 더미가 만들어지는 것은 대도시에서 자연스러운 일이다.

해설 **32** 첫 번째 문단 맨 마지막 문장에 필자가 제안하는 바가 나타나 있다. 바로 쓰레기통을 설치함으로써 쓰레기 문제를 해결할 수 있다는 것이다. 따라서 (d)가 정답이다. (a), (c) 기사와 반대되는 내용이고, (b) 언급되지 않은 내용이다.

33 필자는 사람들이 자발적으로 쓰레기를 쓰레기통에 버릴 것이라 생각하고 쓰레기통 설치를 주장하고 있으므로 사람들이 쓰레기를 버리고 싶어 하지 않고, 깨끗한 도시를 원한다는 (a)에 가장 동의할 것이다. (b) 성향에 따른 쓰레기 투기나, (c) 경찰의 필요성, (d) 대도시와 쓰레기양의 연관성은 언급되지 않았다.

어휘 **promote** 촉진하다, 홍보하다

campaign 캠페인, 운동; (선거) 공약   **propose** 제안하다
cleaning staffer 환경 미화원, 청소부   **install** 설치하다
litter 쓰레기를 버리다   **remove** 없애다, 제거하다
handle (문제를) 다루다   **examine** 검토하다, 살펴보다
after all 결국, 어쨌든   **perspective** 관점, 시각
overlook 넘어가다; 간과하다   **end up ~ing** 결국 ~로 끝나다
pile 더미   **expense** 비용   **all but guaranteed** 거의 확실한
remind 상기시키다, 알려주다   **throw away** 버리다

34-35 (a), (c)

> 피너클 엔터테인먼트는 the Winter on Ice Extravaganza를 공연하게 되어 자랑스럽습니다! 가족 모두를 데려와 즐거움이 보장된 빙상 공연의 밤을 즐기십시오. 세계적으로 유명한 러시아 아이스 스케이팅 극단이 차이코프스키의 호두까기 인형을 희극 연기와 함께 공연하는 것을 와서 보십시오. 게다가 본 공연은 세계 피겨 스케이팅 선수권 대회 우승자였던 Olga Sharutenko를 주연으로 합니다. 모두가 즐길 수 있는 것이 될 것이라 확신합니다!
>
> • 본 공연은 시내의 시민 회관에서 열릴 것입니다.
> • 공연은 7월 17일 토요일 오후 6시와 7월 18일 일요일 오후 5시에 열릴 것입니다.
> • 티켓은 성인 20$, 청소년 12$, 12세 미만의 아동 8$입니다. (할인권이나 조기 예매권은 없습니다.)
> • 모든 관객은 무료 스케이팅 수업을 받을 수 있는 추첨에 등록될 것입니다.
> • 본 공연은 연기만으로 진행됩니다. 추첨을 제외하면 행사나 식사는 없습니다.
>
> ticketmaster.com이나 저희 홈페이지에 와서 티켓을 구입하십시오. 티켓은 빨리 매진되니 오늘 구입하십시오!
>
> **피너클 엔터테인먼트**

34 Q: 안내문의 목적은 무엇인가?

(a) 공연에 대한 정보를 주기 위해

(b) 티켓이 모두 매진되었음을 알리기 위해

(c) 공연이 취소 되었음을 알리기 위해

(d) 공연을 위해 더 많은 스케이팅 선수들을 모집하기 위해

35 Q: 안내문으로부터 추론할 수 있는 것은 무엇인가?

(a) 어린 아이들은 공연에 참석할 수 없을 것이다.

(b) 공연은 더 젊은 관객들을 주로 목표로 하고 있다.

(c) 한 관객은 빙상 위에서 스케이트 타는 법에 대해 지도를 받을 것이다.

(d) 러시아 극단은 본 도시에서 이전에 공연한 적이 없다.

해설 **34** 안내문의 첫 문단은 누가 어떤 공연을 하는지에 대한 것이고, 이하로 장소, 시간, 티켓 가격 등 공연에 대한 상세한 정보를 주고 있으므로 (a)가 정답이다.

35 네 번째 항목에 보면, 무료 스케이팅 수업을 받을 수 있는 추첨이 진행된다는 내용이 나오므로 정답은 (c)이다. (a) 12세 미만 아동의 요금까지 나와 있는 것으로 보아 어린 아이들도 참석 가능할 것이고, (b), (d) 언급되지 않은 내용이다.

어휘 **extravaganza** 화려한 오락물, 축제
guarantee 보장하다, 보증하다   **troupe** 극단, 공연단

rendition 연주, 공연　nutcracker 호두 까는 기구
comedic 희극의　star 주연으로 하다
championship 선수권 대회　take place 개최되다, 열리다
hold 개최하다, 열다　entrant 참가자
sign up for ~을 신청하다, 등록하다
drawing 추첨, 제비뽑기　sell out 다 팔리다, 매진되다
cancel 취소하다　recruit 모집하다
attend 참석하다　primarily 주로
audience 관객　instructions (pl.) 지시, 설명; 가르침

Actual Test 06

1	(c)	2	(a)	3	(b)	4	(c)	5	(b)
6	(d)	7	(d)	8	(c)	9	(a)	10	(b)
11	(a)	12	(c)	13	(b)	14	(d)	15	(b)
16	(d)	17	(c)	18	(d)	19	(a)	20	(c)
21	(c)	22	(d)	23	(a)	24	(d)	25	(a)
26	(b)	27	(b)	28	(c)	29	(a)	30	(b)
31	(c)	32	(c)	33	(b)	34	(d)	35	(a)

1　(c)

해설 처음 만들어진 이후로, 비디오 게임은 _____. 아이들을 비롯한 많은 사람들은 게임을 하면서 엄청난 시간을 허비하고 있으며, 부모와 교육자들은 특정 게임에서 나타나는 폭력의 수준에 대해 지속적으로 우려하고 있다. 비디오 게임 산업은 자녀들이 하고 있는 게임의 종류에 대해 부모들이 알 수 있도록 하는 등급 시스템을 만들어 이러한 우려를 완화시키려는 조치를 취해 왔다. 이러한 등급은 모든 연령이 가능한 E에서부터 성인 이용자만 가능한 M까지 있다.

(a) 전 세계 사람들에게 사랑을 받아 왔다
(b) 판매에 있어 지속적인 감소를 보여 왔다
(c) 큰 논쟁을 불러 일으켜 왔다
(d) 오락의 원천이 되어 왔다

해설 빈칸 이후에 부모와 교육자들이 시간 허비 문제, 폭력성 논쟁 등 비디오 게임에 대해 우려하고 있다는 내용이 나오므로 비디오 게임이 논쟁을 불러 일으켜 왔다는 것을 알 수 있다. 따라서 (c)가 정답이다. (a), (d) 긍정적인 내용으로 오답이다. (b) 알 수 없는 내용이다.

어휘 massive 거대한, 대규모의　educator 교육자, 교사
level 수준　violence 폭력　take a step 조치를 취하다
alleviate 완화하다　form 형성시키다, 구성하다
ratings system (영화 등의) 등급 체계
range from ~ to ... ~에서 ...까지 이르다
mature 어른스러운, 성인이 된
a great deal of 다량의, 많은　source 근원, 원천

2　(a)

해설 많은 사람들은 인식하지 못할 수도 있지만, 자신이 자란 곳의

문화는 매우 여러 가지 방식으로 자신에게 영향을 끼친다. 이것이 바로 사람들이 외국을 방문했을 때 문화 충격으로 고생하는 주된 이유이다. 자신이 성장했던 방식 때문에, 사람들은 그저 다른 사람들이 자신과 다른 방식으로 무언가를 하려고 한다는 것을 _____. 그들은 다른 나라 사람들의 옷이나 음식, 예의범절에 있어서 불편함을 느낄 것이다.

(a) 이해할 수 없다
(b) 받아들여야 한다
(c) 잊을 것이다
(d) 회상하지 않을 수도 있다

해설 빈칸 이후에 다른 나라 사람들의 옷, 음식, 예의범절을 보고 불편함을 느낄 것이라는 부연 설명이 나오므로 다른 사람들의 방식을 이해할 수 없다는 (a)가 가장 적절하다. (b) 다른 문화의 사람들을 이해할 수 없을 때 느끼는 문화 충격과는 반대되는 내용이다.

어휘 realize 인식하다, 깨닫다　bring up 기르다, 양육하다 (raise)
affect 영향을 끼치다　suffer from ~로 고생하다, 고통을 겪다
discomfort 불편　etiquette 예의범절
comprehend 이해하다　recall 상기하다, 생각해 내다

3　(b)

해설
> Susan에게,
>
> 어떻게 지내? 잘 지내길 바라. 정말 미안하지만, 우리는 11월 5일에 있는 너의 파티에 참석할 수 없을 것 같아. 글쎄 우리 아버지의 생신이 바로 같은 날에 있더라고. 내가 파티에 참석하지 않으면 아버지는 _____ _____. 네 남편이랑 가족에게 안부 전해줘. 그리고 우리가 곧 함께 만날 기회가 있으면 좋겠어. 멋진 파티가 되기를 바라고, 우리를 초대해 줘서 다시 한 번 고마워.
>
> Joanne이

(a) 그리 크게 신경 쓰지 않으실 거야
(b) 매우 실망하실 거야
(c) 너무 심하게 신경 쓰지는 않으실 거야
(d) 매우 걱정하실 거야

해설 아버지 생신과 친구의 파티가 겹치게 되어 친구의 파티 대신 아버지 생신파티에 가게 되었음을 알리는 편지이다. 그 이유로는 아버지 생신파티에 가지 않으면 아버지께서 실망하실 것이라는 (b)가 가장 적절하다.

어휘 just so 바로, 꼭 그대로　happen 우연히 ~하다
give one's regards to ~에게 안부 전해 주다
opportunity 기회　care 신경 쓰다
disappointed 실망한　extremely 매우, 극단적으로

4　(c)

해설 전 세계의 다양한 신화는 영웅과 그들의 모험 이야기로 가득하다. Joseph Campbell은 자신의 저서 '천의 얼굴을 가진 영웅'에서 대부분의 문화 속 영웅 이야기가 특정 패턴을 따른다는 것에 주목했다. 첫째, 영웅은 어쩔 수 없이 모험을 하게 된다. 그리고 나서, 그 영웅은 여행을 떠나게 되는데, 그 동안 그

는 종종 낯설거나 신비한 동물, 사건에 맞닥뜨리게 된다. 성공하자마자 영웅은 곧 자신이 왔던 평범한 세계로 돌아올 것이다. 물론 모든 신화가 같지는 않지만, 그 중 대다수는 _____.

(a) 동일한 사람에 의해 전해진다
(b) Joseph Campbell의 책에 최초로 기록된다
(c) 비슷한 방식으로 구성된다
(d) 동일한 영웅들에 대한 이야기다

해석 지문 첫 부분에 영웅 이야기가 특정 패턴을 따른다는 주제 문장이 제시되고, 이를 마지막 문장에서 다시 한 번 강조하는 구성을 취하고 있으므로 모든 신화가 비슷한 방식으로 구성된다는 (c)가 가장 적절하다. (b) Joseph Campbell은 책을 통해 영웅 이야기를 기록한 것이 아니라 이를 분석했다. (d) 영웅 이야기가 비슷하다고 해서 동일한 영웅에 관한 이야기인지는 알 수 없다.

어휘 **mythology** 신화 (myth)　**be filled with** ~로 가득하다
adventure 모험　**be called to** ~을 하게 되다, 하게 되다
undertake (일 등을) 떠맡다, 착수하다　**journey** 여정
encounter 맞닥뜨리다, 우연히 만나다
mystical 신비한　**structure** 구성하다, 조직화하다

5 (b)

해석

대규모 크리스마스 시즌 세일을 시작합니다!

스테이시 백화점은 12월 26일에 대규모 애프터 크리스마스 세일을 가질 예정입니다. 백화점의 전 제품 가격은 _____. 이번 한 번만 실시되는 세일은 여러분과 가족 모두에게 놓칠 수 없는 기회입니다. 오셔서 저희가 어떤 제품을 제공해 드리는지 확인해 보십시오. 몽땅 처분합니다.

- 저희는 장난감, 게임, 의류, 가정용품, 스포츠용품, 자동차 액세서리까지 갖추고 있으며 모든 제품을 할인 판매합니다!
- 오전 7시에 개점하여 자정까지 영업할 예정입니다.
- 저희는 102번 고속도로와 시네플렉스 영화관 근처의 비치로 190번지에 위치하고 있습니다.

스테이시 백화점

(a) 최종 결정되었습니다
(b) 인하될 것입니다
(c) 고려 중입니다
(d) 방금 두 배로 증가했습니다

해석 '대폭 줄이다, 인하하다'라는 뜻을 가진 slash라는 단어를 알면 쉽게 풀 수 있는 문제다. 대규모 할인 행사를 위한 광고문이므로 제품 가격은 인하될 것이다. 따라서 정답은 (b)이다.

어휘 **massive** 거대한, 대규모의
can't-miss 놓칠 수 없는 기회, 행사
Everything must go. 몽땅 처분합니다.
household item 가정용품　**sports gear** 스포츠용품
on sale 할인 중인　**midnight** 자정, 밤 12시
locate 위치시키다　**slash** 대폭 줄이다, 인하하다
under consideration 고려 중인　**double** 두 배가 되다

6 (d)

해석 비행기로 여행하는 사람들은 항공편이 출발하기 전 적어도 2시간 전에 공항에 도착해야 하는데, 체크인과 보안 검색을 통과하기 위한 충분한 시간을 확보하기 위해서이다. 100밀리리터 이상의 액체 용기를 포함하는 긴 물품 목록이 있는데, 이는 어떤 비행기에도 가지고 탑승할 수 없는 것이다. 승객들은 또한 공항에 있는 동안 총이나 폭탄에 대해 이야기하는 것을 삼가야 한다. 비록 그들이 그저 농담을 하는 것이라도 말이다. _____은 그들을 멈춰 서서 검색을 받도록 할 수 있고, 결국 그들은 비행기를 놓칠 수도 있다.

(a) 그와 같은 요청
(b) 유사한 문제들
(c) 이러한 액체들
(d) 그와 같은 언급

해석 공항에서 해야 할 일과 하지 말아야 할 일을 설명하고 있다. 빈칸 이전에 농담으로도 총이나 폭탄에 대해 이야기하지 말라고 하였으므로, 이후에는 그러한 언급이 어떤 결과를 가져오는지 부연 설명하는 것이 가장 적절하다. 따라서 (d)가 정답이다. 총이나 폭탄에 대한 대화가 (a) 요청이나, (b) 문제, (c) 액체에 해당하지는 않는다.

어휘 **departure** 출발, 떠남　**ensure** 확실히 ~하게 하다
security 보안　**liquid** 액체　**container** 용기
onboard 선상의, 기내의, 차내의　**aircraft** 항공기
refrain from ~을 삼가다, 자제하다
make a comment 언급하다; 논평하다
joke 농담하다　**statement** 진술, 서술

7 (d)

해석 정치가에게 있어 가장 중요한 기술 중 하나는 _____ 수 있는 것이다. 이러한 능력을 가지고 있는 것은 그 정치가가 자리에 있을 때 사람들을 더욱 편안하게 해 준다. 그것은 또한 그들이 기꺼이 더 귀 기울이게 만드는데, 이는 정치가가 무언가에 관한 유권자들의 생각을 바꾸도록 납득시키려 하는 경우에 아주 중요하다. 사람들은 어떤 개인을 좋아할 때 그 사람에게 설득 당하기 더 쉬운 경향이 있다. 많은 국가 수준의 정치가들은 천성적으로 매력적인 사람들이다. 사람들이 정치가의 견해에 얼마나 동의하는지와 상관없이, 정치가는 여전히 최선의 이익이 자기 생각 속에 있다고 다른 사람들을 설득시킬 수 있을 만큼 충분히 카리스마 있다.

(a) 많은 돈을 모금할
(b) 사람들의 요청에 귀를 기울일
(c) 다른 사람의 관점을 이해할
(d) 사람들을 편안하게 해줄

해석 정치가에게 있어 가장 중요한 기술에 관해 설명하는 글이다. 첫 문장이 주제 문장으로, 이후에 전개되는 내용으로 빈칸을 유추할 수 있다. 빈칸 이후에 정치가가 사람들을 편안하게 해 주어 유권자들의 생각을 바꿀 수 있고, 결국 자신을 지지하게 할 수 있다는 내용이 나오므로 정답은 (d)이다. (b), (c) 사람들의 요청에 귀를 기울이고, 관점을 이해함으로써 편안하게 해줄 수도 있지만 (d)가 지문과 더욱 직접적으로 관련 있는 선택지가 된다.

어휘 **politician** 정치인, 정치가　**comfortable** 편안한

in one's presence ~의 면전에서   willing to 기꺼이 ~하는
valuable 귀중한   constituent 유권자; 선거구민
be apt to ~하는 경향이 있다   charmer 매력 있는 사람
charismatic 카리스마 있는   convince 확신시키다, 설득하다
raise money 돈을 모으다

8   (c)

해석 대부분의 약은 의사에 의해 작성되어 환자가 치료를 받는 것을 허락하는 서류인 처방전을 필요로 한다. 그러나 환자가 가벼운 아픔을 느끼거나, 혹은 그저 병원에 갈 시간이 없을 경우, 그 개인은 처방전 없이 약을 살 수 있다. 이러한 경우에는 약을 복용하는 법에 대한 지시를 반드시 따라야 한다. 약사는 항상 병의 측면에 복용량을 써넣어야 한다. 이러한 지시를 정확하게 따르지 않는다면, 개인에게 일시적이거나 심지어 영구적인 피해를 일으킬 수 있는 _____이 있을 수 있다.

(a) 약간의 벌금
(b) 유리한 결과
(c) 부정적인 부작용
(d) 구체적인 지시

해석 빈칸 이후의 관계대명사 that절이 빈칸을 설명하고 있다. 약에 관하여 개인에게 일시적이거나 영구적인 피해를 입히는 것은 부작용이므로 정답은 (c)이다.

어휘 prescription 처방(전)   mild 부드러운; 경미한
over the counter 처방전 없이 (살 수 있는)
imperative 반드시 해야 하는, 필수의
instructions (pl.) 지시, 설명 (directions)   pharmacist 약사
dosage 복용량, 투약량   temporary 일시적인
penalty 벌금; 위약금   adverse 부정적인, 불리한
side effect 부작용

9   (a)

해석 Jimi Hendrix는 미국의 로큰롤 음악가로 1970년에 사망했다. 그리고 나서, 그 음악가의 아버지 Al Hendrix는 아들의 이미지와 이름에 대한 모든 권리를 백만 달러에 팔았다. 그가 권리를 판 회사는 Hendrix의 사진이 실린 상품을 판매하여 엄청난 이익을 냈다. _____ Al Hendrix는 오랜 법적 투쟁 끝에 모든 권리를 되찾았지만, 2002년 그의 사망 이후 Jimi Hendrix의 형제자매가 그 권리를 놓고 다시 싸우기 시작했다.

(a) 결국
(b) 일단
(c) 애초에
(d) 그러므로

해석 빈칸 앞 문장에서는 Jimi Hendrix의 권리를 사간 회사가 이익을 냈다고 했고, 뒤 문장에서는 오랜 법적 투쟁 끝에 그 권리를 되찾았다고 했다. 따라서 '결국' 권리를 되찾았다는 말이 가장 자연스럽다. 정답은 (a)이다.

어휘 right 권리   tremendous 엄청난, 굉장한   profit 이익
merchandise 상품, 제품   eventually 결국

10   (b)

해석 이집트의 시나이 반도는 지리적인 교차점에 위치해 있어 그곳을 인류 역사상 가장 분쟁이 심한 곳 중 하나로 만들었다. 시나이 반도는 아프리카와 아시아 간의 유일한 육상 통로여서, 고대 이집트인, 로마인, 영국인, 프랑스인, 아랍인, 이스라엘인 모두가 그에 대한 권리를 주장하며 싸웠다. _____ 대부분의 그러한 폭력적인 유산은 30년 전 이스라엘과 이집트가 평화 협정에 서명하면서 사라지게 되었다. 이제, 시나이 반도는 전 세계의 방문객들로 혼잡한 관광 지구가 되어 있다.

(a) 게다가
(b) 그러나
(c) 따라서
(d) 그러므로

해석 빈칸 앞 문장에서는 여러 나라가 시나이 반도를 두고 권리 다툼을 했다고 했고, 뒤 문장에서는 평화 협정으로 그것이 사라지게 되었다고 했다. 따라서 '그러나'로 연결하는 (b)가 가장 자연스럽다.

어휘 peninsula 반도   geographic 지리학의, 지리적인
contested 분쟁이 이루어지는, 경쟁이 일어나는
land route 육로   legacy 유산
leave behind 버리다, 사라지다   treaty 조약
bustling 혼잡한, 붐비는   district 구역, 지구
consequently 그 결과, 따라서

11   (a)

해석 사자는 지구상에서 가장 사회적인 동물 중 하나이다. **(a) 사자는 또한 동물원과 서커스 방문객들에게 가장 인기 있는 동물이다.** (b) 사자는 2~4마리의 수컷, 3~6마리의 암컷 그리고 몇몇 새끼들로 구성된 프라이드라고 불리는 무리를 지어 산다. (c) 프라이드는 식량원으로써의 영역을 표시하며, 그러고 나서 다른 사자들로부터 이를 지킨다. (d) 어린 수컷 사자들은 두 살 정도가 되면 프라이드를 떠나 코얼리션이라 부르는 무리를 지어 이동한다.

해석 사자의 생활 형태에 대한 글로, (b) 사자들이 어떻게 무리를 짓고 (c) 다른 무리와는 어떤 관계를 유지하며, (d) 후에 어떻게 독립하여 새로운 무리를 이루는지 설명하고 있는 나머지 문장과 달리 (a)는 동물원과 서커스에서 사자가 가장 인기 있다는 내용을 담고 있으므로 흐름상 어색하다.

어휘 consist of ~로 이루어지다, 구성되다
cub (호랑이, 사자, 곰 등의) 새끼   mark 표시하다
territory 영역, 영토   defend 지키다, 방어하다
pack 떼, 무리   coalition 연합

12   (c)

해석 공중 보건 당국은 수도권 지역에 독감 경보를 발령했다. (a) 호흡곤란, 고열, 오한, 근육통을 포함한 독감 유사증상으로 고통 받는 사람은 누구든지 바로 보건센터에 신고해 치료 받아야 한다. (b) 백신접종은 보건센터나 지역 병원에서 가능하며, 보건 기관 종사자가 학교를 방문해 어린이들에게 독감주사를 놓을 것이다. **(c) 의학 전문가들은 올해의 독감 시즌은 작년만**

큰 나쁘지는 않을 것으로 예상한다. (d) 또한, 고령자들은 독감으로 인한 합병증에 더 취약하기 때문에 독감백신을 반드시 맞아야 한다.

> **해설** 보건 당국이 발령한 독감 경보에 대한 글로 의심 환자에 대한 조치와 예방접종에 관해 설명하고 있다. 보기 중에서 (c)만 올해의 독감 추세에 대해 이야기하고 있으므로 흐름상 어색하다.

> **어휘** public health 공중 보건   flu warning 독감 경보
> metropolitan area 수도권   symptom 증상
> breathing trouble 호흡곤란   chill 한기; 오한
> vaccination 백신접종   shot 주사
> forecast 예상하다, 예보하다
> be susceptible to ~에 영향 받기 쉽다, (병에) 걸리기 쉽다
> complication 합병증

13 (b)

> **해석** 의사들은 오래 전부터 태양에 노출되는 것이 피부암 형성의 주요 요인이라고 말해 왔다. 태양은 피부 세포에 변화를 일으키고, 이는 세포의 색을 변화시킨다. 오랜 노출은 이러한 세포에 손상을 입혀 이후 피부암으로 이어질 수 있다. 그러나, 다른 이론도 제시되어 왔다. 몇몇 전문가들은 선크림이나 자외선 차단 크림에 들어 있는 화학물질 역시 최근 수십 년간 피부암 환자의 수를 증가시키는 데 역할을 해 왔다고 생각한다.
>
> Q: 지문의 주제는 무엇인가?
>
> (a) 피부암이 치료되는 방법
> **(b) 사람들이 피부암에 걸리는 이유에 관한 견해**
> (c) 피부암에 걸리는 것을 피하는 방법
> (d) 선크림과 피부암의 관계

> **해설** 글의 전반부는 태양에의 노출이 피부암을 일으킬 수 있다는 것이고, 후반부는 선크림이나 자외선 차단크림에 들어 있는 화학물질이 피부암을 유발할 수도 있다는 것이다. 따라서 (b)가 정답이다. 피부암의 원인에 관한 글이지 (a) 치료나, (c) 예방법에 관한 글은 아니다. (d) 지문 후반부에만 등장하는 세부 내용에 불과하다.

> **어휘** exposure 노출   major 주요한   formation 형성
> cell 세포   prolonged 장기적인, 오래 계속되는
> lead to ~로 이어지다   chemical 화학물질
> suntan lotion 선크림 (sunscreen cream)
> play a factor 역할을 하다, 작용하다   cure 치료하다

14 (d)

> **해석**
>
> > **올해의 직원**
> >
> > 저희 피터슨 건축회사는 Megan Reynolds가 올해의 직원으로 선정된 것을 알리게 되어 기쁘게 생각합니다. Megan은 저희 회사에 2년밖에 있지 않았지만, 이미 회사의 엄청난 자산임을 증명하였습니다. Megan은 파트타임 보조 건축가로 시작했지만, 이미 정규직원으로 승진 되었습니다. 그녀는 작년 세인트 메리 병원의 새 부속 건물을 기획하고 설계했습니다. 게다가, Megan은 시의 새 놀이터를 위한 설계 공모전의 팀장이었고, 여기서 우리 회사가 우승하게 되었습니다. 피터슨 건축의 올해의 직원

> > Megan Reynolds, 축하드립니다.
> >
> > **피터슨 건축회사**

> Q: 안내문의 주제는 무엇인가?
>
> (a) Megan Reynolds가 회사에서 승진한 이유
> (b) 우승 디자인의 중요 요인
> (c) Megan Reynolds가 어떻게 계약을 따냈는지
> **(d) 누가 수상자인지**

> **해설** 안내문은 피터슨 건축회사가 올해의 직원으로 Megan Reynolds를 선정했다는 사실과 그 이유를 알리고 있다. 따라서 (d)가 정답이다. (a) Megan Reynolds는 승진한 것이 아니고, (b) 우승 디자인의 요인이나 (d) Megan Reynolds의 계약 과정은 언급되지 않았다.

> **어휘** architecture 건축   firm 회사   prove 증명하다
> asset 자산, 재산   part-time 파트타임, 아르바이트
> assistant 보조   promote 승진시키다
> full-time 정규직   wing (건물의) 부속 건물
> competition 경쟁, 대회, 공모전
> win a contract 계약을 따내다, 얻어내다

15 (b)

> **해석** 20세기에는 장애인들이 사회에서 어떻게 대우받는지에 관해 많은 진전이 이루어졌다. 이전에 자신의 장애에 대한 부끄러움으로 인해 집에만 머물렀던 장애인들은 천천히, 하지만 꾸준히 더 나은 대우를 요구하여 이를 받아냈다. 그러한 방법 중 하나는 건물에 대한 보다 용이한 접근을 통해서 가능했다. 사실상 오늘날의 모든 건물들, 특히 공공건물에는 휠체어를 타고 건물을 출입할 수 있도록 해주는 장애인들을 위한 진입 경사로가 있다. 겉보기에 사소한 점일 수 있지만, 이러한 경사로는 다른 사람들이 쉽게 들어갈 수 있는 동일한 건물에 장애인들도 접근할 수 있도록 해준다. 사실, 이는 모든 사람들에 대한 접근성의 문제인 것이다. 그 사람이 장애가 있든지 없든지 간에 말이다.
>
> Q: 필자의 요지는 무엇인가?
>
> (a) 장애인들은 다른 사람들이 갈 수 있는 곳 어디든 갈 수 있어야 한다.
> **(b) 장애인들에 대한 대우는 시간이 지나면서 개선되었다.**
> (c) 장애인들의 의료 개선은 필요하며 바람직하다.
> (d) 장애인들을 위한 진입 경사로는 모든 건물의 정면에 위치해야 한다.

> **해설** 지문의 전반부에는 장애인들에 대한 대우가 개선되었다는 내용이 나오고, 후반부에는 실제 개선 사례가 제시되고 있으므로 (b)가 가장 적절하다. (a) 지문에서 추론해 볼 수 있는 주장이지만, 필자가 하고자 하는 말은 아니다. (c) 의료 개선이나 (d) 진입 경사로의 위치는 언급되지 않았다.

> **어휘** advances 진전, 진보   handicapped 신체적 장애가 있는
> treat 다루다, 대우하다   relegate 좌천시키다; 쫓아 버리다
> condition (건강) 상태; 질환   steadily 꾸준히
> demand 요구하다   ramp 경사로
> seemingly 겉보기에   minor 사소한   disability 장애

16 (d)

아버지와 아들 낚시 여행

회사의 연례 아버지와 아들 낚시 여행이 있을 시기입니다. 6월 22일과 23일, 회사에서 후원하는 낚시 여행에 오는 모든 아버지와 아들 콤비를 환영합니다.

- 저희는 다시 한 번 루이스 호수에서 행사를 개최할 것입니다. 그곳 캠프장에서 하룻밤 또한 보낼 것입니다.
- 직원들은 가능한 한 빨리 행사에 등록하셔야 합니다.

본 행사는 올해 가장 인기 있는 여행 중 하나이므로 놓치지 않으시기를 바랍니다.

스탠다드 피쉬 사

Q: 안내문의 목적은 무엇인가?

(a) 회사 야유회를 홍보하기 위해
(b) 어떤 직원들이 행사에 등록하는지 알아보기 위해
(c) 직원들이 루이스 호수를 방문하도록 독려하기 위해
(d) 사람들이 행사에 등록하도록 권하기 위해

해설 인기 있는 행사를 소개하며 놓치지 않기를 바라고 있으므로 서둘러 행사에 등록하도록 하는 것이 안내문의 목적이라는 (d)가 가장 적절하다. (a) 회사 야유회가 아닌 아버지와 아들의 개별적인 낚시 여행이다. (b) 언급되지 않은 내용이고, (c) 루이스 호수에서 행사가 개최되지만 이를 방문하도록 독려하는 안내문은 아니다.

어휘 annual 연례의, 매년 열리는   combination 조합
sponsor 후원하다   hold (행사를) 열다, 개최하다
campground 캠프장   sign up for ~을 신청하다
find out 알아내다, 알아보   register for ~에 등록하다

17 (c)

해설 공동체는 사람들이 서로 가까이 근접하여 사는 장소이다. 과거 세대에는 대부분의 공동체가 유대가 긴밀한 사람들의 무리였고, 그 중 다수가 서로 연관되어 있었다. 하지만 요즘은 공동체가 변화하고 있다. 이웃들은 종종 서로 아무 관련이나 연고가 없다. 많은 경우, 사람들은 심지어 이웃을 만나거나 이웃의 이름을 굳이 알려고도 하지 않는다. 슬프게도, 많은 사람들은 결코 이웃과의 공동체 의식을 발전시키지 않으며, 사는 곳을 덜 친근한 곳으로 만든다.

Q: 지난 몇 세대 동안 공동체는 어떻게 변화해 왔는가?

(a) 가족 구성원들은 과거보다 더 가까이 산다.
(b) 공동체 구성원들은 종종 단독 주택보다 아파트에서 산다.
(c) 이웃들은 종종 과거에 그랬던 것처럼 친하게 지내지 않는다.
(d) 이웃들은 요즘 서로 자주 어울린다.

해설 과거에는 친밀한 관계였으나 시간이 흐르면서 점차 서로 모르는 관계로 변해가는 이웃 공동체에 관한 글이다. 따라서 이웃들이 과거만큼 친하게 지내지 않는다는 (c)가 가장 적절하다. (a) 가족이 사는 곳이나 (b) 사람들의 주거 형태에 대한 언급은 없었고, (d) 이웃들은 요즘 멀어지고 있으므로 오답이다.

어휘 community 공동체   proximity 가까움, 근접
previous 이전의   generation 세대

tight-knit 유대가 긴밀한, 빈틈없이 짠
be related to ~와 관련이 있다
bother 일부러 ~하다, ~하려 애쓰다
foster 조성하다, 발전시키다

18 (d)

해설

당신은 개인위생을 위해 무엇을 하는가

Anne Kelly

개인위생이란 몸을 깨끗하게 관리하는 것을 의미한다. 대부분의 사람들은 하루 한 번, 그리고 운동 후 샤워를 한다. 다른 사람들은 며칠에 한 번이나 적어도 일주일에 한 번 목욕을 한다. 또한 많은 사람들이 땀으로 인한 체취를 줄여주는 제품을 사용한다. 겨드랑이 데오드란트가 가장 일반적인 상품이지만, 향수와 애프터 쉐이브 로션 또한 같은 용도로 사용된다. 대부분의 사람들은 식사 후마다 그리고 밤에 자기 전에 이를 닦는다. 이는 깨끗하고 건강한 치아를 유지시켜 줄 뿐 아니라 입 냄새를 없애준다.

Q: 사람들의 개인위생 습관에 대해 다음 중 옳은 것은 무엇인가?

(a) 대부분의 사람들은 데오드란트보다 애프터 쉐이브 로션을 선호한다.
(b) 많은 사람들은 식사 후 이를 닦지만 자기 전에는 닦지 않는다.
(c) 일부 사람들은 샤워를 한 뒤 운동을 한다.
(d) 일부 사람들은 주기적으로 목욕을 한다.

해설 기사 첫 부분에 대부분의 사람들은 하루 한 번이나 운동 후 목욕을 하고, 그렇지 않은 경우에도 며칠에 한 번, 적어도 일주일에 한 번 목욕을 한다는 내용이 나온다. 따라서 일부 사람들이 주기적으로 목욕을 한다는 (d)가 정답이다. (a) 개인위생 제품의 선호도는 언급되지 않았고, (b) 대부분의 사람들은 식사 후는 물론 자기 전에도 이를 닦는다. (c) 샤워를 한 뒤 운동을 하는 사람들에 대한 언급은 없었다.

어휘 hygiene 위생   take a shower 샤워하다
at least 적어도   bodily smell 체취
sweat 땀을 흘리다   underarm 겨드랑이의
deodorant 데오드란트, 냄새 제거제
aftershave lotion 애프터 쉐이브 로션 (면도 후 바르는 로션)
serve ~로 쓰일 수 있다, 적합하다
on a regular basis 규칙적으로

19 (a)

해설 미 전역의 전문가들은 꿀벌이 사라지는 이상한 사건을 밝혀 내기 위해 노력 중이다. 알 수 없는 이유로, 작년 꿀벌의 수가 급격하게 감소했다. 몇몇 전문가들은 질병 때문이라고 하지만, 아무도 그것이 무엇인지 모른다. 다른 전문가들은 환경 속의 화학물질이나 지구온난화 때문이라고 의심한다. 만약 꿀벌의 수가 계속 감소하면, 심각한 결과가 있을 것이다. 꿀벌은 식물에서 꽃가루를 퍼뜨리고, 미국 내에서는 다양한 작물의 수분 작용을 상당부분 직접적으로 책임진다. 꿀벌이 없으면, 농업 산업은 붕괴될 수 있으며, 이는 식품 공급을 위협한다.

Q: 뉴스 보도에 따르면 다음 중 옳은 것은 무엇인가?

(a) 왜 꿀벌이 사라지는지는 불확실하다.
(b) 미국의 농업 산업이 붕괴하고 있다.
(c) 사람들은 꿀벌을 죽이기 위해 화학물질을 사용해 왔다.
(d) 꿀벌은 더 이상 미국에서 살지 않는다.

해설 두 번째 문장에 for an unknown reason으로 시작하여 꿀벌 개체수 감소의 이유를 알 수 없음을 드러내고 있으므로 정답은 (a)이다. (b) 지문의 마지막 문장은 미국의 농업 산업이 붕괴될 수도 있다는 것이지, 지금 붕괴 중이라는 말은 아니다. (c) 화학물질이 꿀벌 개체수 감소의 원인으로 의심되기는 하지만, 이를 꿀벌을 죽이기 위해 사용했다는 언급은 없고, (d) 아직 미국에서 꿀벌이 완전히 사라진 것은 아니다.

어휘 **figure out** 이해하다, 알아내다 **occurrence** 발생, 나타남
disappearance 실종, 사라짐 **drastically** 급격하게
be to blame (~에 대하여) 책임이 있다
suspect 의심하다; ~라고 생각하다 **chemical** 화학물질
consequence 결과 **pollen** 꽃가루
pollinate 수분(受粉)하다 **collapse** 붕괴되다, 무너지다
endanger 위험에 빠뜨리다

20 (c)

해석
Clark에게,

저는 다음 달 뉴욕에서 열리는 마케팅 회의에 관한 소책자를 며칠 전 우편으로 받았습니다. 저는 선약이 있어 참석할 수 없을 것 같습니다. 그러나 전 이 소책자를 읽는 순간 바로 당신이 떠올랐습니다. 회의에서 있을 연설이나 기타 행사는 당신에게 꼭 맞는 것 같습니다. 만약 관심이 있으시다면, 저에게 알려주십시오. 소책자를 보내드리겠습니다.

Jim 드림

Q: 이메일에 따르면 다음 중 옳은 것은 무엇인가?

(a) 마케팅 회의는 기상 악화로 인해 취소되었다.
(b) Jim은 이메일로 소책자를 전달받았다.
(c) Jim은 다른 일을 처리해야 하기 때문에 회의에 참석할 수 없다.
(d) Jim은 회의에서의 연설과 행사를 좋아하지 않는다.

해설 두 번째 문장에서 선약이 있어 참석할 수 없을 것이라는 내용이 나오므로 (c)가 정답이다. (a) 마케팅 회의의 취소에 관한 언급은 없었고, (b) Jim은 우편으로 소책자를 받았다. (d) Jim은 선약이 있어 회의에 참석하지 못하는 것이지 이를 싫어하는 것은 아니다.

어휘 **brochure** 소책자, 브로슈어 **conference** 학회, 회의
prior 사전의, 이전의 **obligation** 의무; 약정, 계약
right up one's alley 능력, 취미에 맞는
inclement (날씨가) 험한, 궂은

21 (c)

해석
퓰리처상

퓰리처상은 매년 언론, 문학, 시, 음악에서의 우수함을 기리기 위해 수여된다. 뉴욕 월드 신문의 발행인인 Joseph Pulitzer에 의해 시작된 이 상은 1만 달러의 상금을 포함한다. 그것이 상당한 돈이지만, 수상자는 보통 상의 저명함에 더 경외심을 갖게 된다. 퓰리처상 수상자로 지명되는 것은 엄청난 영광이며 수상자 개인이 자기 분야의 정점에 도달했다는 것을 의미한다. 남은 일생 동안 수상자는 퓰리처상 수상자로 호명되는 특권을 누리게 된다.

Q: 퓰리처상을 수상하는 것의 가장 중요한 측면은 무엇인가?

(a) 받게 되는 상당한 금액의 현금
(b) 자기 분야의 어떤 주제든 보도할 수 있는 권리
(c) 상과 함께 동반되는 존경심과 위엄
(d) 대부분의 사람들로부터 인정받게 되는 영예

해설 지문의 중간 부분에 수상자들이 보통은 돈보다도 상의 저명함에 더 경외심을 갖게 된다는 내용이 나오므로 (c)가 가장 적절하다. (b) 퓰리처상을 수상하지 못하더라도 얻을 수 있는 권리일 것이고, (d) 다른 사람들로부터 인정받게 될 것이라 추론할 수는 있지만 지문은 상이 갖는 저명함에 더 초점을 맞췄다.

어휘 **publisher** 발행인 **grant** 교부금, 보조금
awardee 수상자 **awe** 경외심을 갖게 하다, 압도하다
prestigious 명성이 있는, 일류의 **pinnacle** 정점, 절정
privilege 특권 **aspect** 측면, 양상
present 수여하다, 주다 **dignity** 위엄, 품위
recognize 인지하다, 인정하다

22 (d)

해석 많은 취학 아동들은 수업이 끝나고 활동에 참가한다. 북미에서는 소년 소녀 모두 축구, 야구, 농구와 같은 학교 스포츠에 참가한다. 이들은 학교 팀으로 뛰며 방과 후에 연습하고 경기를 한다. 많은 소녀들은 또한 치어리더로 참여한다. 치어리더는 학교 팀을 응원하기 위해 스포츠 경기에서 춤과 곡예를 하는 무리이다. 음악 동아리나 밴드도 인기 있는 방과후 활동이다. 아이들은 악기 연주하는 법을 배우고 나서 콘서트를 개최한다. 게다가, 많은 아이들은 미술 수업을 듣고, 색칠하고 그리는 법을 배운다. 그들이 어떤 활동을 하든지, 이러한 활동은 재미를 주고 아이들이 새로운 기술과 능력을 배우는 데 도움을 주도록 만들어진다.

Q: 지문에 따르면 다음 중 옳은 것은 무엇인가?

(a) 많은 학생들은 방과 후 집에서 휴식을 취한다.
(b) 학생들은 방과후 활동으로 스포츠를 선호하지 않는다.
(c) 학생들은 미술 수업에서 그림 감상하는 법을 배운다.
(d) 대다수의 방과후 활동은 학생들 스스로가 배우고 즐길 수 있도록 해 준다.

해설 마지막 문장에 보면 방과후 활동이 아이들에게 재미를 주고, 새로운 기술과 능력을 배우게 한다는 것을 알 수 있다. 따라서 정답은 (d)이다. (a) 많은 학생들은 집에서 휴식을 취하기보다 방과후 활동에 참여할 것이다. (b) 스포츠는 대표적인 방과후 활동이다. (c) 미술 수업은 감상이 아닌 색칠하고 그리

는 데 중점을 두고 있다.

어휘 **take part in** ~에 참여하다 **play for** ~의 선수로 뛰다
be[get] involved in ~에 개입되다, 연루되다
acrobatics (pl.) 곡예; 체조 **instrument** 악기
put on (연극, 공연을) 무대에 올리다
be designed to ~하도록 고안되다, 만들어지다
appreciate 감상하다

23 (a)

해석 전자상거래는 인터넷에서 물건을 파는 것이다. 이것은 지난 수년 동안 전 세계적으로 유명세를 타기 시작했다. 2013년에는 거의 3,170억 달러의 판매가 인터넷을 통해 이루어졌다. 이 수치는 2018년 6,530억 달러로 상승했다. 가장 인기 있는 온라인 제품은 컴퓨터 하드웨어, 옷, 의약품, 화장품, 전자제품, 가구였다. 많은 양의 돈이 인터넷에서 쓰이는 것으로 보이지만, 사실 2018년 전자상거래 판매는 전체 상업 판매의 10.5%에 해당할 뿐이다.

Q: 필자가 가장 동의할 것 같은 문장은 무엇인가?

(a) 전자상거래는 상업의 모든 측면을 넘겨받을 준비가 되지 않았다.
(b) 몇몇 회사는 제품을 인터넷에서만 판매한다.
(c) 상업적 판매의 다수가 곧 온라인에서 일어날 것이다.
(d) 전자상거래는 곧 인기의 급격한 상승을 맛보게 될 것이다.

해설 전자상거래 판매 금액이 2013년 3,170억에서 2018년 6,530억으로 두 배 이상 성장하였으나, 전체 상업 판매에서는 그저 10%에 불과하다는 내용이 나온다. 따라서 필자는 아직 전자상거래가 모든 상업 형태를 넘겨받을 준비가 되지 않았다는 (a)에 가장 동의할 것이다. (c) 앞으로의 상업 판매가 어떻게 될 것인지는 알 수 없고, (d) 전자상거래의 인기는 이미 급격히 상승한 상태이다.

어휘 **e-commerce** 전자상거래
take off (아이디어, 제품이) 갑자기 인기를 얻다, 유행하다
figure 수치, 숫자 **cosmetics** (pl.) 화장품
electronics (pl.) 전자제품 **represent** 대표하다; ~에 해당하다
commercial 상업의 **take over** 인계 받다, 인수 받다
take place 일어나다 **dramatic** 극적인

24 (d)

해석

Baker 씨께,

이번 프로젝트에 함께 일하게 되어 기쁘게 생각합니다. 하지만 저는 계약서 조항 중 하나를 변경하고자 요청합니다. A란 12번 조항에 보면 프로젝트가 끝난 뒤 한 달 뒤에 지급이 이루어진다고 되어 있습니다. 제 고용주는 한 달이 너무 길기 때문에 이를 대신 2주로 변경하고 싶어 합니다. 우리는 직원들에게 월급을 지급하고 간접비를 충당하기 위해 프로젝트로부터 제때 현금을 보유해 두어야 합니다. 이와 같은 변경에 대해 어떤 입장인지 가능한 한 빨리 알려주십시오. 감사합니다.

Tina Louise 드림
센츄리 시티 디자이너스

Q: 이메일로부터 추론할 수 있는 것은 무엇인가?

(a) 센추리 시티 디자이너스는 돈이 부족하다.
(b) 센추리 시티 디자이너스는 불공정한 계약에 서명했다.
(c) 새로운 프로젝트는 끝내는 데 한 달이 걸릴 것이다.
(d) Tina Louise는 Baker 씨와 계약을 체결했다.

해설 이메일에 따르면 Tina Louise는 함께 일하기로 합의해 놓은 계약서의 조항 중 하나를 바꾸고 싶어 한다. 따라서 이미 계약을 체결한 것으로 추론하는 (d)가 가장 적절하다 (a) 조항을 바꾸려는 것이 현금을 보유해두기 위해서라는 언급이 나오지만 돈이 부족해서라고 추론하기는 어렵고, (d) 불공정한 계약인지는 알 수 없다. (c) 한 달은 프로젝트 기간이 아니라 지급 기간을 의미한다.

어휘 **contract** 계약 **clause** 절, 조항 **section** 절, 단락
state 말하다, 쓰다; 진술하다
maintain 유지하다, 보유하다 **timely** 시기 적절한
cash flow 현금 흐름 **cover** (비용을) 대다, 충당하다
overhead 간접비 **position** 입장, 태도
run out of ~을 다 써버리다, 부족하다

25 (a)

해설 마이 뷰티풀 가든지는 25년간 원예 산업의 대들보 역할을 해왔으며, 현재는 3개 주로 이루어진 지역에서 구독을 제공하고 있습니다. 저희 잡지는 정원 가꾸기를 좋아하시는 분들께 이상적입니다. 잡지의 내용은 원예 분야 전문가들에 의해 쓰인 기사로 이루어져 있으며, 이들은 원예 분야의 다양한 측면에서 조언이나 충고를 제공해 드립니다. 게다가, 저희는 매달 가장 아름다운 정원을 뽑는 대회를 열고, 전국에서 이용 가능한 원예 관련 제품이나 서비스를 기재합니다. 마이 뷰티풀 가든지는 월간지이고, 새롭게 할인된 가격인 36달러에 1년 구독이 가능합니다. 오늘 등록하세요. 그러면 여러분의 정원이 고마워할 것입니다.

Q: 광고에 따르면 다음 중 옳은 것은 무엇인가?

(a) 잡지 구독료가 평소보다 저렴하다.
(b) 사람들의 정원 사진이 잡지에 수록된다.
(c) 잡지는 원예용 도구를 판매한다.
(d) 잡지는 전국에서 구매 가능하다.

해설 광고 마지막 부분에 새로 할인된 가격인 36달러에 1년 구독이 가능하다고 나와 있으므로 잡지 구독료가 저렴해진 것임을 알 수 있다. 따라서 (a)가 정답이다. (b) 정원 사진보다는 기사, 조언, 충고 등 글이 주로 실리고, (c) 원예용 도구를 기재할 뿐 판매는 하지 않는다. (d) 잡지는 전국이 아닌 3개 주로 이루어진 지역 내에서 구독 가능하다.

어휘 **mainstay** 중심, 대들보 **subscription** (정기 간행물의) 구독
tri-state 3개 주(州)에 걸치는, 3개 주로 이루어진
cultivate 경작하다; 꾸미다 **consist of** ~로 구성되다
aspect 측면, 양상 **nationwide** 전국적으로
publish 출판하다 **sign up** 등록하다
feature 특색으로 하다; 특집 기사로 하다
implement 도구, 기구

26-27 (b), (b)

해석

Walker 씨께,

이 편지는 2018년 12월 2일에 고객님의 차량에 가해진 손상에 관한 고객님의 보험금 청구에 대한 답변입니다. 고객님의 진술 및 경찰의 사고 보고를 검토해보니, 고객님께서 잘못을 하신 것이 명백합니다. 고객님 차량의 과도한 속력이 사고의 가장 큰 원인이었습니다. 보고에 따르면, 고객님께서는 게시된 제한 속도 이상으로 운전하셨을 뿐만 아니라, 비 오는 날씨에 커브 길까지 돌고 계셨습니다.

그 결과, 저희는 고객님께서 보험 계약 조건을 무효로 만드셨음을 알게 되었습니다. 고객님의 피해에 대한 수리 비용 4,367달러 청구는 기각되었습니다. 대신, 고객님께서는 1,000달러의 비용을 받으실 것입니다. 주 법에 따라, 저희는 고객님께 조정비용을 1,000달러 이상 지불할 수 없도록 되어 있습니다. 등기 우편으로 해당 금액만큼의 수표를 받으실 것이구요. 만일 이 문제에 대해서 저와 상의하기 원하신다면, 정규 근무 시간에 bobed@bestinsurance.com이나 (203) 948-3948로 연락 주시기 바랍니다. 이 문제에 관한 어떤 질문도 기쁘게 대답해 드리겠습니다.

손해사정사 Bob Edwards 드림

26 Q: 보험회사가 Walker 씨가 요청한 금액을 주지 못한 이유는 무엇인가?

(a) 보험금을 내지 못했다.
(b) 그에게 사고 책임이 있다.
(c) 다른 운전자의 보험사에서 그에게 대신 지급할 것이다.
(d) 그의 보험은 그가 낸 사고 유형을 보장하지 않는다.

27 Q: Bob Edwards에 대해 다음 중 옳은 것은 무엇인가?

(a) 차 사고를 목격했다.
(b) 그는 차 사고를 재조사했다.
(c) 그는 경찰이다.
(d) 그는 고객 서비스 부서에서 일한다.

해설 26 첫 문단에 Walker 씨가 요청한 금액을 주지 못하는 이유가 나와 있다. 마지막 문장에 보면 제한 속도 이상으로 비 오는 날 커브 길을 돈 것이 직접적인 사고의 원인이므로 결국 그에게 사고 책임이 있는 것이다. 따라서 정답은 (b)이다.

27 Bob Edwards는 첫 문단에서 보험금 청구의 타당성을 판단하기 위해 Walker 씨의 진술 및 경찰의 사고 보고를 검토해 보았다고 했으므로 그가 차 사고를 재조사했다는 (b)가 가장 적절하다. (a) Bob Edwards가 직접 차 사고를 목격한 것은 아니고, (c), (d) 그는 손해사정사이다.

어휘 in response to ~에 응하여, ~에 답하여
insurance claim 보험금 청구   automobile 자동차
statement 진술, 성명   excessive 과도한
primary 주된, 일차적인   post 게시하다, 공고하다
void 무효로 만들다, 무효화하다
terms (pl.) (합의, 계약의) 조건
be obliged to ~ 해야 한다, ~하도록 강요받다
settlement 지불, 계산   reject 거부하다, 기각하다
registered mail 등기 우편

claim adjuster 보험 청구 전문가, 손해사정사
bill 청구서   be to blame for ~의 책임이 있다
cover 다루다; 포함하다   witness 목격하다
customer service (회사의) 고객 서비스 부서

28-29 (c), (a)

해석

인스터매틱 커피메이커

여러분의 새 인스터매틱 커피메이커를 작동하기 전에 다음의 사용설명서를 읽어 주십시오. 본 기계는 물탱크, 커피 원두 용기, 커피 찌꺼기 그릇, 그리고 드립 트레이, 이렇게 네 가지 부품을 가지고 있습니다. 우선, 위에 나열된 모든 부품들을 씻으십시오. 그러고 나서 커피메이커를 콘센트 부근에 놓으세요. 전자레인지나 냉장고 같은 다른 가전기기 위에 커피메이커를 놓지 마세요. 이는 안전상 위협이 될 수 있습니다. 어떤 식으로든 전선이 꼬이거나 묶이지 않게 해주세요.

커피를 만들기 위해서는 먼저 물 탱크에 물을 채우고, 커피 원두 용기 안에 원두를 넣으십시오. 그러고 나서 전기 코드를 꽂으시고 커피메이커를 켜십시오. 물이 자동적으로 기계를 통과해 갈 것입니다. 원두를 갈아 커피를 내리려면, 'Brew' 버튼을 누르십시오. 곧 커피가 컵으로 흘러나오기 시작할 것입니다. 넣는 물의 양을 변화시키거나, 우유, 초콜릿, 연유, 그밖에 다른 재료를 넣음으로써, 여러분은 에스프레소, 아메리카노, 라떼, 아니면 다른 종류의 커피 음료를 만드실 수 있습니다.

28 Q: 설명서에서 필자가 주로 쓰고 있는 것은 무엇인가?

(a) 커피메이커를 버리기 전에 해야 할 단계들
(b) 새 커피메이커의 안전 수칙
(c) 새 커피메이커를 사용할 때의 단계들
(d) 새 커피메이커를 어디에 둬야 하는지

29 Q: 설명서로부터 추론할 수 있는 것은 무엇인가?

(a) 이 커피메이커에 커피가루를 넣는 것은 좋지 않을 것이다.
(b) 이 커피메이커는 한 번에 한 잔의 커피만 만들 수 있다.
(c) 이 커피메이커로 만든 커피는 인스턴트 커피보다 맛이 더 좋다.
(d) 이 커피메이커는 커피를 만들기 전에 항상 완전히 씻어줘야 한다.

해설 28 첫 번째 문단에서는 커피메이커의 부품을 씻고, 커피메이커를 둘 위치를 정하고, 전선을 정리하는 등 기본적인 준비 단계를 설명하고 있고, 두 번째 문단에서는 커피를 내리는 방법을 한 단계씩 설명하고 있으므로 (c)가 정답이다. (b) 커피메이커의 안전 수칙이나, (d) 커피메이커의 적절한 위치 모두 언급되기는 했지만 주요 내용은 아니다.

29 두 번째 문단에 커피 원두 용기 안에 원두를 넣으면 원두가 갈아져서 커피가 내려진다는 내용이 나온다. 따라서 바로 커피가루를 넣는 것은 좋지 않을 것이라 추론하는 (a)가 가장 적절하다. (b) 한 번에 몇 잔의 커피를 만들 수 있는지 알 수 없고, (c) 인스턴트 커피와 비교하지 않았다. (d) 커피메이커를 개봉하여 씻는 단계만 나와 있지, 언제 씻으라는 언급은 없었다.

어휘 instructions (pl.) 설명, 지침   **operate** 작동하다, 가동하다
hopper (V자형) 용기   **receptacle** 그릇, 용기   **tray** 쟁반
electrical outlet 콘센트   **appliance** (가정용) 기기
microwave oven 전자레인지   **refrigerator** 냉장고
hazard 위험   **electrical cord** 전선; 전기 코드
tangle 얽히게 하다, 헝클다   **automatically** 자동적으로
go through 통과되다   **grind** 갈다, 빻다
brew (맥주를) 양조하다; (차, 커피를) 끓이다, 내리다
condensed milk 연유   **ingredient** 재료
throw away 버리다   **at a time** 한 번에

30-31 (b), (c)

해석

세금 인상 뉴스로 주식 시장 하락

어제 정부가 석유 제품에 세금 인상을 계획하고 있다는 소식에 주가가 하락했다. 이는 지난 2년 동안의 세 번째 세금 인상이 될 것이다. 국회의원들은 세금 인상이 예상치 못한 예산 부족을 충당하기 위해 필요하다고 주장한다. 한 유망한 증권 중개인은 "이제 투자자들이 사람들이 소비를 줄일 것이라는 사실을 알게 되자, 시장에 투자하는 데 흥미를 잃었다."라고 말했다. 그는 시장이 가까운 미래에도 계속해서 하락할 것으로 예측했다.

이는 사실인 것으로 보이는데, 거의 모든 시장 부문이 하락해 사실상 상승한 주식이 없었기 때문이다. 자동차, 전자제품 및 제약업계가 가장 큰 타격을 받았고, 해당 시장의 기업들은 자신들의 주식 가치가 평균 11% 하락한 것으로 본다. 그러나 한 업계만이 지난 2년 동안 그래왔던 것처럼 이러한 부담을 피하는 데 성공했는데, 바로 수입 식품이다. 수입 식품의 가격은 관세에 의존하고 있으므로 정부가 자신의 금고를 채우기 위해 세금과 가격을 올릴 수 없는 것이다.

30 Q: 뉴스 기사로부터 추론할 수 있는 것은 무엇인가?

(a) 국회의원들은 경제를 해치는 것에 대해 관심이 없다.
(b) 수입 식품의 가격은 세금 인하와 별로 관련이 없을 것이다.
(c) 증권 중개인들은 새로운 세금에 기뻐한다.
(d) 주식 시장은 곧 다시 회복될 것이다.

31 Q: 뉴스 기사에 의하면, 주식 시장이 하락한 이유는 무엇인가?

(a) 자동차 회사들이 큰 손실을 냈다고 발표했다.
(b) 대부분의 투자자들이 더 이상 돈을 투자하는 데 흥미를 갖지 않는다.
(c) 시민들에게 부과하는 세금이 정부에 의해 인상될 것이다.
(d) 지난 2년간 계속 하락해 왔다.

해석 30 수입 식품 업계의 주식 시장이 세금 인상에 타격을 받지 않은 이유는 수입 식품의 가격이 세금보다 관세에 의존하고 있기 때문이다. 따라서 세금 인하의 경우에도 수입 식품의 가격은 별 영향을 받지 않을 것이므로 정답은 (b)이다. (a) 국회의원들이 예산 부족을 이유로 세금 인상을 단행한 것이므로 경제에 관심이 없다고 보기는 어렵고, (c) 증권 중개인들은 주식 시장이 침체될 것이므로 새로 인상된 세금에 기뻐하지 않을

것이다. (d) 알 수 없는 내용이다.

31 첫 문장에 바로 답이 나와 있다. 정부가 석유 제품에 대한 세금 인상 계획을 발표하자 가격 인상으로 소비가 침체될 것을 알게 된 투자자들이 투자하는 데 흥미를 잃으면서 주식 시장이 하락하게 된 것이다. 따라서 (c)가 정답이다. (a) 자동차 회사들이 손실을 입은 것은 세금 인상으로 인한 것이고, (b) 투자자들이 투자에 흥미를 잃게 된 것도 세금 인상으로 인한 것이다. (d) 지난 2년간 세금은 계속 인상되어 왔다.

어휘 stock 주식   plunge 급락하다   hike 하이킹; 급등, 대폭 인상
lawmaker 입법자, 국회의원   budget 예산, 비용
shortfall 부족분, 부족량   prominent 유망한
broker 중개인   cut back 축소하다, 삭감하다
foreseeable 예측할 수 있는   automobile 자동차
electronics (pl.) 전자제품   pharmaceutical 약학의, 제약의
hit 강타, 타격   manage to ~하는 데 (가까스로) 성공하다
feel the pinch 돈에 쪼들리다, 경제적으로 부담을 느끼다
tariff 관세   coffer 금고, 재원
have little to do with ~와 별로 상관이 없다
steadily 꾸준히

32-33 (c), (b)

해석

그랜드 뷰 문화센터는 봄 소프트볼 리그 지원을 받고 있습니다. 팀은 봄과 여름 내내 소프트볼 경기에 참여하실 수 있습니다.

• 시즌은 5월 1일에 시작되며 8월 31일까지 지속됩니다.
• 리그의 일부가 되는 데 관심이 있는 어떤 팀이든 4월 15일까지 등록하셔야 합니다.
• 등록비는 팀당 50$입니다.
• 15명에서 20명 사이의 선수로 된 완전한 선수 명단이 팀 이름과 함께 등록 시 제출되어야 합니다.
• 경기는 지역 내 공원에 있는 다양한 야구 경기장에서 개최될 것입니다.
• 배트, 장갑, 공을 포함한 장비는 제공되지 않을 것입니다.

등록은 문화센터 1층 저희 스포츠 팀 사무실에서 월요일부터 금요일까지 오전 9시부터 오후 6시에 가능합니다. 선착순으로 지원을 받으니, 들르시기 전에 Reggie Brown에게 276-0934로 연락해 주십시오. 이번 봄 여러분을 경기장에서 보길 기대합니다!

그랜드 뷰 문화센터

32 Q: 안내문은 주로 무엇에 관한 것인가?

(a) 새로운 문화센터의 소프트볼 리그
(b) 최근의 소프트볼 팀 요금 인상
(c) 스포츠 경기에 등록하는 방법
(d) 최신 정책 요구사항

33 Q: 안내문에 따르면 다음 중 옳은 것은 무엇인가?

(a) 리그는 벌써 경기를 시작했다.
(b) 팀은 충분한 선수 없이 등록할 수 없다.
(c) 리그는 4월 15일부터 8월 31일까지이다.
(d) 경기는 문화센터에서 열릴 것이다.

해석 32 문화센터에서 주관하는 소프트볼 리그에 지원하라는 안내

문으로, 등록을 위한 자세한 내용을 포함하고 있으므로 정답은 (c)이다. (a) 소프트볼 리그가 새로 생긴 것인지는 알 수 없고, (b), (d) 언급되지 않은 내용이다.

33 네 번째 항목에 의하면 15명에서 20명 사이의 선수가 있는 명단을 가져와야 등록할 수 있으므로 충분한 선수 없이는 등록이 불가능하다는 (b)가 가장 적절하다. (a) 4월 15일까지 접수를 받고, 시즌은 5월 1일에 시작된다고 했으므로 아직 경기를 시작하지 않은 것이고, (c) 리그는 5월 1일부터 8월 31일까지이다. (d) 접수가 문화센터에서 진행된다.

34-35 (d), (a)

해석
처음 내가 기타를 집어 들었을 때부터, 나는 음악이 내 천직이라는 것을 알았다. 내가 글을 읽기 전에도, 나는 음악을 읽는 법을 알았다. 나는 초등학교와 중학교 내내 음악 수업을 들었다. 나는 기타 치는 법을 배웠을 뿐 아니라, 피아노, 플루트, 드럼까지도 익히게 되었다. 각기 다른 악기를 배움으로써, 나는 음악이라는 나의 그림을 완성할 수 있었다. 음악에 대한 내 흥미는 줄어들기보다 시간이 지날수록 늘어날 뿐이었다.

이러한 이유로 나는 올 가을 음대에 지원할 계획이다. 그러나 우리 부모님은 내 열정을 공유하지 않는다. 그들은 내가 스스로 먹고 살 수 없을까 걱정한다. 맞다. 수백만 달러를 버는 세계적으로 유명한 스타 음악가들이 있지만, 그들은 예외이고, 음악에 관해서는 일반적인 것은 아니다. 많은 음악가들이 급여나 복지후생 측면에서 많이 벌지는 못하지만, 그들이 어떤 새로운 것을 창조해낸다는 사실이 이러한 단점을 보충한다. 나는 부모님의 의견을 존중하지만, 이번에는 내 방식대로 하려고 한다.

34 Q: 필자가 음대에 입학하고 싶어 하는 이유는 무엇인가?

(a) 부모님이 전문 음악가가 되라고 자신을 밀어붙이고 있다.
(b) 음악이 좋은 취미가 되길 원한다.
(c) 부모님의 그늘 아래서 살고 싶어 하지 않는다.
(d) 음악에 대한 열정이 있고 무언가 새로운 것을 창조하고 싶어한다.

35 Q: 글로부터 필자에 대해 추론할 수 있는 것은 무엇인가?

(a) 행복해지기 위해서 높은 봉급을 필요로 하지 않는다.
(b) 유명해지기를 기대하고 있다.
(c) 부모님의 조언을 따를 것이다.
(d) 자신의 미래에 대해 걱정하고 있다.

해설 **34** 필자는 첫 문장부터 음악에 대한 열정을 이야기하고, 그것이 식지 않고 계속 커져 왔다고 말하고 있으므로 정답은 (d)이다. (a) 부모님은 오히려 반대하는 입장이고, (b) 첫 번째 문장에 음악이 자신의 천직이라고 했으므로 음악을 취미 정도로 여기지 않는 것을 알 수 있다. (c) 마지막 문장에 이번에는 부모님의 의견을 따르지 않겠다는 내용이 나오지만, 그것이 음대에 입학하고 싶은 이유가 되는 것은 아니다.

35 두 번째 문단에 부모님의 반대를 이야기하면서 필자는 음악가가 돈은 많이 벌지 못해도 새로운 것을 창조해내는 데 의의가 있다고 말한다. 따라서 필자는 행복을 위해 높은 봉급을 필요로 하지 않을 것이라 추론하는 (a)가 가장 적절하다. (b) 유명해지는 것은 예외임을 알고 있고, (c) 이번에는 부모님의 조언을 따르지 않겠다고 했다. (d) 미래에 대한 걱정은 언급되지 않았다.